iHuman

成为更好的人

EMPIRE ON THE SEVEN SEAS

THE BRITISH EMPIRE 1784—1939

重铸大英帝国

从美国独立到第二次世界大战

James Truslow Adams
[美] 詹姆斯·特拉斯洛·亚当斯——著
覃辉银——译

GUANGXI NORMAL UNIVERSITY PRESS
广西师范大学出版社
·桂林·

图书在版编目（CIP）数据

重铸大英帝国：从美国独立到第二次世界大战 /（美）詹姆斯 · 特拉斯洛 · 亚当斯（James Truslow Adams）著；覃辉银译. —桂林：广西师范大学出版社，2018.9（2019.2 重印）

ISBN 978-7-5598-1047-2

Ⅰ. ①重… Ⅱ. ①詹…②覃… Ⅲ. ①英国－历史－1784-1939 Ⅳ. ①K561.4

中国版本图书馆 CIP 数据核字（2018）第 151127 号

广西师范大学出版社出版发行

（广西桂林市五里店路 9 号　邮政编码：541004
网址：http://www.bbtpress.com）

出版人：张艺兵

全国新华书店经销

湖南省众鑫印务有限公司印刷

（长沙县榔梨街道保家村　邮政编码：410000）

开本：880 mm × 1 240 mm　1/32

印张：11.75　　字数：259 千字

2018 年 9 月第 1 版　　2019 年 2 月第 2 次印刷

定价：69.00 元

/ 目 录 /

第三章 扩张的帝国

第四章 拿破仑战争

第五章 后拿破仑时代

第六章　思想革命

第七章　新生活气息

第八章　维多利亚时代早期

第九章 转折之年

第十章 新兴大国和新力量

第十一章 1880 年代

第十二章 新帝国主义

第十三章 帝国主义引起的反应

第十四章 爱德华时代

第十五章　世界大战及后续

作者序

近几个世纪，尤其近一百五十年来，现代世界中最大的政治因素一直是英帝国。它不仅统治着全球四分之一的疆域和四分之一的人口——五亿人，它的贸易和金融影响同样重要，但最重要的是其政治影响：伦敦的“议会之母”使世界各地出现了自由政府，它们现在组成了英联邦。可以说，英帝国的故事，就是个体公民和人类精神生活的自由不断增长的故事，虽然不乏一些负面影响。

现在呈现给读者的这一卷，以失利和失却开篇：所谓失利，即对武装起来的欧洲世界的反对；所谓失却，即指此后成为美利坚合众国的殖民地。损失似乎是压倒性的，但在貌似崩溃的基础上，英国人建立起了一个更大的、人类有史以来最大的帝国。

在经历这些损失以及早期汉诺威统治者的轻浮和丑闻之后，维多利亚时代的太阳倏然升起。这是英国历史上仅次于伊丽莎白时代的最伟大的时代。一个接一个的政治家，如帕默斯顿、格雷、罗素、迪斯雷利、格莱斯顿、索尔兹伯里诸勋爵，不仅使英国达到了权力和声望的顶峰，而且把旧式的自由培育成为现代民主的形式。国内的和国家间的危机一次又一次发生，一概以搪塞的古老方式加以应对，但最终都被克服了。

场景和演员不断变换。彼时拿破仑的法国是对自由的第一大威胁。在当今世界危机之前，就残酷的独裁统治而言，没有哪一个时期与拿破仑时期更具有相似性和引人关注的可比性。二十年间，英国曾不只一次地被每一个“大陆盟友”抛弃，但仍不懈斗争，直到最后那位可能的欧洲独裁者，由一艘英国战列舰押解去过流放的生活。

本土的问题要求革命，革命却没有发生，相反，采用的是英国方式，包括妥协、调解，以及诸如1832年和1867年那些伟大的改革法案，还有后来的社会立法。而在海外，第一帝国的失败在很大程度上要归咎于治理理念的僵化。此后相当长的一段时期是对海外属地的相对冷漠，伴随着帝国改革者的新思想的发酵。到19世纪下半期迎来了争夺世界帝国的热潮，只有伊丽莎白时代欧洲人口和能量的扩张能与之相比。从中滋长的张力导致了第一次世界大战和今天的战争。

目前，帝国再次面对可怕的胜败几率，这也许是英帝国和人类历史上最大的危机。德国和俄国在大约过去一年中所发动的征服，以及近些年在本国对思想和言论自由的压制，显示了如果它们的野心得逞世界会发生什么。在法国的协助下，英帝国是捍卫人的灵魂和思想的自由、抵御一个新的“黑暗时代”来临的中流砥柱。我们的命运比许多人意识到的更加危险。希特勒式的征服，不仅意味着传统意义上的领土和人口兼并，而且意味着欧美经过几个世纪逐步实现的西方文明将被彻底摧毁，自由将被灭绝。

我们美国不仅在实现独立前很长一段时期属于英帝国，而且自从赢得独立后，我们的历史也几乎在每一点上都与英帝国密切相连，几十年来一贯如此。英帝国最大的自治领是我们的邻居和妹妹，与我们一起友好地分割了几乎整个北美大陆，大约五千英里的边界线不需花费一美元用于安全防御。

无论读者诸君有什么样的感情，我们都与英帝国的未来联系在一起，这是其他国家所不具备的。它的历史和命运与我们的休戚相关。如果说在一个混乱无序、波谲云诡的世界，在一个距离不再意味着安全的世界，我们总是需要一个朋友，其生活和自由的理想与我们一致，在大国中我们还可以求助于谁，才能得到更多的理解或更有希望被理解呢?

在本卷的写作过程中，我特别感谢查尔斯·斯克里布纳之子公司的威尔·D.豪博士和哥伦比亚大学的威廉·G.威尔伯先生的热情帮助，他们阅读了所有的手稿和校样，并提出了宝贵建议，但显然对于任何事实或判断的错误，应该由我负责。

詹姆斯·特拉斯洛·亚当斯

康涅狄格州南港

1940年3月1日

第一章／新时代

1783年是大不列颠的黯淡之年。它刚从一场对付北美武装叛乱的耗时费力的战争中摆脱，不得不接受美国独立的事实，基本葬送了近两个世纪的探险和殖民事业。从殖民地加拿大——其领土和资源那时尚不可知，还未得到认识——到西印度群岛的剩余岛屿，英国丧失了在大西洋沿岸的所有属地，连同三百多万人口和有利可图的市场。这个沮丧而焦虑的国家，尚不能预见在下一个世纪会建成一个新帝国，达到权力、财富和声望的巅峰。

可是，如果说英国两千年的历史中有什么教训的话，那就是这个种族在失败中，当其似乎失去一切时，才最强大。有一句被一再证明的老话：英国屡战屡败，最后一次除外。坚毅、勇敢、拒绝承认失败，总是以某种方式使它渡过难关。一次次它看上去面临灭顶之灾——毁于撒克逊人和丹麦人之手，毁于诺曼人威廉之手，毁于西班牙帝国之手，毁于路易十六帝国之手，毁于拿破仑帝国之手，毁于德意志帝国之手。然而，如果说它没有想过去应对危机，那么它也没想过去承认失败。如果说它不曾遭受一次永远的失败，或许正是因为这种“不曾”遭受彻底失败的经历和对自己优势的信念，这一点有时使外国人颇感费解。本卷以重大损失起笔，以面临另一场壮阔斗争的威胁结尾，同时也以拥有全球四分之一领土和五亿人口、作为世界迄今所知最大的政治因素的英帝国的出现而收尾。

在本书所涉时段的初期，与世界其他地方一样，英国处于既未能意识、也不能理解的几种力量的支配之中，而这些力量将把人类推向历史长河中所经历的一段最令人困惑和不可思议的路程。对于普通英国人的生活而言，在接下来一个半世纪中发生的变化，将会证明远超过去两千年所有变化的影响。也许，在紧随和平而来的动荡中，业余的霍勒斯·沃波尔[1]比任何一个政治家显得更有先见之明，他写道：“当被问及‘这一切如何收场？’时，我的回答是‘它将如何开始？’”这个开局的确将最终影响全球每一个角落的居民，并且把我们这一代人带入或许是人类历史上最大的危机之中。

群众的崛起：圈地运动

就统计数字而言，与许多大陆邻国相比，英国居于劣势，如同一只身负重伤的病狮，面对着世界和未来。据1801年第一次官方人口普查统计，在19世纪初，它的人口与意大利接近，远远少于俄国或法国。然而，本章所涉时期的一个显著特点就是在我们第一

1 霍勒斯·沃波尔（1717～1797），英国艺术史家、古文物收藏家，为英国首相罗伯特·沃波尔（1721～1742年在任）的第四子，其《奥特兰托堡》（*The Castle of Otranto*，1764年）首创哥特小说风尚。另，本书脚注如未注明，皆为编者注。

次精确统计之前五十年，英国人口迎来大增长。1753年一份盘点人口的提案被议会拒绝，理由是“完全颠覆了英国自由的最后遗产”，以及向敌国暴露了国家的弱点。然而，在19世纪后半期，英国人口从650万增加到超过800万。

对于这个标志着“群众崛起”之开端的增长，并无一致的解释。工业革命此时还处于早期阶段，而且这种增长绝非仅限于英国，在爱尔兰和欧洲大陆也几乎同样显著。这很可能不是由于已经提出的一些原因，而很大程度上应归于助产学和医学水平的整体提高导致婴儿死亡率的降低，加上卫生和生活条件的改善，也有助于延长成年人的寿命。然而，到1801年（值得一提的是，在十一年前美国就已经举行第一次官方人口普查），英伦诸岛的人口惊人地增长到约1500万。在我们的故事中，人口的作用相当大，显著地影响着经济、政治和阶级思想。此外，在考虑机器时代的罪恶时必须记住，在真正的工业革命之前，人口增长的趋势就已开始。新的社会秩序的确有着许多方面的罪恶，但没有机器在就业、交通及社会其他方面的影响，新的大量人口是不可能养活的。

在更具体地考察这些人口的生活之前，我们需要指出，到这一时期，尽管领土面积不大，在北美损失严重，在统计数字上居于劣势，英国还持有一张王牌：由于世界贸易的变革，英格兰成为连接欧洲、美洲和远东最重要的海上航线的枢纽。如果可以通过海上力量维持这些航线，如果英国的新兴制造业能够超过欧陆诸强，它就可以控制世界市场，在财富和权力方面把任何竞争对手甩在后面。制造业、贸易市场、海上霸主，这些将是使英国走出耻辱的失败而赢得醉人的成功的武器。

英国还是贵族社会，权力基本上掌握在以贵族、地方望族、乡绅、神职人员和治安法官为代表的上层阶级手中。他们控制着立法和司法，当然，几乎完全地、通常也是无情地偏向于他们自己。对于这些上层阶级以及不断增加的与他们结盟的新富人来说，英国即使不是所有可能的世界中最好的，也是一个极其舒适的国度，其统治阶级害怕看到任何变化发生。

然而，尽管他们没有觉察到，变化正在发生，富人与无地穷人之间“两个英格兰”的分裂已经开始。许多密切关联的因素促成了它的发生。这个国家八成的地区还是农村，伦敦是唯一的大城市，其他地方城镇远远落在后面。昔日的英国乡村不仅是农场的集合，而且维持着一种大体上公社式的和多种职业的生活。

两种力量，一种是意识到的，一种是尚未觉察到的，注定要侵蚀这个古老的乡村社会。一方面，实际上所有的农业改良领导者都认为，如果农业耕作技术要得到改进，增长的食物供给要能够满足人口增长的需求，那么圈地和土地私有制，不管数量大小，是必不可少的。尽管直到1798年马尔萨斯才发表他著名的《人口论》，可是对改进的渴望和对死亡的恐惧早就在发挥作用。确实，公社农业的传统方式阻碍了探索实验，甚至阻碍了已知的工具和方法的应用。一个顽固无知的农民会阻碍任何变革，没有圈地就不可能改进家畜饲养或从土地中获得最大收成。

然而，当从公地到圈地的改变真正大规模发生时，其影响是改革者不曾预料到的。旧的生产方式浪费、低效，却提供了足够的安全感。在新制度下，在相当程度上，那些越来越少的农民，或者是拥有的土地过小不适合耕种，或者无钱，或者懒惰，或者无能。还有许多被诱导卖掉自己的土地以解燃眉之急。变革的程度可以由下述事实显示出来，尽管从1710年到1760年只有30万英亩土地被圈，但此后到1843年间，有超过700万英亩土地转手。而且，有一个从小农场到大农场的稳步发展过程。一名观察者记载，在多塞特郡的一个村庄，二十年前有三十个农场，到此时仅剩下两个了。

圈地运动的大规模兴起，尤其1793年以后，既归因于经济因素，又归因于心理因素。在饥荒和战争年代，农产品——尤其小麦，到1812年时售价还高于126先令——为地主和进步农民带来了不菲的收益。这些进步农民发现他们受到旧式公社制度的束缚，除非能够教育和带动所有那些更保守、顽固的邻居，否则休想引进新的观念和方法。因此，他们自然而然地加入圈地运动，以便得以自由开发自己的土地，而无需同那些不愿与时俱进的人商量。

尽管如此，这一时期土地所有权的集中还远未扩展到爱尔兰和苏格兰，到1851年英格兰乃至苏格兰的所有农场中，三分之二还未达到一百英亩的规模。然而不管怎样，相当大一部分旧式农业人口发现他们每况愈下，尽管土地的总体产量增加了。许多人失去土地，成为农业劳工阶级或城市人口，为蒸蒸日上的新型产业提供了方便的劳动力。

工业革命：法人与机床

另外一个降低乡村人口舒适度和安全感的因素也在发酵，这个未觉察到的和非个人的因素就是所谓的“工业革命”，它将对乡村和城市带来深远影响。要界定这个概念和准确追溯这场运动起于何时是不可能的。阿诺德·汤因比[1]认为工业革命的本质就是“以竞争替代以前控制财富生产和分配的中世纪规制”。在这方面，亚当·斯密于1776年出版的《国富论》是其最早的伟大的划时代事件之一。这本书鼓吹在工业和商业生活中用自由取代规制和限制，长期深刻地影响着政治家和商人的思想观念，其“自由放任”学说的流行，有助于工业革命的结果在更一般意义上普及到不受限制的范围。

工业革命的基本意义在于由机器时代的问世而发生的一整套复杂变革。我们也许可以将其追溯到1760～1800年或者1760～1840年；虽然这个问题至今仍远未能获得解决，且有些新发明要追溯到19世纪早期，但上述年代或多或少准确地标志着对旧的生活秩序——对这一生活秩序及其变体的认识，几乎是从文明世界一开始就有的——的推翻，以及我们至今仍然生活在其中的新秩序的艰难开端。

我们通常认为是某些发明家引入了机器，但实际上其中许多只是对早已为人所知的原理的采用，这些原理因为具有任何商业用途或价值的时机还未出现，并未付诸实践。18世纪末许多因素的交织，产生了对机器的需求。除非有更大的市场，否则超越旧式手工方式的大生产将无用武之地，而要有更大的市场，除非有交通运输手段。资本也必不可少，而这就需要引入现代银行以及越来越多的法人（corporation）[2]的运用，尽管那时法人在金融、保险和交通比在制造业公司中更加显著；制造业公司在很大程度上影响着工业革

1 阿诺德·汤因比（1852～1883），英国经济史学家。为《历史研究》的作者阿诺德·约瑟夫·汤因比（1889～1975）伯父。

2 在英国，最早被承认为法人的是市镇、大学和教职。16世纪末到17世纪初，一些商业企业开始被创设为法人形式，如东印度公司、皇家非洲公司、哈德逊河湾公司等。

命，但基本上还保持着个体经营模式。在这场大转型中，英国走在世界前头，不是因为它的许多发明，而是因为它有市场、资金和原材料（主要是煤和铁），使得新的生产方式有利可图，然后发明应运而生。

在考虑这些问题之前，我们要特别提及历史学家通常不曾注意的一点。尽管当时机成熟时，应用发明会自然地随着已知的科学事实和原理而出现，但机器却不得不等待特定的商业需求，以及另一个条件，即制造大型机器的机床的发明和生产。例如瓦特就是这样改进了蒸汽机的理念，以确保它一旦成品，能获得商业上的成功。但是如果缺少机床，它就无法制造出来。而在18世纪的大部分时间里，机床的粗陋程度令人难以置信，有的几乎完全使用木工。

新机器需要加工钢铁和其他金属的机床，瓦特的发动机制造不出来，因为没有机床能够准确地制作一个直径六英寸、两英尺长的汽缸。十多年以后人们才设计和制造出合适的机床，以生产1765年瓦特设想的发动机。人们谈到机器时代来临的故事时，通常是指伟大发明家，如瓦特、阿克莱特、哈格里夫斯、克朗普顿等，但要是没有另外一批伟大人物，这些人的发明可能是徒劳的，而这些使得机器成为可能的机床建造者，在历史上几乎默默无闻，如约瑟夫·布拉马、塞缪尔·边沁爵士、亨利·莫兹利[1]（所有人中最伟大的），还有更多。[2]因为某种原因，在本章所涉时期直到1850年，英国人以及后来的美国人，是世界上最好的机床制造者。其他民族有一些

1 亨利·莫兹利（1771～1831），英国机床工业之父。

2 参阅约瑟夫·W.罗伊《英国和美国的机床制造者》，纽约，1926年版。他使得这个领域的历史研究实际上为自己专有。——原注

理念，但不能应用于实际。

工业革命的龙头产业是纺织业，特别是棉纺业。1764年哈格里夫斯发明了珍妮纺纱机，这种机器用一个纺轮带动八个纺锤，提高了操作工的产量。五年后，阿克莱特发明了水力纺纱机，使得水力替代人力用于纺织业。到1793年，美国的伊利·惠特尼用他的轧棉机，让美国的棉花产量开始了其惊人的上升之路。原料的供应量每年跳跃式增长，同时，远东，尤其是英属印度帝国，为加工的棉纺织品提供了几乎是无限的市场。这个例子说明，多种因素，包括英国的岛国地位，在大致同一时期综合作用，使得机器生产既必要又有利可图。

另外，这一时期，机器制造和其他用途对钢铁的需求日益增加，英国的木材供应因用于冶铁燃料而趋于枯竭。大约在1783年，迫于形势压力，两个人几乎同时发现可以用烧炭的方法来利用煤。煤的焦化的伟大意义在于，它被应用于冶铁，在朝向机器和工厂时代的转型中，使英国最重要的两种自然资源发挥了最大作用。采煤和冶铁业的快速发展引起了运输重材料的更高需求，驳船建造的伟大时代开始了。良好的国内交通与对航海线路的控制结合起来，帮助英国启动了新的征程。我们无法进一步具体陈述一种因素如何与另一种因素相互关联以及所有的因素如何综合作用，使得英国很快成为“世界工场”，而必须回到始于18世纪末的大变革对人民的影响。

流动的“人手”

回到人口的主体，即农业人口，我们可以注意到，这个群体不仅深受机器，而且深受产业转换的影响。英国绝大部分毛织业，为小农场主及其妻子和孩子提供在家兼职。然而，新的棉花产业依靠机器和非人力。棉纺生意不是将劳动分解成不同的阶段让村民在家里干活，其中许多人实际上是产业链的特定分支上的小本经营者，而是要求建立更多工厂和集聚附近的人口。工人不再是老板和房屋的业主，而成为纯粹住在出租房里挣工资的人。

在法国战争期间，工资与生活成本变得严重失衡，几乎令人绝望，因为议会不会采取任何行动，改善这种局面的努力留给了地方当局。在18世纪，由议会产生的政府不仅腐败，对工人阶级的需求漠不关心，而且十分低效。直到进入下一个世纪，政府才全面改进工作方法，以便能够在日益发展的新的社会和经济条件下发挥作用。它大体上还是一个在不同于都铎时代的环境下尽量运转的都铎式机器。例如，国家管控工资的理论在英国生活中是一个古老的观念，要追溯到伊丽莎白时代著名的《劳工法》，但是议会日益受到自由放任学说的影响，在18世纪末拒绝干预雇主与雇员之间的关系，虽然旧法规还在名义上发挥作用。

以治安法官为代表的地方权力，愿意尽力帮助农业劳动者，可是不幸地采取了一种将会导致灾难性结果的错误方法。1795年在斯皮纳姆兰召开的一次伯克郡治安法官会议上，他们规定了工资随谷物［小麦］价格涨跌的幅度。虽然他们建议雇主按照这个计划提高工资，但同时规定，如果劳动者没有获得认定的数额，应该用堂区基金（parish funds）给予补贴，条件是他首先被宣布为一个贫民。正如可以预见的那样，雇主们利用了他们的机会，不是加薪，而是让堂区基金来填补缺口，结果一大部分农业人口为了谋生而沦为贫民身份，随之而来的后果就是他们的精神面貌明显沉沦了。尽管地方税收增加了，这项制度还是受到雇主的欢迎。它不仅避免了许多人担心的劳工阶级的革命，而且利润和租金的上涨远远填补了税收的上涨。经过一代人的时间，这项制度实际上推广到英格兰和威尔士的每一个村庄，代价是诚实的贫穷劳动者遭受了许多苦难，失去了尊严。

直到1815年拿破仑战争结束，所有这些力量的全部影响才被感觉到。但这个过程在本章所涉的时期就开始了，人口和工厂的增加，几乎立马开始显现出负面效果。在毛纺业时期，工作是由相当数量的工人在自己家里完成的，没有现代工业主义的妖魔，即管理费用。但是建立工厂和安装机器需要巨额投资，对于用自己的资金或借贷投资的雇主来说，未能盈利就可能导致破产。

在旧的家庭手工业制度下，风险和利润被广泛地分散成较小的份额，而新制度意味着所有权的集中，少数人可积累大量财富，而从前独立的家庭手工工人沦为纯粹的雇用劳动者，依赖于新工厂主获取所有生活资料。先前的家庭手工业劳动在很多情况下只是用于贴补家用，工人的食品和住房已经得到保障，尽管相当贫穷。而现在，雇佣制和不同水平的工资制度，已经意味着产业工人的生活依赖于他能够达成什么协议。

日常开支和通过新方式迅速致富的欲望，使得大多数雇主残忍地对待他们的工人，也有一些明显的例外。为了最大程度地发挥机器的生产力，劳动强度增加了，因此通常童工一天工作十六小时，最流行的人道主义极限是十二小时。要是劳动力的供给受限，境况可能会好一些，但是正如我们在工业革命一开始就看到的，其他力量也在发挥作用，造成劳动力供给的过剩，而这种过剩又被快速增长的人口进一步加剧。诚然，机器生产使得商品价格快速下跌，但是整体的生活成本并没有降低，主要是食物成本，而这应归咎于谷物法和对法战争，我们将在下文论述。此外，旧的乡村贵族虽然专横不公，但他们从土地的长期占有和与佃农的关系中，养成了某种责任意识，而这种意识在新富的工厂主中通常是整体缺乏的，在谋利过程中，他们把机器和操作机器的人看作差不多一样的东西。

对任何过往时代的社会状况作出准确评价是不可能的，但是尽管权威们观点各异，我认为一般意义上可以说，我们正在回顾的古老的英格兰，无论作为财产所有者的乡村地主与世代依赖其土地生存的佃农之间，还是作为生意所有者的城市商人与住在师傅家的学徒之间，较之新工厂主与他们或许根本不认识或叫不出名字的流动的大量“人手”，有一种更加亲密和人性化的关系。个人主义和金钱关系的时代开始了，善与恶交织在一起。

两个英格兰

距大型工业区的快速兴起还有一二十年，但是为了一窥“两个英格兰”，我们不妨对这一时期的伦敦做一个特写。富人和小康人家正在快速地从这座城市的老区向西迁移，或者面朝新开发的花园广场建造房子。然而在1801年的大约九十万人口中，这一阶层只是一小部分。其他人的住宅，我们可以根据经济水平依次排列如下：在大街、在小街、在庭院、在小巷、在院子、在过道。

从小说、日记、书信中，人们对上层阶级的家庭生活以及具有同样社会等级的人的乡村生活已经十分了解，通常形成了我们心目中的“乔治时代的英格兰”的图景。然而，如果不展现穷人生活的阴暗画面，我们就不能理解下一个世纪的社会历史和政治历史。还必须记住，我们今天所称的“白领阶层”，如小职员等，其工资通常低于熟练的工匠。

在伦敦的劳工阶级中，整个家庭通常住一间屋。最穷的住在地下室的黑窟窿里；稍好一点的住阁楼；更好一点的拥有第一层或第二层的房屋。最穷的人的境况非常糟糕，几乎难以形容。而对于拥有单间的家庭来说，数个成员，有时多达八个或更多，要睡在一张床上。床单，如果有的话，一年只洗两三次。害虫滋生的毯子从未洗过。窗户通常不能打开，由于群居者不洗漱，加上烧饭炒菜，屋里空气污浊，而且充满着来自楼梯间底层的厕所的恶臭。即使那些居住在较好楼层的人，也要忍受楼上楼下的邻居租户。对于从事“体面行业”的工匠，标准的住房是一个单间，他既在其中频繁地开展业务，也在其中过家庭生活。

没有便宜的交通工具，因此作为工人不得不住在工厂附近，一般非常拥挤。尽管我们可以从上述条件中逐步上溯到过得更舒适的人，我们也必须下落到占人口大部分的更低生活水平的人，他们寄身于租金最便宜的、由悍妇看守的破屋漏宅。其中一个就是法雷尔夫人，她于1765年去世时被发现有六千英镑的积蓄，而这都是通过出租两便士的廉租屋得来的。在这些还不算最差的避难所里，居住着大量的流动人口，不时可以发现冻馁而死的尸体。毫不奇怪，在这种条件下，工人阶级很大程度上屈服于杜松子酒的普遍祸害，作为无法忍受生存现状的唯一解脱。

我们易于把18世纪看作一个相当冷漠、固化的时代，而不管其政治上的徇私腐败，但它的一个截然不同的基调是不确定性。基本条件的改变，比如我们所谈到的农业变革、富人赌博、商人融资困难、穷人对失业的担忧或者已经失了业，这一切都助长了不确定性。债务人的出路只有被放逐或者进监狱。成千上万的人被投入伦敦的“弗利特监狱”（Fleet）[1]或王座法院这些地方，恢复自由的希望渺茫。有时整个家庭被监禁，孩子在狱中养大。这里，或诚实或欺诈的债务人和他们的家庭，不得不与最粗鄙的罪犯打交道，在最狂放堕落的环境中生活。到1814年，据说弗利特监狱成了伦敦城最大的妓院。这个时代的另一个特点就是暴力，无论在乡间公路还是城市街道，哄抢、骚乱、公路打劫这类危险比比皆是。

我们还可以勾勒许多阴暗面，但是，所述内容已经足以冲销圣诞贺卡上“快活的老英格兰”图景。很容易高估早期人类实际遭受的苦难，就如同很难将两个时代总体的光与影放在一起比较。这样说不是要最大程度地缩小过去或现在的罪恶，而是要强调一个事实，那就是不仅观念和世界观改变了，而且显然我们神经系统对痛苦和磨难的敏感性也改变了。例如，不用麻醉就截掉一个人的腿在今天不仅被认为是极端残酷，还会受到质疑：是否一个人实际上不必比一个世纪前的先辈遭受更多的苦难，当时的人还没有听说过麻醉药。正如我们发现缺少许多东西将造成难以忍受的不便，而我们的祖先因为从没有听说过那些东西，也就根本不觉得缺失。

回顾18世纪末的伦敦，我们看到了不公正和恐怖，然而很可能

1　位于伦敦法林顿街附近的一所著名监狱，因在弗利特河畔而得名，用于关押债务人和犯有藐视法庭罪的人。建于12世纪，1842年撤废。

当时居住在其中的人与世纪之初相比，看到了进步。实际上许多方面都进步了，例如供水、铺路、街道照明以及由此导致的夜间街头犯罪的减少，而最大的进步是多数公众对于弱势人群态度的改变。对比中世纪的慈善事业，近代人道主义刚刚起步。那场运动的镜头已经变色，而我们现在便是借此镜头回顾所有过去时期，通常会非历史地遗忘这些近代人道主义景象是多么新颖，以及我们对苦难变得更加敏感。

改革的福音

大约同时期的另一项由个人发起的重大改革就是监狱。1773年约翰·霍华德被任命为贝德福德郡的郡长。他发现自己辖区的监狱条件如此令人震惊，决定把余生都用来研究英国各地和其他国家的监狱问题，以唤起公众舆论，让议会至少采取行动改善他所发现或者曝光的最差的监狱条件。我们还应当提到诸多事例中的另一个，即1787年废除奴隶贸易协会建立，一大群普通公民在威廉·威尔伯福斯的领导下奋斗不懈，二十年后奴隶贸易在整个帝国范围内被废除。对于即将在那个世纪成为帝国一部分的所有新属地而言，这是一个令人欣喜的征兆。

在这一时期的英国生活中，福音运动（Evangelical Movement）作为最为强大的力量之一发挥着作用，并将产生高尚的成果。这一运动是17世纪清教主义的复发，总是吸引着大部分公众的参与。它的神学思想是加尔文主义，在一定程度上区别于早期的卫斯理运动，但与卫理公会有许多共同点。两者都在穷人中布道，如果说工业革命中出现的新问题远非福音主义所能解决，它就致力于在工人阶级的上层、中层和精英中培育一种社会责任感。对于今天的人们来说，这种责任感可能有太多自满和沾沾自喜的性质，它期待构建一种每个人都明白自己的位置并予以维护的社会秩序。然而跟所有清教运动一样，它太过偏重个人责任、独立和社会改革。在减轻暴力、剧变和革命的趋势方面，它也有着巨大的影响，尤其在工人和下层中产阶级中。很大程度上，正是福音运动促进了随着维多利亚时代而来的公众生活道德水平的提高，甚至推动了文官制的发展。

随着工业革命开始改变社会，这些运动也扬帆启程，但是我们将会看到，两者都受到海峡对岸所发生的事件的阻碍，英国对这些事件束手无策，而它们对英国的影响则是深刻的和灾难性的。在被法国大革命的风暴扫荡之前的几十年，整个欧洲曾有相当大的改革热情。然而与今天惊人相似，当时存在两种国家理论。欧洲大陆任何地方奉行的理论是专制统治、仁政或别的方式。许多国家颁布了改革措施，但无一例外都是通过专制君主的开明行动来完成，如腓特烈大王、俄国的叶卡捷琳娜二世等，而不是通过任何民意机构进行。事实上，人民被假设为无能对自身的利益做出判断，加上独裁政府被认为是唯一可能有效的方式，因此专制统治在英帝国之外盛行。因为在尝试博林布鲁克（Bolingbroke）[1]的爱国国王（Patriot King）试验中的担心，乔治三世把大陆的专制统治制度推广到自己的王国，结果招来国内的诸多不满和北美的起义。

由于公众舆论，以及那些无论脱离还是留在帝国之内的人的个

1　此处应指第一代博林布鲁克子爵亨利·圣约翰（1678～1751），英国政治家、政治作家，著有《爱国国王观》（*The Idea of a Patriot King*）。

人主义的压力，引入专制统治的企图未能得逞。在英国，谈论民主制度还为时过早，但民主程序的诸多因素已经在发挥作用。混乱的选举、党派争吵以及最近北美殖民地的丧失——考虑到这些情况，这个程序比起邻国专制主义的顺畅运作可能显得笨拙和低效。然而今天我们回忆过去，令人慰藉的是，几十年后这些专制政权的大多数都被推翻了，而且它们的改革努力被证明是徒劳的，与之相比，英国笨拙的民选政府被证明是更为持久的胜利者。

尽管未改革前的议会劣迹斑斑，英国还有一样东西，就是民意，都铎王朝深谙其道，乔治三世察觉于心。此外还有极端个人主义，一种个人独立的意识，一种与专制者所持立场相对立的国家理论。尽管那时英格兰只有少数人、苏格兰只有寥寥无几的人可以投票，这个国家被认为是真正意义上的“共和国”（commonweal），即古英语中这个词汇的意义。当第二帝国被确立为英联邦（Commonwealth of British Nations）时，这个问题是最重要的。

1776年杰里米·边沁出版的小册子《政府片论》含蓄地表达了英国的民选政府理念与专制统治理念之间不可逾越的鸿沟，这种理念至今还把民主与独裁区分开来，尽管该书发挥广泛影响是后来的事。在这本书中，他概略地阐述了他的主题，即社会的目的是“最大多数人的最大幸福”，由此推论“每一个人对他自己的幸福最有发言权”。这种说法可能饱受质疑，但是如果为民主制度所接受，显然公民不能依靠某个人决定什么对他们最好而找到幸福，他们迟早会坚持根据自己的理解对自身的福祉发言。就如《独立宣言》，它号召人们争取自由，尽量使每个人过得最好。

从本章所记载的几十年改革中，我们可以轻易地识别出英国与欧洲大陆之间的差异。在大陆，改革是通过专制君主的法令实施；

在英国，改革是不计其数的个人的工作。例如，对工厂上班的贫困儿童的教育运动是由格洛斯特的罗伯特·雷克斯发起的。因为周日是孩子们一周唯一自由的一天，所以学校被称为主日学校，但那时不是用在宗教教育上，而主要是用在阅读和写作上。各种宗教团体很快接手了这项工作，后来也在周日为其他儿童开设学校，最后发展成整个庞大的、具有英国特色的体系。它由个人发起，吸引公众积极参与，长期进行，而无政府的资助和控制。

在法国大革命之前的岁月中，尽管有一些上文稍有提及的阴暗面，但我们能够感觉到清新气息，要不是那场大灾难，英格兰和帝国的历史可能迥然不同。实际上，在一个无法忍受的时期的尽头，革命虽然被经常考虑，但并没有发生。在大陆和英伦地区，改革已经风行了多年。诺斯勋爵的托利党议会实施了霍华德的监狱改革，尽管在英国的社会立法和观念中有臭名昭著的赌博法和其他污点或盲点，但社会责任和包容的意识与日俱增。这一点可由1779年法案得到证明，依据该法案不从国教（Nonconformists）牧师无需服从国教确立的《三十九条信纲》。

劳动阶级的绝大多数，留恋他们从前的境遇，视其为乐土，梦想一种半农半工的混合生产仍然可能，而不是融合两者以改善新的不可避免的处境。然而，在他们中间有一种日益增长的思想萌动，虽然当时还没有社会主义这一概念，一位来自纽卡斯尔的技工托马斯·斯彭斯，甚至宣扬所有土地的国有化。特威德河那边，罗伯特·彭斯创作了反映底层生活和民主的诗歌，许多人若读过会意识到与自己的思想有诸多共鸣。

《不管那一套》(节选)[1]

国王可以封官,
公侯伯子男一大套。
光明正大的人不受他管——
他也别梦想弄圈套!
管他们这一套那一套,
什么贵人的威仪那一套,
实实在在的真理, 顶天立地的品格,
才比什么爵位都高!
……
管他们这一套那一套,
总有一天会来到,
那时候全世界所有的人都成了兄弟,
管他们那一套!

上层阶级还没有警醒,希望以某种方式走向改革。在英国,如果说议会的代表性对于大多数人口来说不公平到荒谬的程度,如果说大多数自治市处于“腐败”状态,并且控制在几个大家族手中,但还有一些自治市是例外,还有伦敦和威斯敏斯特,具有民主的选举权,还有一些郡,拥有价值四十先令的土地满一年的人具有投票权。如果说阶级之间没有任何形式的平等,但在选举和其他场合有一种滑稽的友情。在社会阶层化的情况下,国家却以一种唯有英国

1 此处用王佐良译本。

才能实现的奇怪的方式统一在一起。即使有一些伴随着工业革命、新财富和致富途径而来的问题尚未被意识到，情况本可以得到解决。在这关键时刻，法国酝酿的火山令人恐怖地爆发了。

第二章／帝国与法国大革命

小皮特：不二人选

安妮女王驾崩后大约四十年，托利党在政治上受到排挤，辉格党掌握了政府的权力。辉格党是由几大辉格家族组成，在不从国教者（Dissenters）和工商阶层中拥有大量的支持者。在七年战争的殊死搏斗中，他们不得不与老皮特妥协，只有他能够从可怕的失利中夺取胜利。然而1760年乔治三世即位后，决定摆脱这位“伟大的下院议员”(Great Commoner)，而以“爱国国王”的身份亲自掌控政府。接下来的二十年左右，随着已是查塔姆伯爵的皮特被解除职务，国王用尽了贿赂和腐败的一切手段，英国处于“国王之友”（King's Friends）的统治之下。

然而在北美约克镇大捷之后，由罗金厄姆领导、经历了多年在野磨练的辉格党人被重新启用。可是国王继续密谋，企图夺回他的权力，并通过支持谢尔本对抗罗金厄姆来分裂辉格党。罗金厄姆死后，他任命谢尔本为首相。尽管谢尔本与英国的敌人都和解了，他的性格和能力却不适合首相职位。他一就职，伯克、福克斯和大多数辉格党要员都纷纷辞职而去。

伯克雄辩的口才依然无人能及，可他的影响力开始下降。他因坚决捍卫北美、爱尔兰、印度的自由而备受瞩目，但不久就暴露出了性格中的弱点，表现在对沃伦·黑斯廷斯的弹劾程序中，以及在对法国大革命所有无论好坏的事情的激烈反应中。甚至可以说作为英国造就的最伟大的人杰之一，他那高贵的才智正在凋萎。

另一方面，福克斯是党内最受欢迎的人，事情也本该如此，尽管他有嗜赌和其他恶习。出身寒微的伯克变得越来越保守，作为贵族的福克斯则日益成为自由和改革的捍卫者。尽管有严重失误，福克斯还是为英国作出了很大贡献。他与年轻的格雷一道，使得辉格党的一部分人拥护自由主义原则，正是这些原则最终使1832年的议会改革成为可能。

然而在谢尔本被迫去职时，福克斯犯了一个无可挽回的错误。没有一个领袖拥有多数支持，福克斯能够掌控的下议院议席仅为九十个，而诺斯勋爵掌控了一百二十席。回顾北美独立战争期间福克斯对诺斯所作的猛烈抨击，他们之间的联手似乎是不可思议的。但是两人捐弃前嫌，达成合作，国王不得不接受新内阁。乔治三世绝不会原谅诺斯对他的忘恩负义，而福克斯被认为缺乏原则而永远不会重新赢得人民的充分信任。

如果说福克斯心底认为他的行为是阻止国王过度揽权的唯一办法，他注定要失望，因为政府在两三个月之后就下台了，几无建树且无人惋惜。当福克斯的《印度法案》来到上议院，国王滥用他的君主特权（prerogative）密谋击败了他的大臣们，之后于1783年底解散内阁，任命时年二十四岁的小皮特为首相。尽管小皮特还年轻，但他二十三岁就担任了谢尔本内阁的财政大臣，不仅有因父之名的不凡魅力，而且被改革派寄予厚望。他是威尔伯福斯的支持者和崇拜者，两人联手反对奴隶贸易。他两次在议会提出改革选举权的办法，被联合政府拒绝考虑。

然而，皮特愿意接受老托利党人的原则，即大臣由国王而非下议院任命，因此他同意领导一个在下议院中拥有压倒性多数席位支持的政府。他的法案一次又一次地在议会表决中胜出，但是优势日渐减小。他静观其变，指望联合政府民意持续下滑会允许他届时在大选中放手一搏。1784年4月，当联合政府的势力在选举中被完全击垮时，他成功了。这场胜利本该属于福克斯，一年前这位政治家宁愿去乡村也不与诺斯结成貌合神离的联盟，成了政坛上的孤家寡人，而皮特相信只有他自己能够拯救这个国家，因此必须不惜一切代价保住权力。

1785年皮特提出一个法案，试图废除七十七个通过出资一百万英镑而私人拥有的席位。如果他与福克斯联手，半个世纪日益增长的政治革命和工业革命的痛苦本可以通过一种渐进的代议制改革而大大减轻。正如事实本身那样，法案终被否决，皮特未再做尝试。他不仅致力于议会改革和奴隶贸易改革，而且通过努力实施亚当·斯密的学说来显示他积极汲取新思想的活力。

皮特对政府财政的管理可圈可点。他的《印度法案》（下文再详述），在相当程度上使得除总督之外的政治职位不再采用任命制，连同伯克的法案，从而进一步减少了政治腐败的数量。他得到了公众的支持，除了国王又一次患精神错乱、人们担心威尔士亲王可能成为摄政王（他肯定会用福克斯取代皮特）这一短暂时期，他的掌权似乎毋庸置疑，尽管偶尔在下院有反对票。英国人习惯于缓慢，也不喜欢任何新事物，看起来那种惯常的英国方式有必要改变，以适应变化了的社会和经济现状。很大程度上，皮特依靠新兴制造业阶级的支持来对付拥有土地的辉格家族，加上本人对改革的热情，他似乎是带领整个国家告别旧秩序走向新社会的不二人选。

正如我指出的，1789年英国根本谈不上什么民主。然而，一个民族可能仍然安于自满，或者至少不愿诉诸暴力革命，如果它觉得特权阶级正在为公众谋福利，除非生活条件变得难以忍受。今天，任何想要维护公民自由和财产的国家，都应该将这一点牢记在心。大体而言，这一时期的英国，尽管特权阶级相当自私，但无论是土地贵族还是制造业新富，都为这个国家做了相当多的工作。那时的英国，公共服务，无论是地方的还是全国的，成了上层阶级的传统。如果他们被授予荣誉、头衔或物质奖励，他们至少对此有所作为。即使新兴的工商业阶级，那样残酷地对待新兴的工人阶级，也被认为在为国家增加财富，从而提高国家的权力和声望。英国在过去的强大和成功领导大大归功于它的财富资源，这些资源可用于援助盟友和消耗敌人。

法国风暴：恐怖的传染

另一方面，在法国，特权阶级早已无所作为。人民遭受封建领主和上层神职人员无节制的敲诈勒索，最终社会风暴发生了，而软弱仁慈的路易十六不能控制和主导局面。时隔一百七十五年之后，1789年三级会议首次被召开，旨在增加税收而不是解决国家面临的问题。人民早先要求出台一部宪法，当意识到这次会议的意图后，巴黎愤怒的民众揭竿而起，于7月14日占领了巴士底狱；在乡村地区，农民洗劫并焚烧了封建领主的宅邸。随后几个月，迫于压力，新的国民会议投票废除了僧侣和贵族的所有特权。

时年秋天，民众进军凡尔赛宫，逮捕了国王并解押到巴黎，在新起草的空洞教条的宪法中，剥夺了他的所有实际权力。大陆的这些事件预示了即使有最改革的专制君主，社会秩序的根基也会被推翻。然而在英国——这里的人们一直为拥有自由而自豪，尽管许多人生活困苦，仍鄙视食不果腹的法国——这一正在进行的致命运动的早期阶段，却被视为他们自己的“1688年光荣革命”的某种对应。福克斯把攻陷巴士底狱赞誉为世界历史上最伟大、最好的事件。另一方面，很大程度上与皮特难分高下的伯克，对于可能的无政府状态充满忧虑，他的预见是正确的。尽管过去为自由作出了卓越的贡献，但他现在完全看不到这场灾变的原因。1790年，伯克的长篇小册子《反思法国大革命》问世，该书的出版被称为与巴士底狱的陷落同等重要的事件。他以雄辩的言辞，开创性地提出了极端保守主义的哲学基础。

1776年是不平凡的一年，它见证了《独立宣言》的发表、亚当·斯密《国富论》和边沁《政府片论》的出版，而吉本则发表了《罗马帝国衰亡史》第一卷。在这部传世之作及其后续章节中，吉本第一次建构了社会学说，他认为社会是一个生长和发展的有机体，历史不是一系列相互孤立的事件，而是一条流动的长河，其中过去、现在和未来都不可避免地、密不可分地联系在一起。伯克也完全具有这种历史观，认识到一个民族的生活和制度不可能陡然从过去分离开来。一句话，把“变革”(evolution)加上一个“r”(变为“革命”)的企图，对于有序和持久的进步是致命的。例如我们会注意到，反叛的北美洲殖民地最终凭一部为自身制定的宪法建构成一个国家，而宪法的成功归于这样一个事实，即这部宪法里的东西是人民以前在与英国的殖民关系中以及在他们的地方性宪章和宪法中所习惯的，只有一两个例外。英国自己在克伦威尔的领导下所做的一场建立全新秩序的尝试，以灾难和回到一种改造的旧形式而结束。

伯克的小册子借助这一事实而很有说服力，却在另一方面，因为对法国旧秩序的无端辩护以及报复心理——这位自由的守护者现在似乎不仅反对改革，而且反对任何变化——而有所损伤。伯克不只是变得保守，而且变得刻板而危险地故步自封了。尽管他的部分观点是合理的，但他对于贫穷阶级任何改善的强烈愿望所持的极端甚至残酷的立场，遭到了驳斥。

在另一边发表的最早的小册子中，则有玛丽·沃斯通克拉夫特的《人权辩护》(1790)，但远比它更重要的是北美革命的伟大鼓动家托马斯·潘恩的《人权》，于1791年至1792年分两部分发表。潘恩倡导的许多措施都体现在今天的法律条文中，如免费的公共教育、累进所得税、养老金等。不仅这些在他那个时代显得极端激进，而且在要求废除宪法中一切有关世袭的部分如上议院和君主制时，他的改革主张是基于共和主义和几乎纯粹的民主。他可以被认为是工人阶级中第一个真正的激进主义运动的创始人，而他的书籍被政府列为禁书，他本人被迫逃亡法国。如果说伯克与其他许多辉格党人一起投奔皮特，是用自己的理念迎合保守情绪，那么潘恩则是通过他的共和主义无意中更有助益地培育了保守情绪。他没有意识到英国人对他们的习俗的依赖是多么根深蒂固，尽管许多人大声呼吁改革。

小册子之间的论战，远远不只上文提到的几例，但许多在激起各阶级人士思考的同时，也不幸地把他们淹没在恐慌和仇恨的情绪之中。这些情绪主要针对那些希望任何变革的人，如各种各样的改革者、不从国教者、早期的劳工领袖等。1791年，伯明翰的一个歹徒洗劫了著名科学家约瑟夫·普利斯特里的家，原因是他是一个一位论派（Unitarian），曾经为废除宗教《宣誓条例》和赞成议会改革而奔走，并且支持初期的法国大革命运动，尽管他既不是一个激进主义者，也不是一个共和主义者。暴徒们继续破坏不从国教者的房屋和小教堂。福克斯和他的居于少数地位的辉格党按兵不动，拒绝像伯克那样投奔托利党，但是没有权力。无论是政府还是广大国民，全然陷入一片恐慌和压制之中。

这一点由于法国一系列事件的迅速发展而加剧了。许多法国贵族逃过边界。吉伦特派掌控下的国民议会（National Assembly）于1792年向奥地利和普鲁士宣战。9月，巴黎的一个歹徒冲进数座监狱，杀死许多囚犯。当时掌权的法国国民公会（Convention）判处国王死刑。法军取得了胜利，国民公会向所有国家提供帮助，鼓励他们砸碎封建特权，宣称主权在民。1793年1月21日，路易十六被送上断头台，推翻所有文明社会的一阵恐惧和惊惶弥漫于欧洲国家。10月，随着王后被处以极刑，开始了历时七个月梦魇般的恐怖统治，直到罗伯斯庇尔自己被送上断头台。

与此同时，在苏格兰和英格兰曾实行过一种轻微的恐怖统治，残酷而不血腥。在苏格兰，严酷的布拉克斯菲尔德勋爵法官审判了几起煽动叛乱罪，案犯们的唯一罪行就是，他们属于主张议会代表制改革的协会的成员。一个年轻的律师，托马斯·缪尔被判十四年流放；一位论派牧师托马斯·帕尔默被判七年流放；还有其他多名各自被判十四年流放。倡导议会改革的五十多个组织全部被无情地取缔了。

在英格兰，1792年查尔斯·格雷建立了一个名为“人民之友”（Friends of the People）的组织，此人将在1832年以格雷勋爵和首相的身份提出并通过伟大的《改革法案》。查尔斯·福克斯怀着勇气投奔他，毁掉了自己终生奋斗的事业，却赢得了他本人在历史上的最高地位。他带走了辉格党左派，于是形成了后来下一代人的辉格自由党（Whig-Liberal Party）。他们拒绝接受潘恩和他的学说，继续支持议会改革，虽然绝无成功的希望。尽管受到政府、本阶级的大多数人以及许多国民的憎恶，“福克斯的追随者们”（Foxites）凭借他们的地位能够逃避那些居于其下的人逃避不了的迫害。

在中产阶级中，梅杰·卡特赖特、霍恩·图克等人使名存实亡的“宪法信息协会”重新恢复了生机。1792年，伦敦的一个鞋匠托马斯·哈代，组建了第一个独特的工人阶级政治组织，称为“伦敦通信协会”，成员由熟练工人组成。成立这个组织的目的是为争取改革，包括普选权和议会年度开会，主要是教育性的，拒绝任何非法或暴力行为。两个组织互相保持联系，这场运动很快传播到英国各地。政府自认为、也许真的相信，他们正在为一场大起义做准备，于是把图克、哈代和其他领导者逮捕入狱。虽然陪审团拒绝定罪，但这些组织实际上被摧毁了，因为一些领导者销声匿迹，大多数成员非常恐惧，停止了活跃的联系。

1794年，皮特经过努力得以使“人身保护令”中止执行，次年人们有机会表达他们的怒气。当国王坐着四轮马车来给议会开幕时，饥饿的人群高喊：“不要皮特！不要战争！面包，面包！和平，和平！”一块石头砸向了御用马车的窗户。这个插曲被皮特和保守派放大，首相迫使议会通过两项法案。据说只要一签署，他的父亲就会砍掉他的右手。其中一个法案宣布挑战国王权威的文字和言论是叛逆罪，甚至煽动对政府和宪法的仇恨也是不法行为。另一个法案禁止所有公众集会，除非事先公告，而且授权任何两名治安法官，如果认为已经举行的集会是危险的，就予以驱散。

对于这两个法案的辩论，最有影响且激起最深愤慨的是罗切斯特主教的言论，他说："我不知道，在任何国家，人民除了遵守法律，还与法律有什么关系。"然而，格雷竭尽全力反对这项立法。福克斯评论道，这意味着如果有人建议曼彻斯特在议会的代表名额应该与老塞勒姆一样多，他就应该被送去植物学湾。[1]两个法案通过后，公开的政治讨论消失了，恐惧使得人人噤若寒蝉。应该指出，惶恐是普遍的，不仅在英国，这两个法案也使美国人想起1798年国会通过的《外国人与煽动叛乱法》。如果说共和美国的国会也会感到如此惊慌，就不难理解英国富人和保守势力，他们谈起海峡对岸数英里之外的无政府状态都低声悄语，定会感觉到他们离康乐世界的末日不远。议会获得了他们的支持，于1799年进一步宣布所有具有分支机构以及与地方协会有联系的全国性协会都是非法的。第二年，它镇压了所有形式的工联主义。

这样，几乎从工业革命和二十年欧洲最大的武装斗争一开始，直到第一次世界大战，随着社会和经济条件跟着发生变化，中产阶级和工人阶级都被禁止通过自愿组织争取所想望的在议会的代表权或者改善他们的处境。结果便是给人民带来了不幸和苦难——它们

1 塞勒姆为英国索尔兹伯里教区的古罗马名。植物学湾，为澳大利亚新南威尔士州的小海湾，1770年库克船长首次在此登上澳洲大陆。

本可以最小化——最后削弱了传统的阶级团结。

人民之间的战争

皮特曾试图推行对法和平政策，尽管当法国威胁要入侵荷兰时他提出了抗议，英国一直拒绝允许低地国家的海岸被任何大国所控制。已经决意入侵荷兰并尝到了军事甜头的法国——这将是它一个多世纪的噩梦——通过1793年对荷兰和英国宣战，帮皮特明确了他的政策。

皮特几乎没有他父亲的才能来进行大规模战争，也没有意识到这是第一场不是政府之间而是人民之间的战争。法国政府软弱、拮据和低效，但法国人民受到各族人民自由平等的新梦想的鼓舞。皮特本期望经费、资源和强有力的中央政府的缺乏，会让法国在几场战役中便破产，但对于法国人自己以及作为对他国的宣传来说，自由平等学说令人陶醉到无法预见的程度，抵消了这一缺乏。然而，如果得到正确的规划和执行的话，这场经历了四个阶段的战争本会摧毁法国，长远地延迟民主制和民族主义的到来。头两年的斗争中，英国拥有普鲁士、奥地利、西班牙、皮埃蒙特[1]等盟友。如果他们集中兵力直接指向巴黎，进攻未经训练的敌军，很可能会征服那座城市并扑灭革命。然而，这一失算改变了整个世界历史，无论是好是坏，从此展开的命运画卷，我们今天在对未来的恐惧中还百

1　位于意大利西北部，当时属于1743年萨伏依王朝所建立的撒丁岛－皮埃蒙特王国，1796年被拿破仑占领。

思不解。

皮特决定沿袭他父亲制定的路线，只派少量部队去大陆支援盟国，主要依靠海军。然而，他未能完全贯彻执行并取得成功。由于军官腐败，陆军内部问题重重，派往弗兰德斯、由约克公爵率领的部队被击败。另外，皮特在三年之内向西印度群岛派遣了一支大部队，由于气候、疾病、医疗不当和给养不力，八万人死亡或者被宣布不适于服役。这项设计欠妥（如果不是致命）的派遣任务，部分原因在于皮特想使那里的殖民者免受奴隶起义的恐惧，部分在于他想占领更多岛屿来补偿英国纳税人的战争开销。事后看来，这至少是一个短视的政策，因为占领巴黎可以节省二十年的战争开支而不是两三年。至于盟友，对普鲁士的特别巨额援助主要用于征服波兰而不是法国，结果波兰被普、奥、俄三国瓜分，英国一无所获，法国无所损失。普鲁士退出反法联盟去享受它的新属地。到1796年，只有英国和奥地利留在反法联盟中对抗真正的敌人。

皮特如此大方地把钱送给盟国（1796年给奥地利一国就有四百万英镑），以致英国资源紧张到这个程度：第二年英格兰银行不得不暂停黄金支付，在后来的二十四年依赖纸币运营。很大程度上，是贸易、市场和制造业创造的新财富让英国挺过来了。然而，竞逐的结果如此令人失望，皮特实际上提请讲和，条件是法国放弃它在奥属尼德兰和意大利所征服的土地。在此期间，法国获得了必要的时间来重组卡诺统帅的军队，天才拿破仑的崛起初现光芒。对英格兰的回答是两万法军试图入侵爱尔兰，结果只是因为海峡上空的风暴而受阻。海峡风暴经常在关键时刻拯救英国，但在我们这个时代它们不再提供狂风巨浪的保护。

1797年几乎是全然阴郁的一年。英格兰银行暂停了黄金支付，西班牙和荷兰变成了法国的盟友，而奥地利实现了议和。面临联合舰队进攻英国的威胁，海军上将约翰·杰维斯爵士决定趁西班牙舰队离开圣文森特角之际予以伏击，结果取得了决定性胜利。这很大程度上要归功于纳尔逊的天才和勇敢，他通过违背指令，扭转了可能的失败。这场胜利，作为这一年系列行动的唯一亮点，也被爱尔兰的局势（下文再述）掩盖了光芒，随后就是斯皮特黑德的舰队和驻扎在诺尔守卫泰晤士河入口的水兵发生哗变。皮特又一次提出与法国讲和，甚至同意奥地利割让它的尼德兰省份，而且把英属西印度群岛的一些岛屿转让给法国。法国拒绝了，英国发现自己正独自面对世界。

与此同时，拿破仑已经成为法国的军事领袖，正沉迷于他的第一个伟大的浪漫主义幻想之中，像他后来征服俄国的计划一样，这将被证明几乎是一次致命的失败。法国人曾试图通过离间爱尔兰来给英国背后一击，这是一个足够合理的计划，但现在拿破仑，怀着征服东方的梦想——从亚历山大大帝到我们这个世纪的德国人，都深深地受到这个梦想的诱惑——决定通过征服埃及，以利用那里的形势进军印度，这一点我们将在下一章叙述。

尽管英国的胜算微乎其微，皮特决定向地中海再派一支舰队，法国威胁要把这里变成法国的“内湖”。英国海军大臣斯宾塞勋爵，出于某种运气和识别人才的慧眼，从部队中挑选出了最年轻的海军将官之一霍雷肖·纳尔逊，来保证地中海的畅通。一部分西班牙舰队还在海上，法国舰队估计在土伦。这项计划潜藏风险，同时拿破仑正在随他的军队航行。纳尔逊到处巡航，不确定哪里会发现敌人，直到拿破仑安全登岸并占领了下埃及地区。随后，英国指挥官发现法国舰队停泊在阿布吉尔湾（Aboukir Bay），但是天色已近黄昏，无法确定亮光是否会持续到摆开阵型。

舰队抛锚在离岸很近的位置，纳尔逊也没有像样的港口地图。然而他胸有成竹，尽管行动谨慎，他具有那种非凡的能力来识别“五分钟立即最需要考虑什么，最不需要考虑什么”。天亮前整个法国舰队实际上被摧毁或被俘获。对此，世界首屈一指的海军权威赞誉为“无疑英国舰队获得了最近乎完美的和决定性的胜利”。[1]

只有专家才能详解战役的细节，这里我们提及几点。尽管所谓的“下层阶级”受着严酷且通常是非人道的待遇，尤其18世纪英国政府严重腐败，但由于普通人的顽强勇气和爱国精神以及杰出人物的卓越领导，英帝国被一点一点地建立起来，一次又一次地得到挽救。纳尔逊就是杰出人物之一。然而，他在战斗结束次日发布的致谢通令是真诚的，他向各级军衔的人表达赞赏和感激之情，提到了舰船上每一位人员的名字。他的部下对他怀有最深的尊敬和爱戴之情，他对部下也是如此。在战斗中他受了重伤，一块飞来的弹片击穿他的前额，切开的肌肉悬垂在脸上，遮住了那只尚好的眼睛。然而，尽管他认为自己受了致命之伤，但到排在他前面的人获得救治之前，他拒绝任何医生的救治。怀着真正的宗教虔诚，他指令在获胜的次日上午，在他那满目疮痍、一片狼藉、血迹斑斑的旗舰甲板上举办一个感恩仪式，有六百人参加。据说战舰上的法国战俘不仅被这场仪式，而且被所有人展示出来的庄重肃穆和严明纪律深深地感动了。正如海军上将马汉（Mahan）指出的，没有什么比此更“有助于从战斗的兴奋到恢复日常生活的转换”。这是我们故事中的一个值得提及的事例和特性。

1 海军上将A. T. 马汉：《纳尔逊一生》，1897年版，第10卷，第361页。——原注

伟大的舵手

两个月以后纳尔逊胜利的消息才传到伦敦，但其影响是深远的。不仅英国人民和政府深受一种新的精神的鼓舞，奥地利和俄国也加入进来，形成了新的反法联盟。随后奥地利人把一支法军逐过了莱茵河，并在意大利的两次战役中打败了另外的法军。与此同时，拿破仑不顾海军的失败，继续挥师征伐叙利亚；当得知欧洲局势改变之后，他又回到埃及，离开他的军队，几乎只身一人成功抵达法国。

法国人不仅为军事失败沮丧，而且对督政府表现出无力控制的失序和无政府状态感到厌倦。革命已经完成，但没有一个强有力的、有效的新政府取代旧政府。独裁者应运而生的局势成熟了，当拿破仑宣布自己为第一执政并把所有权力揽在手中时，实际上没有遇到任何反对。1789年旧政权的推翻被合法化了，可是法国试图以血腥的手段使新社会与旧社会切割。正如我们所指出的，这种完全的切割是不可能的，法国和世界将要为新实验受到恶报。

法国需要一个舵手而且找到了。拿破仑不仅是整个历史上最伟大的军事天才之一，而且是个一流的组织者，他要从根本上重构法国的法律、政府和社会形式，从此以后永远保留。就拿破仑在那些任务中所表现出的兴趣和能力而言，1799年提供了历史上令人着迷的几个“如果”，因为他攫取最高权力之后的第一个行动就是向英国抛出橄榄枝，但被轻蔑地拒绝了。在接下来的军事行动，包括几乎迅速重新征服意大利和霍恩林登（Hohenlinden）大捷之后，五年之中他没有在扩展的法国边疆之外进行重大军事行动，可能是由于他要致力于巩固自己的权力和新疆界之内的国家，尽管这不是独裁者应有的方式。不管怎样，他摧毁了第二次反法联盟，奥地利和俄国退出角逐，又一次丢下英国于孤独之中。

比孤立更糟的是，由于拿破仑的外交，加上俄国沙皇保罗一世的野心和变幻无常，俄罗斯、普鲁士、瑞典和丹麦建立了一个反对英国的联盟，即武装中立同盟。虽然每个国家都有自己不同的动机和抱负，同盟表面上的目标是以武力反对英国声称的搜查中立国船只以防违禁品。英帝国作为一个广泛散布在海洋上的帝国，偏爱海战而不是陆战，当英国处境窘困之时，这一问题总是被凸显出来。它从未最终解决，只是在纳尔逊那里得到一次暂时的终止。作为不称职的海军上将海德·帕克爵士的副手，纳尔逊进攻置于哥本哈根炮火保护之下的丹麦舰队。尽管这一切最终由于纳尔逊舰队的表现而无可非议，但它违反了胆怯的帕克的命令。帕克向纳尔逊发出信号示意撤退，就在此时一个广为传颂的事件发生了：纳尔逊把望远镜放在自己的那只瞎眼上，说他看不到任何飘扬的信号旗！

同时，由于爱尔兰发生的几起事件，皮特被迫于1801年辞职。平庸的亨利·阿丁顿成为首相。一年后他成功与法国签订人民渴望已久的和平条约。尽管有天才纳尔逊，皮特的政策收效甚微，似乎看不到能够迫使法国改变它的政府、恢复波旁王朝，或者放弃它的征服。另一方面，通过1802年的《亚眠条约》，英国让出了自己最近在海外的所得，包括把好望角给荷兰，但不包括锡兰和特立尼达，而且同意把马耳他交还给圣约翰骑士团，前提是有大国之间的担保。尽管它在埃及打败了法国，但它没在那里做任何努力来维持即使是一个势力范围，因为那个国家对于去印度的航线还不重要。所有去远东的船只都要绕道好望角，放弃征服的重要意义远远超过了对埃及的忽略。

双重的种子

这一时期对法国的第一次战争就这样不体面地结束了。英国为自己的自由而自豪，而它所结盟过的专制君主，则更关心一己之私而不是总体事业的成功。这一事业被法国的恣意妄为所蒙蔽：法国人以白由之名制造了 个个的罪恶。

另一方面，法国大革命以及随后发生的事件，包括拿破仑战争，将会在欧洲永不磨灭地刻上“人民”(peoples)的观念以取代“政府”(governments)的观念，这个观念，虽然是要培育自由和民族(nationality)的观念，产生的结果却是我们今天不得不与之斗争的，依赖于武力、维系于武力、通过武力吮吸公民血液的民族。而英国革命和北美革命，则紧紧坚持先例和人性的路线，尽管帝国和美国都有缺陷，但个人自由和自治得到发展，并被保留下来。

然而，一个人不能像做账那样开出一份历史和人性的收支单。即使法国大革命之后是一段时期的反动和改革受遏，它仍标志着一个有许多弊端的时代的结束。有一种说法：比起1688年的英国革命或者1776年的北美革命，法国大革命对于欧洲来说更加重要。无论如何，它标志着阶级和特权的厄运，及时地为民主转向作准备。另一方面，它也使得一个世纪左右后的世界，对征服国、极权主义以及有着拿破仑式征服梦的独裁者的哲学有所准备。如果说今天这个世界处于民主与专制之间殊死搏斗的剧痛之中，两者的种子主要是在法国大革命和拿破仑战争中播下的。

第三章 / 扩张的帝国

在英国，对法国大革命及其暴行的抵制，似乎使得任何对皮特、伯克和其他托利党人的镇压行为的反对都不可能。在18世纪末的数年中，福克斯和他的追随者完全缺席议会，或者出于厌恶和懒惰，或者感到他们会无所作为。这是不幸的，即使自由主义和改革已彻底完蛋。报纸会刊登议会的辩论，在一个非常需要自由主义指引的时代，如果缺席议员出来发言，将会对公众舆论产生重要影响。

然而，我们所讨论的这一时期并非完全令人沮丧，我们可以把目光从不列颠和大陆的情况转向帝国其他地区。如果说有某些失败，也有另一些成功和播种，它们将最终导致一个比拿破仑要统治的版图强大得多的国家联合，更为重要的是，还将扩展到世界的许多区域。法治和自由迟早会证明是拯救世界的办法，缺少这些，目前的前景将几乎是无望的。

爱尔兰：无情的失败

除了国内的保守运动，英国的主要失败涉及两处：一处是爱尔兰，那里总是有着没完没了的治理不善、族群纷争；一处是北美殖民地反叛所产生的新国家。

在法国大革命之前，皮特梦想与爱尔兰人自由贸易，并建立一个各自拥有单独议会的统一国家。不幸的是，根据现行法律，作为人民代表的议会，对于近邻岛国来说是一个令人痛苦的闹剧。不仅占四分之三的人口，因为天主教徒的身份被排除在议员席位甚至选举议员的投票权之外，而且对席位的私下控制比在英国更加可耻。爱尔兰下议院的三百个席位中，两百人的当选实际上是由操纵选举的不足一百人所宣布的。根据当时的制度，阿尔斯特（Ulster）的长老会成员与天主教徒一样，被完全排除在所有政治生活和政治影响之外。作为对法国大革命的反应，贝尔法斯特的长老会成员沃尔夫·托恩建立了爱尔兰人联合会。

皮特任命费茨威廉勋爵为爱尔兰总督（Lord Lieutenant）去修复局势，而当他开始工作时又把他召了回来。由于他的拙劣举措严重搞砸了局势，结果只取得轻微的让步。不仅国王反对向天主教徒和不从国教者做出任何让步，英国大众对海峡对岸发生的事件的反应也是如此。格拉顿（Grattan）支持天主教徒解放的雄辩的演讲没人理会，费茨威廉的召回似乎打消了一切希望。宗教问题和土地问题都极其需要对爱尔兰人较公正的解决办法。当无计可施的局面变得明显时，暴力开始在这个愤懑的岛上蔓延。起源于长老会的爱尔兰人联合会，又有天主教徒加盟，于1796年邀请法国人过去帮助他们建立一个独立的共和国。

远征的失败上文交代过了，一次小规模的后续尝试也没有更为成功。然而，处境是如此不堪忍受，以至于反对英国的暴乱爆发了，他们把地方政府看作英国的代理人。许多爱尔兰人的暴力活动直接针对被认为与爱尔兰文明异质的新教徒，最后反对英国的骚乱发展为一场宗教内战。绞刑、纵火、枪决、对教士的屠杀以及其他暴行司空见惯。新总督康沃利斯勋爵承认自己无能为力。形势令人无法忍受，而爱尔兰议会，尽管它并不代表爱尔兰人民，能够用钱买。1799年昔日的改革家皮特，借卡斯尔雷勋爵之手，在征得贵族同意的情况下，通过施惠的手段，支付一百二十万英镑，获得了腐败选区的议席，取得了控制权，并通过完全废除爱尔兰议会，走上了他认为摆脱困境的最容易的路，进而通过《1800年统一法》，由威斯敏斯特议会统治着两个国家。

从1801年1月1日开始，“联合王国”包括威尔士、英格兰、苏格兰和爱尔兰，然而，虽然威尔士很早、苏格兰近期在情感上已经统一，但爱尔兰在情感上没有，可能永远都不会。这个问题至今仍然是英国治理和安抚的最大失败。不可能说清楚这个失败多大程度上应归咎于两国中的哪一方。这不禁让人想起克罗默勋爵的话，他说英国所能提供的领导对于文明程度不高的种族来说是成功和伟大的，但会随着被统治者教育和智识的提高而递减。这个观点似乎在印度和其他地方得到证实，但一定不适用于威尔士和苏格兰。

英国在爱尔兰的完全的、可怕的、无情的失败是一个独特的问题，值得详细深入的研究。然而，这一问题就如清天上升的朗日，皮特试图以两国之间的自由贸易将其带向中午，却被至今还电闪雷鸣的暴风雨和乌云完全遮蔽了。

英美关系：作为外国

如果说一个个世纪对爱尔兰持续的治理不善难以理解，这些年对由北美殖民地成功反叛所引发的问题的处置失当，理解起来或许要容易得多，其不幸影响是长期的。18世纪末的英国不是20世纪的英国，但如果它向美国显示出更大度的慷慨精神，比起在南非布尔战争结束后对布尔人的态度，这两个讲英语的大国之间的友谊就不至于伤及几代人。与其说布尔人被征服而美国人在外国的帮助下成了征服者，不如说英国人在其间的一百二十五年学到了很多。

美国人不仅是成功的反叛者，而且他们是“殖民地居民”。不喜外出的英国人有一个特点，他们把这种“殖民地居民”看成一种低级血统，“比畜生高、比天使低”，就是说，有点那么介于英国人和纯粹的外国人之间。正如纳尔逊在未能因尼罗河河口海战[1]获得应有的奖励后写到的，“这证明了比起在英国附近打的仗，在远方打的仗是多么不值”。而且，在1783年和平条约签订和1787年美国宪法颁布后的多年，美国是一个弱小的国家，英国知道这一点。当上流社会的英国人选择这样做时，他总是扮演一个社交上使自己极其令人气恼和讨厌的艺术大师，许多英国人在伦敦与约翰·亚当斯和托马斯·杰斐逊——前者是第一任驻英公使，后者是第一任国务卿——这样的美国政治家私人交往时，也选择这样做。

条约谈判过程中，亚当斯明智地指出，如果美国不能滴水不漏地逐点履行条约规定，英国就会利用这个借口不履行自己的义务。实际上双方都没有履行条款。美国声称英国抢走了奴隶，既不归还

1 也就是之前提到的阿布吉尔湾海战。

也不给予补偿。英国声称美国人在没收亲英分子（Loyalist）的财产或偿付私人债务方面没有履行义务，因而反过来拒绝履行撤出西北领土和军事基地的义务，甚至将加拿大的新首都设在美国的边境线之内。它还坚持有权搜查美国商船，将它声称可能是英国国民的人强征当海员。这一点我们下文再叙。这样的争吵持续下去，年复一年。

通过赢得独立，美国因此变成了一个外国。尽管有亚当·斯密的学说，传统的重商主义理论仍然主导着帝国列强多数人的思想。法国和西班牙随即取消在独立战争后期给予美国人的特别优惠，或者甚至英国截断了绝大部分美国与英属西印度群岛之间的贸易，都是情理之中的事。然而，英美局势是独特的。在新生的美国作为英帝国一部分的一个半世纪中，美国曾被要求其绝大部分贸易只应与帝国进行。帝国和美国都逐渐适应了那些经济关系。例如，与西印度群岛的贸易给新英格兰的商人提供了许多交易，而这就需要购买英国的加工产品。许多英国优秀的思想家，如波纳尔（Pownall），提倡与美国的自由贸易应该继续，以使双方受益。不幸的是几乎没有人接受他的观点。谢菲尔德勋爵的信条占了上风，他主张极其苛严地把美国当作一个外国对待。

推测这种狭隘的思想以及对美国的厌恶和愤恨，屈从于波纳尔对现在和未来的开阔眼界，将会是什么结果，是一件有意思的事。在一个帝国相互竞争的世界上，每个帝国都力求在贸易和资源上自给自足，过去是这样，今天还会发生。如果讲英语种族的两个分支从一开始能够形成一种友好的自由贸易集团，所带来的历史性变化是难以估量的。就在几年前，英国在与拿破仑殊死搏斗时，就应该争取美国的支持，那样就不会有1812年的第二次战争，让痛苦延续几代人。

另一个令人关注的方面就是美国人被排除在他们已经习惯的对西印度群岛的贸易之外。在侮辱性地拖延了八年之后，英国最终派遣了一位地位无足轻重的年轻人去华盛顿作代表。除了其他争议中的问题，他跟杰斐逊提起美国的债务。几年前，我应邀与一位英国前财政大臣谈论英国在世界大战时向美国借债的问题，他很坦率地说，当初借债时，这项债务被认为在战争结束时很可能会偿还，但是多种条件的变化，包括世界贸易、美国关税的提高，使得履行合同变得不可能。

本书的末尾还会提到这个话题，但是这里我们引用一小段1792年美国国务卿对年轻的英国公使乔治·哈蒙德的回答，这个回答在今天还具有相当的价值。关于偿债的主张，杰斐逊写道：

> 出于延迟偿债的必要，应该增加对英国的贸易管制，禁止我们的私营商船把自己的产品载运到邻近的他们的领地，并通过禁止性关税从他们的国内市场中排除有价值的贸易门类，以减少我们的支付手段。在采购时，支付（paiment）[1]手段构成一个采购动机。如果这些手段是由债权人自己带走的，他不应该在良心上抱怨仅仅是债务拖延，那是他自己的行为的影响。

然而争吵在持续，1794年华盛顿派约翰·杰伊去伦敦处理争议问题。杰伊不是一个好的谈判者，财政部长亚历山大·汉密尔顿是

1 原文如此。——原注

国务卿杰斐逊的对头，提前挫败了杰伊的计划。尽管杰伊获得了英国在1796年交还西北地区和军事基地的承诺，以及其他好处，但条约被认为对美国如此不利，以至于杰伊的雕像在一些大西洋沿岸城市被上吊，甚至华盛顿的声誉也严重受损。

如波纳尔洞察的，尽管英国有很多机会与它在北美失去的帝国建立关系，但都未能抓住。现在我们把目光转向在印度开拓帝国的事件。

印度：接管解体的莫卧儿

沃伦·黑斯廷斯几乎是单枪匹马地在印度维护英国的利益，不仅与英国的敌人作斗争，还要对付政务会和菲利普·弗朗西斯恶毒的仇恨。弗朗西斯回到英国后继续反对黑斯廷斯，他设法赢得了福克斯、伯克和其他领导人支持自己的观点，而这种观点对于黑斯廷斯是完全不公正的。虽然这些领导人的意见可能是发自内心的，但他们实际上参与的，在很大程度上仅仅是弗朗西斯多年来反对总督的个人积怨的持续。黑斯廷斯谢职回国不到一年，就被下议院控告（1786），对他的指控长达数页；如果属实，那将很恶劣。近七年时间，一个又一个的会期，福克斯、谢里丹和其他演说家雄辩的口才，以及当时伯克尖刻的攻击，在议会和公众中激起了反对黑斯廷斯的最强烈的情绪。直到随着时间的推移，很明显绝大部分指控不能成立，厌倦取代了敌视。此外，伯克的恶意弄巧成拙。随着伯克的言行越来越放肆，他声称的证据变得越来越无力。真实的黑斯廷斯——英属印度的救世主，在公众心目中的形象越来越清楚。最后在1794年，他被宣判无罪，获得自由，但由于旷日持久的审判带来的紧张和开支，他身体遭到摧残，经济上一贫如洗。

就对帝国内的外族治理而言，很难说这桩迫害（persecution）——不是起诉（prosecution）——对公众舆论产生了多大影响。尽管出于他的声誉计，许多演说最好被遗忘，但伯克多次高尚地呼吁英国人要为他们海外属民的幸福和福祉承担责任。另一方面，黑斯廷斯亲自发起了未来的许多改革，这并非他受到大声疾呼的反对的直接结果。

此外，离黑斯廷斯审判案结束还有十年，皮特的《1784年印度法案》获得通过，它更清晰地界定了各部门的权力，为改善治理铺平了道路。以前是东印度公司对英国政府负责，现在变为对英国议会负责。英国议会还要控制印度总督，同时规定总督在英属印度至高无上，不再受制于同政务会的争吵和东印度公司雇员的嫉妒。

这些优势被总督的角色和地位增强了，他由皮特首相派遣，由亨利·邓达斯作为国务大臣随同前往。把海外治理之职托付于一个富裕的贵族之手是富有含义的。经过短暂的过渡期，第一任总督康沃利斯勋爵就被派出去了，此君的地位之高、身家之殷实，足以使他不在乎钱和奉承，同时他还是一个具有最高尚品德和最大勇气的人。随着新体制的确立，以前卖官鬻爵的人事现象基本结束，印度文官制度得以开启，它是英国在印度的最大成就之一。总体上，工资报酬合理化，显示出了进步的曙光，而不再是旧有东印度公司规划的低工资和个人营私几乎无限的机会，这种营私极大地诱发了管理不善。文官工作吸纳了一大批贵族，尤其是苏格兰人，他们对印度作出了巨大贡献。邓达斯自己也是苏格兰人，不得不承认，通过明智地运用恩庇，他帮助皮特在苏格兰保持了支持率。事实上，直到议会本身进行改革，要从整体上无视任命权的政治考虑是不可能的，至多是像今天美国这样。

《1784年印度法案》在两个方面未能较好地发挥作用，正是这两个失败证明了黑斯廷斯回击弗朗西斯之流和其他批评的判断是正确的。第一个失败是关于孟加拉土地问题的新解决方案。黑斯廷斯能够从印度人的生活和习俗的角度来考虑问题，而弗朗西斯以及后面几任总督，则是从英国国内制度的角度来考虑土地及其经济问题。依照皮特的法案，康沃利斯接着就把以前只负责收税的柴明达尔（zemindars）转变为每年向政府缴纳一定金额的财产拥有者。这一失策使得佃农或者自耕农被置于柴明达尔的敲诈勒索之下，取代了过去那种受东印度公司的掠夺，而且政府被剥夺了因土地的价值和产出增加而获得增加税收的任何机会。

第二个失败是，黑斯廷斯主张印度的英国人应当担负起一种印度政权的作用，缔结并遵守条约，通过结盟来维持和平，而与此相反，皮特的印度法案订下一个原则，禁止与土邦订立条约、缔结联盟或对它们进行干涉。尽管意图良好，这是一个不可能的政策，结果直接导致战争而不是和平。印度国王铁普苏丹（Tipu Sultan）正与拿破仑和其他一些反对英国势力的国家以及某些向英国寻求保护的印度土邦密谋。铁普是一个非同一般的角色，即使在东方。他精力充沛，在许多方面是一个改革家。他对自己的臣民统治有方，其过失在于对外人心狠手毒，尤其是对英国战俘。关于一个印度当权者会施加什么样的残酷手段，海得拉巴的尼扎姆就是一个例子。他是英国人的盟友，可是就是他用最骇人的折磨，从卷入战争的富人和贫病交加者身上勒索钱财。

铁普对一切西方事物的憎恨，尤其对英国人无情的敌意和残忍，使得战争的爆发只是迟早的事。最后，康沃利斯、马拉塔人和尼扎姆联手，起兵讨伐他，取得了塞林伽巴丹战役（Seringapatam）的胜利。铁普被剥夺了半数领土，并偿付巨额赔款。

然而，铁普的权力只是被损伤而没有被摧毁，当康沃利斯总督任期届满乘船回到英国后，印度的局势变得严峻起来。不仅三个印度强权与法国密谋，而且法国军官在他们的球场上训练部队，拿破仑正在策划他的埃及－印度战役。

新总督是莫宁顿伯爵，他更为人知的是理查德·韦尔斯利（Richard Wellesley），就是后来成为威灵顿公爵的亚瑟的兄长。他马上意识到不干涉政策的危险和不可能，于是不仅回到了黑斯廷斯的路线，而且大大推进了这位前总督的一切设想。通过一系列的结盟和战争，英属印度殖民地不仅成为一个印度的强权，而且成为整个半岛上的首要强权。攻下塞林伽巴丹如风卷残云，铁普被打死，地盘作为战利品转手他人。亚瑟·韦尔斯利写道："这个城市的房屋很少没有被洗劫，我了解到，在军营中，我们的士兵、印度兵和随从人员把价值连城的珠宝，金条等，拿到军队的市场上拍卖。"

总督拒绝了付给他的十万英镑，他说这是属于军队的，在英国国内这支军队的指挥官因为他们的贪婪而受到指责。这就是韦尔斯利的性格，一个很强势很有能力的人，尽管他谢绝了这份厚礼，但他贪求荣誉，想要一个比他的官职相应的高得多的贵族头衔，因为他的胜利与克莱武在普拉西（Plassey）的胜利匹敌。然而，他接受了一个爱尔兰侯爵的身份，每年从东印度公司获得五千英镑的年金，以及一枚圣·帕特里克勋章，由铁普所存的珠宝装饰。

起源于这一战争时期的，不仅是英属印度控制权的崛起，还有对其他土邦首领的补贴制度——该制度允许他们保留对自己的地方政府的控制，但实际上使他们成为英国人的附庸。尽管这对于印度意味着和平，而且是唯一能够达到此目的的方式，东印度公司和议会却为韦尔斯利积极的政策以及他对英国权力和责任的巨大扩张感到警惕了。他的工作尚未完成，便于1805年被召回。虽然在他离开时，弹劾的风险可能随时降临，但他缔造了英属印度帝国，把它从法国的任何威胁中营救出来，在多个方面塑造了它此后一直保持的形态。

他被证明是一个伟大的行政官。由于对派往印度工作的许多年轻人不满意，他建立了威廉堡学院，让这些年轻人用三年时间在学院学习印度语和印度历史，从而为自己的职责打基础。在他的领导下，也成长起来一批人，如当地法院的驻扎官员，他们形成了一个高级文官新群体。所有这一切在多方面都是有益的，然而它很明确是延续了始于康沃利斯的整个政府部门高级职位欧洲化的倾向，为了不久的将来高级职位无需向当地既有能力也有进取心的人开放。这样一个制度注定会立马招来怨恨。

英国人的处境十分困难。与葡萄牙人、荷兰人、法国人一样，他们从一个商人群体起家，一步步地开拓前进，在崛起的过程中克服了一个个难题，直至问鼎世界，统驭的人口远远多于拿破仑在其职业生涯巅峰时期所征服的人口，而这一切只凭借少数白人士兵。密密麻麻的人群，下层社会的贫困，当地统治者神话般的财富以及他们普遍的治理无能，他们之间无休止的战争，种族、宗教、语言和习俗的多样性，所有这一切为最差的人和最好的人提供了诱惑和机会，同时带来至今仍未能解决的问题。

东印度公司统治时期的一个最荒唐的事件值得一提，其影响几十年后都能感受到。这个事例讲的是，一个依靠信用而不是财产为生的统治者，与狡诈的欧洲人包括其东印度公司的下属职员合谋，来使自己的臣民破产。阿尔果德（Arcot）的纳瓦布有一个辉煌的豪宅，过着极其奢侈华丽的生活，但他不想把自己的领地管理好，依靠征税来维持生活，而更喜欢向东印度公司职员借钱，尤其是臭名昭著的本菲尔德，后者向他收取36%到48%的利息，从土地收益中提取一部分作为偿还。

结果纳瓦布的臣民破产了，制造了一笔无法偿付的巨额“债务”，它在很大程度上为议会腐败提供了基础。这种局面持续的时间超过二十五年，1799年康沃利斯把整个债务构成称为“欺诈和无耻”。所作出的安排是，从1784年到1804年之间债务应该按照每年四十八万英镑的比率付清，但到这个阶段结束时发现纳瓦布累计了一项新的债务，据说高达三千万英镑。直到1830年这个问题才得到完全解决，除三百万英镑之外，其他一切被宣布为缺乏根据。很可能纳瓦布的臣民不得不偿付的第一期债务的同样比例部分，也是一个欺诈。

这只是富裕的当地统治者遭受军事征服者掠夺的一例。那个纳瓦布不是不聪明，而是与非法冒险家合谋，葬送了自己的民族。这个事件富于启发意义，显示了构成当时印度的国家和政府体制的复杂一面。英国人没有推翻一个固定而有序的文明。当英国人到来时，印度已经处于一种颓废腐败的混乱状态。莫卧儿帝国解体之后一切听其自然，没有任何东西表明它不会成为当地统治者的贪婪、治理不善、相互残杀的持久的猎物；或者，如果英国人撤走了，他们的地位和角色只会被法国人取代。然而，等到与法国生死搏斗到来时，印度已获得且至少开始走上和平与进步的道路。

新帝国成形

虽然澳大利亚可能长期保持为英帝国的一部分，然而由于独特的气候和庞大的本地人口，它永远不会成为英国的领土。对于现代英联邦意义深远的开局，我们不得不把它的魅力和浪漫、财富和肮脏、英雄主义和贪得无厌搁置一边，而转向大洋那边空旷和荒凉的处女地。在这里，我们又一次发现美国革命在帝国建设中的某些后果。

战争期间，库克船长还在继续他的著名航行，勘察了一些遥远的地方，其中包括新西兰和澳大利亚的部分地区。18世纪末，北美殖民地在赢得独立之前，被用作一个流放英国犯人的便利之地。那个年代的“犯罪”与今天的“犯罪”有不同的含义，输往国外的犯人所背负的“罪名”涉及广泛，从一个饥饿的人偷一块面包，到有声誉的和受到高度尊重的年轻苏格兰律师如缪尔，他只是要求议会改革。

美国人实际上憎恨把英国监狱的各种各样的人投放到他们那里，本杰明·富兰克林暗示美国出口响尾蛇到英国作为回报。然而，北美的独立解决了这个问题。1787年皮特寻求一个新地方来实施罪犯移民。澳大利亚的植物学湾几乎不假思索地被选中了，因为还有其他许多紧迫问题需要处理。如果说英帝国是在一阵心不在焉之中建立起来的，这不完全是事实，那么，没有哪一个大国像澳大利亚那样漫不经心地形成，则是确定无疑的。这是英帝国通常以偶然的方式发展的一个例子。

1788年1月，载着七百五十名犯人及必要物品的六艘运输船，在天狼星号军舰的护送下去新建一个殖民地，但是植物学湾随即被放弃而选择了位置更好的杰克逊港，就在今天的悉尼附近。悉尼湾是一个美丽而开阔的港湾，倾斜入海的山麓是一个大城市的最佳场所。这里的人口一度极为独特梦幻：过着真正标准生活的人因落入法网，与乔治·巴林顿这样的人混在一起，后者是伦敦最出名的扒手，在科芬园（Covent Garden）偷窃了奥尔洛夫伯爵二十万英镑的钻石鼻烟盒；一位在英格兰银行工作的做假账的法国人；玛格丽特·卡奇普尔（Margaret Catchpole），这位女士事实上和小说中，本来可以与一个著名的植物学家结婚，却以走私者的名声流传后世；还有许多其他人。生活在秩序和中等舒适中，不同寻常的一群移民不同寻常地建立了一个大国。1793年，当装载自由殖民者的第一艘船出发时，这个现代国家才真正建立。不幸的是，由于许多居民的性格特点以及不得不被看作是罪犯流放地的事实，澳大利亚一开始不具有英国拓殖过程中随时可能的自治制度特征，它的后续发展属于以后的时期。

同时，另一个意外使得与新西兰的贸易得以开展。作为一个离岸的捕鲸场所，新西兰群岛已被人们知晓，但是直到1798年东印度公司宣布在南部海域的贸易垄断权，这些岛屿才被派上用场。然而，那一年由于西班牙军舰在合恩角（Cape Horn）的活动，英国政府命令捕鲸船途经好望角前往南太平洋，当时好望角暂时掌握在英国手中。结果先头登陆部队与土著毛利人开展贸易，新西兰的捕鲸业由此开始。虽然直到下个世纪才作出了永久的解决方案，但这另一块美丽如画的土地，如人们所说的，已经变得比不列颠更不列颠，正在不知不觉地转向帝国的轨道。这样，虽然都不是征服的结果，战争的意外事件安排了新西兰和澳大利亚的开篇，而根本没有考虑它们的未来。

另一方面，加拿大则是通过战争于1763年从法国手中夺了过来。此外，它还受到后来1776～1783年对美战争的影响。从叛乱殖民地流出的美国人所称的“托利党人”，让加拿大多了十万人口，其中数万人永久地留下来，成为今天引以为自豪的联合帝国效忠者（United Empire Loyalists）。他们在各省的人数足够使法国人和英国人近乎等分，但法国人主要集中在魁北克，而绝大部分前美国人，保持着对王室的忠诚，去了今天称为安大略的地区和沿海省份。

新斯科舍已经有了自治。早在1784年，新不伦瑞克和爱德华王子岛，由于美籍英国人的涌入，也接受了自治，尽管纽芬兰还要等待很长时间。为了避免混淆，这里应该指出，自治（self-government）与责任政府（responsible government）不同，后者是一个技术性术语，通常在美国不被理解。例如，我们有自治但没有责任政府，后者意味着一个直接依赖于立法机构多数的政府。在英国和有责任政府的自治领，对于重大问题的表决，立法机构的多数能够推翻一个首相和他的政府，但在美国，国会不能逐出一位总统和他的内阁，无论他们在政策上有多大分歧。

根据《1791年加拿大法案》，加拿大本身被分为上加拿大和下加拿大，前者包括现在的安大略及其压倒性的英国人口，后者包括魁北克，法国人占多数。两个省都被授予自治这一通常殖民形式，其设计近乎英国政府的复制品。英属北美省份，现在已经有了良好的开局并扬帆起航，有自由的制度和不断增长的人口，将成为未来英联邦的一个主要自治领。

在北美独立战争灾难性地结束和旧帝国大片土地丧失的大约二十年后，一个新的帝国诞生了。英国在印度至高无上，一个真正的印度帝国被建立起来。锡兰并入但有自己独立的政府。加拿大具有坚实的基础。澳大利亚和新西兰已经开启了它们的事业。地中海处于有效守卫之下，英国控制着它的西边入口直布罗陀海峡，其东部端口马耳他仍然是英国的属地，尽管有提议放弃它。好望角，虽然暂时放弃了，很快就被夺回，成为去印度的航道上的一个永久殖民地。西印度群岛不久将有别的地区加入，就是现在南美大陆的英属圭亚那。此处彼处，遍及全球，在一个惊人的短时期内，这个辽阔的海外新帝国已然成形。但是法国将又一次让世界震颤，英国人与法国人长达一个世纪的决斗，将以一种前所未有的规模重新上演。没有人知道，最后留给英国和新帝国的将会是什么。

第四章 / 拿破仑战争

重启战端

1802年3月《亚眠和约》签订，被认为两个国家会平息下来归于和平。在英国，对法国的厌恶在很大程度上已经消退，如同数年前被革命“恐惧”激发的情绪已经消退一样。拿破仑的统治似乎给人以秩序和稳定的希望，而英国方面乐于把注意力转向海外，把精力用在发展贸易上。

诚然，这两个民族是根本不同的。英国人，尽管愿意为自己的生存斗争到死，为自己的海军及其功绩而自豪，但对于军事荣耀作为一种手段本身漠不关心，这支小小的军队作为国家生活中的一个因素几乎是微不足道的。没有帝国扩张的宏伟计划，星罗棋布的帝国几乎以一种随意的方式自己成长起来。政府笨拙而低效，法国大革命早期的过激行为所引起的反应，使得在一代人时间内任何真正的改革都不可能。另一方面，对于个人自由有一种强烈的爱，在各阶级的民族信念中有一种深深的自豪，认为英国是世界上最自由的国家。

海峡对岸，法国已经走上军国主义道路，仅仅依赖两个因素——军队和拿破仑。拿破仑正在给人民示范一个或许是自罗马最好的时代以来最有效的政府，正是这个展示对于他横行欧洲大陆将起到几乎与其军事天才一样的作用。但是，他既有在和平时期作为一名卓越的行政管理者的能力，更有成为一个伟大的军事征服者的致命野心。1804年他加冕称帝，一个庞大帝国——也许是世界帝国——的梦想一直未曾释怀。即使没有这个梦想，他的地位是一个僭主，为了维持这个地位，他不得不借助常新的胜利来供养军队，逐渐地发展为供养全体人民。他是靠刀剑崛起的，也将不得不靠刀剑生存或灭亡。国内国外，自由被专制和荣耀所取代。

几乎在和平条约墨迹未干之时，这就很明显了。在意大利，皮埃蒙特被法国兼并，另外两个意大利城邦成为法国的傀儡，接下来就是一个法国的“意大利王国”。一部新宪法被强加给荷兰。瑞士被征服。拿破仑从旧德意志合并和建立起来的新国家，只不过法国的卫星国。他还向印度发兵，远征埃及，从西班牙手中接管了广袤的北美领土路易斯安娜，那是密西西比河谷西边的一大片土地。他撕毁了保证荷兰和瑞士独立的《吕内维尔条约》，却在1802年一直抱怨英国不履行自己的承诺，把马耳他转交给一个中立的大国。英国是因为面对拿破仑自己的行动和日益增长的危险形势才拒绝那样做。

在约瑟芬举行的一个晚会上，无需对英国大使做出一个精心安排的侮辱，就显露出拿破仑打算诉诸武力，或让英国接受在世界事务中微不足道的地位。在法国和荷兰的港口，拿破仑亲自准备战争，占领了整个海岸，包括与英国隔海相望的比利时。1803年3月，

《亚眠和约》签订后仅仅一年，英国政府要求议会采取应急准备。5月，没有一个盟友的英国，向独裁者扔下战书，向巴黎发出了最后通牒。

现在战争继而发生，又要持续漫长的十几年。在最初几年中，法国具有由一个绝对独裁者集中指挥的优势，而英国政府既软弱，又被一些变动分散了精力。亨利·阿丁顿首相对国家没有信心，人们高声吁请皮特复出，但他拒绝辞职，坚持了一年；当皮特重返首相职位时，他患了严重的残疾。他曾希望吸纳两党中所有可用的能人进入内阁，尤其福克斯，但国王不准许他把自己的宿敌延揽进来；而一些辉格党要员拒绝加入，除非福克斯在职，但福克斯心甘情愿退到一边。结果是由一个被疾病缠身和不堪工作压力的人领导着一个软弱的政府。1806年初他去世了，时值英法角逐的最阴郁时刻之一。最后，国王同意一个包括福克斯的联合政府，一个新的十足的托利党政府上台，继续进行接下来的战争。

福克斯与皮特为时势所逼而导致彼此对立而不是合作，这是英国的悲哀。两个人都是贵族出身，尽管层级有别。福克斯嗜酒、赌博、喜欢运动，比起城市里的俱乐部更心仪那个时代的乡村生活，并如同当时的许多人一样，把时间和精力投入对文学的热爱和对艺术的赞助之中。皮特则非常严峻，以他的年龄来说有些冷漠，二十四岁领衔内阁，具有钢铁般的意志，各方面与壮实而快活的福克斯形成鲜明对比。两个人都是无私的爱国者，尽管皮特有无节制的雄心而福克斯有一种随和的懒散。两人都赞成改革，但皮特以一种冷静、理智的方式，与福克斯的慷慨、热忱成对比。皮特在组织和财经方面的卓越才能——或许他最大的成就，就是改组政府机构和重建国家信用——与福克斯同样卓越的、不同类型的才能相结合，本可为正处于危难时期的英国作出诸多建树，不幸的是，这并没有发生。

然而，如果说在英国现在不得不挺过的斗争中，对比明显高效得多的专制政权，英国的遭遇与任何自治国家没有什么两样，可它有一些优势，这些优势将会改变历史的天平。个人自由的愿望将会证明比军事荣耀或军事征服的欲望更能从失败中挺过来。事实上，失败会强化争取胜利和避免屈从于个人统治的意志。此外，在无与伦比的领导者纳尔逊的统帅下，皇家海军处于它发挥威力的巅峰时期。尽管大陆有强大的陆军和地面战役，海上力量最终会被证明是决定性的因素。最后，虽然有两年时间英国是单枪匹马地对抗拿破仑及其附庸国和盟国，但整个民族团结一致，下定决心抵御征服。

1803年，罗伯特·埃米特领导的爱尔兰暴动被迅速镇压了。在漫长斗争的余下岁月中，即使爱尔兰也没有制造任何麻烦，还为军队提供了许多兵员。在旧世界，拿破仑从未遇到像大不列颠这样一个保有强烈民族意识的民族的反抗。因为他的大部分对手是一些戴着虚弱王冠的君主，他们的治理不善导致他们失去了臣民的爱戴和忠诚。实际上，拿破仑在法国所建立的强大有序的政府，引诱欧洲大陆的其他民族接受而不是反对他的霸主地位。当拿破仑重塑德意志邦国、剥夺奥匈帝国统治者的“罗马皇帝”称号、安排自己的兄弟分别担任那不勒斯和荷兰的国王之时，都没有激起强烈的不满或愤懑的忠诚，无论是个人的还是民族的。

同时，战争初期，拿破仑把自己的军力集中在海岸，准备入侵英国。在法国人驻扎在狭窄海峡的对岸的数月中，岛上有深深的紧张但是没有恐慌，大约三十万志愿者参加了国家的防卫。除了天生的自信之外，两个事实鼓舞了英国人。一是近七个半世纪以来，没有哪一次对英国的入侵获得成功，1688年威廉的登陆是受到这个国家邀请的，不算入侵。第二个是纳尔逊统帅下的英国舰队。

第二个事实也在拿破仑的考虑之中，他不耐烦地等待了数月，要对这个几乎在他的家门口占据着世界最富庶的岛屿、被他蔑视的“店小二民族”（nation of shopkeepers）发动他认为的有把握的打击。在晴天，他可以从自己的岸滩上看到多佛的白色悬崖。然而，尽管他集中了世界上最好的陆军之一准备登船，他意识到他必须通过一个优势的海军力量控制海峡至少六天来让自己的陆军通过。法国海军分成分队分散在自己的港口中，主要是布雷斯特和土伦，无法出海，因为英国的监视分队在一刻不停地监视着他们。两年中这种英国人特有的顽强的坚守持续着，而法国战舰和船员则因为不能出海而日益恶化。

特拉法加海战

最后，1804年12月，拿破仑迫使西班牙参战。这似乎为他利用西班牙的港口和舰队开辟了一条途径。计划被制定出来，就是在条件有利时由一个或数个法国海军分队潜行越过障碍，加入他们在加的斯（Cadiz）的西班牙盟军，然后联合舰队直奔英属西印度群岛，如果可能的话就夺取它们，但不论如何都要诱惑英国海军去追捕。然后法西联合舰队将立即返回，对英国人隐蔽行踪，在英国人之前到达海峡，英国人将会搜寻他们，那时就知道是怎么一回事了。

这个计划虽然太复杂，但几乎成功了。法国海军上将维伦纽夫利用有利时机确实使自己的船队离开土伦，让纳尔逊摸不透他的目的地。在没有电台和其他快捷通讯的时代，纳尔逊花了一个月时间试图锁定他的位置，而不知道他已经加入了加的斯的西班牙人，并且驶向西印度群岛。部分是根据进一步的情报，主要是基于他自己直觉的天才，纳尔逊有些感觉到正在发生的事，出发追寻，及时到达西印度群岛挽救了他们，并使敌人舰队又一次横渡大西洋，尽管在茫茫人海的漂浮中还不确定敌人的意图。突然一阵灵感，纳尔逊意识到了拿破仑的整个战略，尽管西印度群岛的人请求他留下来，但他率部以最快的速度向加的斯进发，几乎与敌人同时抵达欧洲。他加强了守卫地中海的舰队，然后驶向海峡。拿破仑被挫败了。法国海军与西班牙海军经过短暂分开之后在加的斯汇合，纳尔逊从英国的维多利亚港出发，与科灵伍德和远离该港的封锁分舰队汇合。

维伦纽夫虽然有三十三艘军舰对抗纳尔逊的二十七艘，但他知道自己不是对手。另一方面，纳尔逊充满了必胜的信心，只要他能够把敌国舰队引出海。幸运的是，拿破仑命令那位不情愿的指挥官就赴厄运，就在纳尔逊精心策划的那一天，让后者取得特拉法加的伟大胜利，这或许是历史上最具决定性的海军事件。1805年10月21日早晨，纳尔逊升起司令旗，向全体舰队下达了那条著名的命令："英国期待每个人恪尽职责。"至下午4时30分，敌人被完全击败。一艘军舰被炸毁，二十一艘在当时或随后被俘获。当一场可怕的大风暴袭来时，其余的舰船落荒而逃。从此英国对海洋的控制无可争议了。

然而胜利的代价是不可估量的，因为纳尔逊牺牲了。他的名声如此闪耀，国人对他的爱如此深切，以致当凯旋的舰队回到他使之成为海上霸主的这个岛国时，他去世的消息立即使欣喜转为悲痛。他的才能如此卓越，要是他在尼罗河战役中牺牲而不是在特拉法加，世界历史会大大改变。然而命运如此安排，他的确为英国而牺牲，他拯救了国家并把它推上了顶峰，就如他的塑像今天在帝国心脏的特拉法加广场高高耸立。

很难不带情感地去描写他的最后时刻。有史以来最伟大的海军统帅，在危急时刻挽救了历史上最大的海上帝国。他身上有着许多英国人特有的情怀甚至感伤情绪，加上永不言败的勇气、职业上的和生理上的超自信，以及对祖国的完全的献身精神。在他弥留之际，战斗获胜了，他牵挂着自己的祖国和亲人。他与汉密尔顿夫人的爱情故事众人皆知。当旗舰舰长托马斯·哈代来到他身边，纳尔逊说："不要把我扔到船外去。你知道怎么做。"然后说道："照顾可怜的汉密尔顿夫人。吻我，哈代。"哈代弯下腰吻了他的脸颊。纳尔逊的伤情急转直下，他又一次对医生说："记住我留下汉密尔顿夫人和我的女儿霍雷希娅作为对祖国的遗产——永远不要忘记霍雷希娅。"他最后的遗言是："感谢主，我恪守了自己的职责。主和我的祖国。"在为英国奉献了无与伦比的服务和作出了最大的牺牲之后，一位最伟大的英国人的灵魂遁入空冥。

涅曼河上的木筏

纳尔逊在特拉法加取得的无可匹敌的成就的重要性，在于确立了英国海上霸主地位，以及隐含在其中的诸多内容，而不仅仅是拒敌于国门之外，因为当他识破了拿破仑的战略，他的行动就已经阻止了敌人的入侵，并产生了效果。在这一年早期，皮特已经通过巨额补贴把俄国、奥地利争取过来，建立了第三次反法联盟。英国可能凭借海军力量挽救自己，海洋强国可能最终打败最大的大陆强国，但只要拿破仑图谋征服大陆，而不是英国，陆上强国也是重要的抵抗力量。因此，海上作战的英国，同意支付沙皇和奥匈帝国的皇帝每年六百三十五万英镑，换取每十万人投入战场反击法国的新皇帝。

拿破仑此时已经意识到入侵英国的两年努力是徒劳的，于是做出改变，立即挥师向东方长驱直入，在奥斯特利茨彻底击溃了英国的新盟国。除非英国满足于看到整个大陆置于一个人的统治之下，显然它不得不面对一场长期战争，在陆地上进行，而不是在自己先天的因素——海洋上进行，民族英雄纳尔逊已经为它赢得了一长串战例中最近的和最辉煌的海战。共同缅怀着纳尔逊的声威，英国人同仇敌忾，帮助这个国家面对当前不可避免的磨难。这个考验如此之大，以至于耗尽了皮特衰弱的精力，他临死时咕哝说："我的祖国。我怎么离开我的祖国。"英国毫不畏缩地面对，尽管又一次孤立无援而且不是一个军事大国，正如它在第一次世界大战中所表现的那样，现在它不是俯首称臣，而是在采取行动，用最后的手段，去击败一个独裁者。

如果说皮特对战争的应对远远算不上出色，那么"贤能内阁"（Ministry of all the Talents）的应战表现更加糟糕，这个内阁最后包括福克斯，只是他在两三个月之后就死去了。这届政府持续了大约一年时间，它拒绝遵循皮特确定的与大陆国家结盟的计划，而在地中海甚至阿根廷消耗英国的军事力量。普鲁士，因为其国王对拿破仑在按照许诺把汉诺威转手给他的问题上口是心非，一气之下在缺少英国援助的情况下对法国发动突然袭击，在耶拿战役中被彻底粉碎。前来增援普鲁士人的俄国，本愿意与英国结盟，但是要等到包括卡斯尔雷和坎宁在内的新内阁成立，政府才又一次转向皮特的政策，此时已太晚。俄国人在弗里德兰战役中被完全击败，沙皇迁怒于英国，认为英国导致他的失败，遂与法国媾和。

1807年6月，亚历山大与拿破仑在涅曼河（Niemen）中的一只木筏上会晤，签订了著名的《提尔西特条约》。那是一个戏剧性时刻，全俄罗斯的沙皇，欧洲旧政权的最大王座之一的拥有者，与所立王朝不足三年的暴发户独裁者协商瓜分世界。俄国想从瑞典手中夺走芬兰，对土耳其为所欲为，而把大陆的其他地方留给拿破仑，任其统治和征服。不仅如此，普鲁士被肢解，为拿破仑的弟弟分割出了一个新的威斯特伐利亚王国，另外一大块分割出来构成新的华沙大公国。普鲁士还要支付巨额赔偿，旧普鲁士全境沦于法国的控制之下，并被迫加入它对英国的战争。即使所有这些也没有尽述对这个海岛帝国的全部威胁，因为俄国不仅承认拿破仑对其已经赢得或主张的（指整个大陆的一大部分）所有一切的所有权，而且还同意援助他反对英国，并迫使事实上仅存的中立国家瑞典、葡萄牙和丹麦加入战争。这对于英国人是一个无意的恭维，给人的感觉是有必要动用几乎欧洲每个国家的实力和资源去摧毁他们。即便如此，英国海军骄傲地在海上游弋，每个军官和战士心中都怀着纳尔逊的精神，人们相信他们是抵御征服的一道几乎不可逾越的屏障。现在，战争以新的武器进入了一个新的阶段。与此同时，英国打算充分利用它所拥有的一切。

此后数月，拿破仑还在梦想使用海上力量来支持自己进行贸易战的计划，但他从来不得要领。法国还剩下一些海军力量，他打算用来与丹麦舰队和俄国舰队联合，还包括规模不大的葡萄牙舰队，这部分源于他与沙皇达成的协议，迫使那两个国家加入反对英国的战争。然而，坎宁和英国外交部了解到了《提尔西特条约》的条款和意图。一位英国大使、一只舰队和小股陆军出其不意地抵达哥本哈根，向丹麦王子提出结盟，条件是他的海军应该移交给英国直到战争结束。这个提议当即遭到拒绝，甚至乔治三世，在获悉进程之后，祝贺大使丹麦统治者是在宫殿的一楼接见他的。否则的话，英干说，如果这个丹麦人“有一半我的烈性子，他会把你踢下楼去”。许多英国人的心情与国王乔治一样，当哥本哈根遭到轰炸、丹麦舰队被带到英国不再返回时，他们心里一直是忐忑不安的。如其他许多行动一样，它唯一的正当理由就是必要，如果有的话。人们知道拿破仑和沙皇同意迫使丹麦对抗英国，拿破仑伸出手去夺取丹麦舰队，可是坎宁先下手为强。对于法国独裁者而言，外交或会客厅的繁文缛节可能是浪费的。也没有理由相信，就不幸的丹麦统治者而言，当面对拿破仑的威胁，他会扮演一个世纪后比利时的阿尔贝一世[1]的角色。

有失厚道的丹麦插曲使得葡萄牙舰队这个问题悬而未决。当拿破仑要求葡萄牙对英宣战——这个要求是以武力为后盾的，如同英国对丹麦一样——那个国家，虽然对英国友好，立即屈从了。然而，在一支英国舰队的保护下，葡萄牙舰队离港驶向大海。俄国舰队未能及时到达予以阻止。在英国人的护送下，葡萄牙舰队载着王室成员航行到巴西，在新世界建立了自己的王国政权。到1809年，新的灾难完全终结了拿破仑运用除商业措施之外的一切手段征服英国的梦想，这些手段合起来构成了他的“大陆体系”，已为人熟知。

1 第一次世界大战期间，阿尔贝一世保持中立，拒绝德皇通过比境的最后通牒，并领导陆军进行抵抗。

铁像脚下的粘土

在进入正题之前，我们停顿片刻来提请注意，虽然拿破仑与亚历山大在木筏上的协议似乎使他无所不能和坚不可摧，而英国将经历另一个八年的惨烈斗争，但这个独裁者实际上没有他看起来那么强大。征服者铁像的脚下是粘土，只要英国能够坚决顶住，并且接下来给予迎头痛击，此后诸多原因综合作用，将使他的倒塌不可避免。一方面，我们已经讨论过一个事实：他如何为那些只有少许或者没有民族意识的人们提供了有效的统治而使得他的征服易于得逞。这一点一直是成立的，直到他与亚历山大在河中间用三小时讨论二人如何瓜分欧洲，而普鲁士国王冒雨在岸上无所事事地久等宣判自己的厄运之时。

给予普鲁士国王的条款是如此苛严，不仅他的国家要减少原来三分之一的版图，还有赔偿和其他惩罚，以至于普鲁士不是接受了拿破仑的统治，而是成为他的不共戴天之敌。

同样的敌意也在西班牙产生了。1808年拿破仑废黜了老国王和他的儿子，把自己的兄长那不勒斯国王约瑟夫扶上宝座，非常残酷地镇压了马德里起义。几周之内，西班牙全国各地的人民起来反对外国人，法国军队不得不撤退。这是另一个征兆，反对他的一股新的力量正在形成，这股力量不是来源于不得人心的君主，而是来源于被唤醒的人民，最终加入英国人来推翻他。

作为一个在和平和战争方面比当今其他任何企图支配世界的独裁者都伟大得多的天才，在今天的形势下来回顾拿破仑的最终失败是特别有意思的。随着时间的推移，他的过错变得越来越明显，他加在人民身上的负担更加沉重，唤醒了一个又一个的民族。一开始，他带来秩序，授予恩惠，但人民逐渐意识到，那种岁月已经过去，而且只要他还活着，还在统治，他们就没有和平与安定的生活。人性不会大大改变，尽管有些岁月情绪可以被激发到战争心理的水平，但当人们以永不满足的渴望渴求和平的享乐——家庭、孩子、爱、商业、安全、宁静、日常生活中的简单快乐——这种时候就来了。数年过去了，尽管他广受欢迎，尽管有“拿破仑神话”，人民起来反对他，因为只要在他的统治下人民就无法生活。此外，独裁者们一定要成功，拿破仑把对英战争作为一种象征，只要英国巍然屹立、顽强不屈，就如天空中熠熠生辉的火焰，粉碎了拿破仑不可战胜的神话。终于，皮特在伦敦市政厅为庆祝特拉法加大捷而作的祝酒词有了充分的理由：“英国已通过自力解救自己，并将通过垂范拯救欧洲。”

柏林敕令

对比他的军事手段，1806年末拿破仑开始运用经济手段对抗英国。11月21日，他发布了所谓的《柏林敕令》，在他的影响和控制之下关闭所有对英国通商的港口，实际上涉及大陆所有港口，并宣布封锁英国所有口岸。一年以后，几乎就在这一天，英国发布了一系列枢密院君令中最严厉的一个，宣布封锁所有法国港口，任何船只不许进入任何法国港口，除非它首先停靠英国港口。几周后，拿破仑扣留了应该抓捕的船只，如果船只在法国控制的任何港口卸货之前曾经到过英国港口。这些只是两位领导人所采取的更重要的措施和反制措施的一部分，正在变成世界范围内的斗争。所有这一切严重侵犯了中立国的权利以及那时已经达成的国际法。拿破仑1796年的敕令引起同样性质的一场小规模竞争，直到五年后他放弃了这项政策，几乎使自己卷入了同美国和其他中立国的战争。然而，这些控制经济的早期努力相对而言是不重要的，但后来，他实际上把权力延伸到整个大陆，他禁不住又一次企图通过扼杀英国的商贸，使这个依然不屈的大国坐下来讲和。

在战争的后来岁月中，英国的确被迫遭受了可怕的艰难和贫困，我们将在下一章专门讨论。已经习以为常的和日益增长的世界贸易的大部分被迫中止，在这个岛国不仅造成严重的食品短缺和随之而来的缺货行市，还有失业，因为快速增长的工业人口生产的商品失去了市场。另一方面，拿破仑没有充分估计到他的敌人的坚不可摧的顽强，也没有充分估计到这个事实，即他的政策将会激起新的敌人。那些年主政英国的坎宁、卡斯尔雷和其他托利党人丝毫没有法国皇帝的天才，但他们有人民作为坚强后盾，以及一种与他进行不屈斗争的不可动摇的决心，最后大陆半数的人民将被迫下定同样的决心。

如果说控制了海洋的英国因贸易的崩溃而受尽了苦难，大陆人民也一样，他们需要食品、热带产品，以及英国独家生产的制造业商品。使他们像英国人一样挺身而出的，也不是主要由拿破仑导致的匮乏，而是他们认识到必须为自己的自由和独立而战斗。事实上，英国逐渐被那些人认作朋友和救星，在拿破仑为维持其大陆体系作为真正的反英国武器而认为有必要采取的措施中，这些人正在被迅速疏离。

诚然，英国获得了大部分剩余的热带地区和其他边远的物资补给地区：1806年重新且永久地获得了开普殖民地、印度洋的法属岛屿、富庶的荷属爪哇岛、西印度群岛，以及南美洲的法属和荷属岛屿及大陆，包括荷属圭亚那、库拉索岛、马提尼克岛、瓜德罗普岛，以及丹属（Danish）诸岛。战争结束时这些岛屿许多都归还了，但是英国取得了与它们的贸易，而其敌人看到他们富庶的热带帝国正在消失。在这个时候，英国开拓了自己的市场，开启了与南美的西班牙殖民地的有利可图的联系，尽管这种联系还很脆弱，这些殖民地那时已经在考虑反叛西班牙了。

另一方面，沿着大陆的整个北部、西部和南部海岸线，有不计其数的港埠，英国利用它们来做走私贸易，为人民提供急需的商品；还有一些入口，日益成为拿破仑徒劳地力求使之严密无隙的大陆体系中的漏洞。由于教皇拒绝关闭他的口岸，拿破仑占领了教皇国并最终把教皇逐出流放，给他与天主教的关系造成了灾难性的影响。他要关闭西班牙港口的努力与那里的人民起义和随后的半岛战役有很大关系，后者是他倒台的决定性因素之一。如荷兰一样，达尔马提亚（Dalmatian）海岸被兼并，全然不顾海岸以东的德意志国家的权利。瑞典没有采取实际行动去执行敕令，而俄国逐渐与法国产生裂痕，实际上逐渐把对外贸易恢复到正常状态。1811年是最关键的一年，尽管枢密院君令直到1812年才废除，因太晚而未能阻止美国加入反对英国的战争，其原因我们将马上讨论。到那一年，拿破仑的权力基础正在迅速瓦解。

拿破仑决定镇压西班牙的叛乱，把英国人赶出葡萄牙，并把他的一位最好的助手马塞纳派遣到那里；而英国人由从印度召回来的亚瑟·韦尔斯利爵士即后来鼎鼎大名的威灵顿子爵和公爵指挥。我们不需要详述这场战役中时运的变迁兴衰，直到1813年法国人最后被逐出整个半岛。威灵顿工作的主要和无比重大的价值在于他消耗着皇帝的军事资源。

1812年拿破仑向俄国宣战。他不得不丢下西班牙这个烂摊子，在他致命的远征中带着六十万人向那个帝国长驱直入。俄国人不断后撤，诱使他前所未有地深入国土，其间只有过一次交战。10月他到达莫斯科，发现是一座空城，次日火光冲天。面对俄国的冬天在平原上无处掩身、没有补给的恐惧，他也不曾事先安排，这位看似不可战胜的征服者开始了他历史上灾难性的撤退。白雪皑皑，大地冰封，雪虐风饕，他带向灭顶之灾的六十万人中，只有不到两万在返回途中步履蹒跚地走出他们进来要征服的帝国边界。

大事一件接一件地上演。拿破仑招募了一支新的规模较小的男童子军。他的人力资源消耗殆尽。奥匈帝国加入俄国反对他。他在德累斯顿战役中又一次获胜，但在莱比锡战役中遭到惨败。1814年春，俄国人、普鲁士人、奥地利人进入巴黎，把这位沦落的皇帝流放到厄尔巴岛。波旁王朝复辟。

维也纳会议：未来的蕴涵

终于，二十二年漫长的战争噩梦似乎结束了，几乎欧洲各个国家的政治家聚集在维也纳来重划欧洲政治版图，这项任务堪与1918~1919年汇聚在巴黎的那些人面临的任务相提并论。新的疆界、新的野心、新的意见，摆上桌面予以商讨，为那些在信念和愿望上最对立的人所接受或拒绝。会议历时数月，旧政权最具贵族气派的宫廷的政治明星们正在精心谋划自己的政治蓝图。在法国，有一种解脱——流血的痛苦和年年无数年轻人的牺牲不再重演，但是也有一种情绪，就是荣耀似乎一去不复返。比起皇帝，路易十八显得黯然无光，因为皇帝曾短暂地使法国成为整个大陆的霸主，而且拥有历史上最伟大的军事英雄的地位。同时，他在流放的岛上关注着时局的发展。1815年3月，当维也纳的外交官们沉浸于讨价还价、莺歌燕舞和推杯换盏之时，他逃脱了，像一只雄鹰飞过天空，横渡地中海，登陆法国，迅速到达巴黎，又一次在人们狂野的欢呼声中被拥立为法国皇帝。

英国、普鲁士、奥地利、俄国立即行动起来反对他，但是在浪漫的“百日王朝”后，紧随的只是威灵顿率领的英国人和布吕歇尔率领的普鲁士人及时地与他作战，尽管威灵顿率领的是多个国家的混合部队。经过三个月的战斗，冒险在滑铁卢终结，威灵顿整天坚守阵地，等待布吕歇尔的普鲁士军队的增援，他最后赶到了。法军被两支军队击溃，逃离战场。拿破仑的梦想结束了。诸强决定不再给他机会，这位曾经使欧洲淹没在血泊之中的沦落的皇帝，作为一个囚徒，被英国军舰柏勒洛丰号带到荒凉的圣赫勒拿岛去“闭门思过”，直到1821年死去。维也纳的外交官们继续他们的会议。

经过战火的锻造和近于一代人的战争、焦虑与苦难的锤炼，民族国家和自由主义的观念已然被铸造成一种到那时为止旧世界文明还不了解的形式和力量。它们将保持为一种控制力贯穿至今，或许是法国大革命和拿破仑帝国主义的最重要结果。但这是人民的观念，而不是统治者的观念，俄国沙皇亚历山大一时的理想主义没有多少持续的影响力。尽管大会有广泛代表性，真正的欧洲重建是由当时的“四巨头”来执行的，与1919年在巴黎发生的事情一样。在维也纳会议上，就是英国、奥匈帝国、普鲁士和俄国，其中卡斯尔雷、梅特涅和亚历山大是主角。亚历山大具有斯拉夫人的反复无常、不可靠和神秘，只在几年之后就从一种国际事务中不可能的理想主义转到极端的反动立场。梅特涅一直是一个保守派，只是为重建旧秩序而尽心竭力，在动荡不安的战争局势中始终如此。卡斯尔雷不相信民主，却是三人中最具有自由主义思想的人，还有英国人的妥协意识。他认识到世界已经改变，在几年后的1821年，他公开抗议反对亚历山大和梅特涅的神圣同盟的种种努力，使世界倒退于过去的束缚之下。然而，在维也纳大会上，强化领土和权力的旧观念遮蔽了民族主义和自由主义的新观念。从所有这些因素的折冲樽俎中诞生的体制和许多问题，终究会导致我们这个世纪的大灾难。

在法国，波旁王朝复辟，它受到宽大处理，得到了旧有的边界，包括阿尔萨斯和洛林，以及更加重要的殖民地。一笔合理的赔款，对它的资源不是沉重的负担，也没有造成持久的痛苦，几年之内就付清了。俄国增加了芬兰这片领土、大约波兰三分之二的领土（以临时附庸国的形式——华沙大公国），以及其他一些属地。奥匈帝国在德意志邦联中削弱了权力，但是从意大利获得补偿，威尼斯共和国和其他领土被割让给它，事实上它还控制了亚平宁半岛的大部分。在皮埃蒙特萌发了现代统一的意大利王国的种子。比利时并入荷兰组成尼德兰王国。尼德兰王国和丹麦都收回了英国在战争期间夺取的它们在海外的最有价值的属地。或许最蕴涵着未来后果的改变是普鲁士版图的扩大。它获得了萨克森的大部分和其他一些小国，边界扩展到莱茵河以西，与法国接壤。拿破仑在建立一种民族精神方面，没有哪里比在这个昔日不起眼的敌国及其周围杂乱的一堆小国里，不经意地造成的后果更大，从此以后它将扮演他自己的国家的首要大陆竞争对手的角色。

英国从与世界上最强大的国家的斗争中苦熬过来，它拯救了欧洲，从未向征服者低头片刻。然而，只有它把大多数征服的土地归还了，给其他国家支付了超过三百万英镑的补偿金，没有占据大陆的任何领土，虽然汉诺威重归英国王室的统治。现金补偿是为非洲的开普和南美的圭亚那部分地区而支付给荷兰的。另外，英国保留了赫里戈兰、锡兰、马耳他、伊奥尼亚群岛。然而，拥有这些，以及一个无可争议的印度、直布罗陀、西印度群岛、加拿大、澳大利亚、新西兰、无数的贸易港口，最重要的是它那不可战胜的海军和庞大的商船，足以使它成为海洋和海上贸易的霸主。大陆势必会继续占据它的部分注意力并不时引起干涉，但是在下一个世纪，一个引人注目的工业革命的世纪，一个世界贸易扩展和帝国主义的世纪，它将在此后两三代人或者更长时期内，成为所有国家中的遥遥领先者。

1812 年战争与帝国

如我们所知，在先前的战争中，英国实际上在北美失去了原来的殖民地，在拿破仑战争的高潮时期，不得不把它们作为合众国划入敌人之列。它们的介入在任何意义上都不是决定性的，或者考虑到战争的巨大规模，甚至也不是重要的，但从后来的英美关系的角度而言，的确具有影响，所以需要至少片刻的注意。

当 1793 年英法开始发生战争时，大部分美国人对在独立革命中挽救了他们的前盟友持同情态度，法国人民的起义现在似乎正引导着这个国家走向自由和共和主义的道路。大不列颠“暴政”和八年战争的记忆不堪回首，还有前面提到的未履约的争执和贸易限制。

不过，华盛顿总统发布了一个中立宣言。法国在1798～1801年对美国贸易的干涉几乎导致一场战争。虽然双方分歧严重，战争还是得以避免。这个年轻共和国的海上贸易快速增长，直到法国的敕令和英国的枢密院君令使它难以为继。作为一个中立国，美国不断向两方提出抗议，但是无济于事。

至于违背中立贸易法规，理论上说在两个下定决心要殊死斗争的违法者之间没有多少选择，任何一个都不会太重视法律。如果美国要诉诸战争来维护自己的中立国权利，它将不得不挑战法英双雄。而且实际上，美国被党派和群体的路线所分裂，联邦主义者的东北部是亲英的，而更加民主化的南部是亲法的。

然而，除了贸易之外，在反英情形中还有一些特别因素。不仅英国基于其海军优势能够在事实上封锁美国海岸——它们也这样做了而法国不能做到这一点，而且英国还通过把美国船只上的美国海员强征入伍（声称是其国民）而激起愤恨。数以千计的美国人被带离美国船只，在英国海军服役或者被囚禁。据说某一时期在达特穆尔监狱的囚犯中，来自马萨诸塞州塞勒姆港的水手比本土人还多。如果英国坚持在位于它的海岸三英里之内，把它真正的公民带离我们的轮船，就不会引发什么抱怨，但它坚持在公海的任何地方都这样做，而且通常是采用最高压的手段。

1807年英国豹号护卫舰撞上美国切萨皮克号护卫舰，后者刚刚从诺福克出海，还没有做好航行的充分准备。豹号朝切萨皮克号一侧船舷射击，打死打伤二十个美国人，随后抓捕了四人。美国举国愤慨，战争已迫在眉睫，但杰斐逊总统，尽管被指责亲法，避免了战争，并与坎宁谈判。然而，就一般常规或者英法的贸易管制规定而言，很难保证不会有变化。于是杰斐逊步拿破仑后辙转向经济施压，虽然从他的方面而言，他宣布对来自美国的所有商品实行全面禁运，是想避免战争而不是进行战争。鉴于我们今天国际联盟的制裁和经济手段的失败，留意到一个多世纪以前它们就被尝试过并遭到完全失败是耐人寻味的。拿破仑的图谋导致了他的倒台，杰斐逊的图谋几乎在本国引起革命，直到这些措施不得以被撤回。

与此同时，在美国西部，从以“主战鹰派”（War Hawks）闻名的年轻政治家中兴起了一个派别，因为他们看到了一个获取加拿大和消除英国对西北部印第安人影响力的机会，于是敦促杰斐逊的继任者麦迪逊总统对英国采取武力行动。然而这场战争更多是出于总统的一个失策，他宣布美国贸易对世界各国开放，除了那些拒绝撤销贸易限制以防对方会那样做的交战国。英国断然拒绝，而拿破仑哄骗美国政府相信他已经撤销。最后，美国仅在英国实际上废除了枢密院君令的五天前对英国宣战。如果那个年代有大西洋海底电缆，几乎可以确定的是英国人与美国人之间的第二次也是最后一次战争是打不起来的。

这个不愉快的事件拖了两年半时间，伴随无足轻重的陆上行动，有两件事情令美国人刻骨铭心：一个是英国人放火焚烧了华盛顿市，国会大厦、白宫、政府文件无一幸免；另一个是，于1814年12月在根特签订和平条约之后，杰克逊将军指挥的美军在新奥尔良打败了英军，战斗的双方都不知晓签约之事。

美国人在海上表现得好些，在诸如奎利埃尔号与宪法号、弗罗列克号与黄蜂号、马其顿人号与合众国号、爪哇号与宪法号的战斗中，美国人都是胜利者。然而英国海军的分量毕竟摆在那，而且尽管在单个的舰只之间有一些闪光的行动，从战争总体上看任何一方都鲜有亮点。

最后，双方都希望和平，都乐于签订一个条约，不去纠缠争端的一切起因。被过去三十年意见不一的党派情结所分裂的美国，乐于团结一致地转向广阔的西部开发上去，尽可能永远地置身于欧洲事务之外。这个事实是拿破仑战争在其军事和商贸两方面的一个重要的副产品，就像把英国视为主要敌人这一传统的长期保有。尽管有深深的不满，美国尽量对英国保持和平，如果几个事件发生的顺序被改变仅仅一两周，它可能或者不会在1812年开启战端，或者在决定出兵之后会站在英国一边而不是法国一边，这极大地影响后来两代人的公众情绪。

对于帝国之一部分的加拿大，这场小型战争有着相当大的和持久的意义。不仅大量的美国移民潮终止了，而且加拿大人（在威灵顿麾下一万名西班牙退伍军人的帮助下）和美国人之间的战斗大大强化了这个殖民地自身内部的以及与英国的团结意识。甚至大量的美国人口不得不抛弃共和主义和其他美国观念，明确地变成英国式的。加拿大人入侵过美国也被美国入侵过，从战争的经历中形成了加拿大人最早的，由英国人、美国人、法国人组成的一个单一民族（single people）的传统。加拿大政府和社会生活的未来发展从此会是英国式的而不是美国式的，这一点确定无疑。

如果说它没有别的意义，1812年战争在一个关键时期在很大程度上帮助解决了帝国最大的自治领未来的重心问题。否则，美国人的移民渗透，以及在许多方面类似的境况——辽阔的版图、未开发的富庶资源、边疆的存在、日益多样化的人口、远离旧世界——可能使得加拿大在思想和生活方式上转向有更多人口和更加强大的南边邻国。

战争的另一个结果就是美英之间1817年达成的《拉什－巴戈特

协定》，双方同意美国与加拿大之间在大湖上不保留军事舰船。从这个协定逐渐发展成两国目前独有的形势，有将近五千英里的共同边界，而整个沿线两边没有任何形式的防御，但双方都感到绝对安全。

如果说1812年的北美战争进一步增强了加拿大的凝聚力，那么，正如我们所看到的，澳大利亚诞生于美国革命。只是1788年在这个辽阔的大洋洲上还没有殖民开拓，甚至那时英国只是对它的一半提出主张，这个主张还与其他国家有争议。美英之间在战争末期在澳大利亚水域的小型战斗微不足道，但是更大规模的斗争将产生深远的影响。因为远离战争本身，当地的发展得以持续，特别是勘探开发。人们更深刻地认识到广袤的内陆地区蕴含着各种机会，但只有英国所取得的海上支配地位，使得它后来可以声称拥有整个大陆并且支撑着这一主张。

随着拿破仑之星的陨落，澳大利亚之旭日冉冉升起，宗主国政府开始对它远方的属地兴趣大增。一些以前的罪犯已经成为杰出的公民，年收入多达三千英镑。他们与自由移民之间的纠葛持续着，麦考瑞[1]总督（1809～1821年在任）站在前者一边。1812年下议院一个委员会在一份报告中支持了他的“自由主义观点”，杰里米·边沁、塞缪尔·罗米利爵士等人则攻击整个刑罚体系。

值得注意的是，即使忙于与拿破仑的生死斗争，英国一些群体还是热衷于促进海外属地的人道主义和善治。1807年议会终止了英

1　拉克伦·麦考瑞（1762～1824），或译麦觉理，英国派驻澳大利亚的最后一任全权新南威尔士总督，被称为“澳大利亚之父”。其正式履职时间是1810年1月1日，但任命在1809年5月8日便已下达。本书作者是从任命时间开始算的。

国人参与任何形式的奴隶贸易。1812年议会发布了它的第五次报告，是由一个特别委员会在过去五年中编撰出来的，同年议会调查了澳大利亚的情况，且忙于对印度的调研。1813年法取消了东印度公司从前一直享有的贸易垄断权（除中国外），还有司法和其他方面的改革。

结果，在本国政府与它的东方大属国之间引入了更现代的和令人满意的关系，国民也开始为此感到自豪。在印度本土，小型战争在继续，在向前推进政策与不干涉政策之间有摇摆，主要取决于在任的总督，但这一段时期值得注意的是，出现了一些杰出的行政官员，如埃尔芬斯通、马尔科姆、梅特卡夫、芒罗。

一连串的苏格兰姓名表明了苏格兰人在英属印度的健康发展中所发挥的巨大作用，在这些人和别的人之外，我们还可以加上邓达斯，他负责上文提到的由英国议会举行的对印度事务的五年详细调查。

除了那些我们已经提到的，这里还可以指出，漫长的拿破仑战争的另一个影响就是苏格兰和英格兰真的融合为一个民族。不仅是苏格兰部队在包括滑铁卢战役在内的战场上的英勇表现赢得了赞赏，而且彭斯和司各特[1]的诗歌、《爱丁堡》和《评论季刊》的创刊，都为多少个世纪彼此敌对以及几乎互相陌生的联合王国的文化生活增加了新元素。

在司各特的长篇小说中，只有一部《威佛利》是在1815年之前出版的，但是当拿破仑乘船去过永远的流放生活，留在他身后的是

1　沃尔特·司各特（1771～1832），一开始他的名声是建立在以苏格兰为背景的诗歌，但在拜伦出现后，自知无力超越，转行写起了历史小说。

一个不再看法国眼色的苏格兰，一个南方人和北方人的互补品质的漫长融合已然实现的“大不列颠”。最后有了一个内心相互同情、相互理解的联合，期待一个伟大的共同的未来，其中双方都将发挥作用，不再被争吵和怨恨的记忆所分裂。

第五章／后拿破仑时代

和平之后：苦难的渊薮

历史不以准确的细节重演，可是某些历史运动和时代的确在它们的主要梗概中彼此具有显著的相似之处，其中包括革命和战后时期。在漫长的、持续了几乎一代人的拿破仑战争中，穷人和工人阶级极其痛苦。我们已经指出了一些发挥作用的因素，如机器生产、农业和乡村手工业旧制度的瓦解、人口的增加和迁移，以及我们现在所称的技术性失业，还有工人与雇主之间关系的改变。

这种形势本身已经足够严峻，所提出的问题要求最为出色的治国之术和一种改革热情来应对。可是，大陆的革命和战争致使形势变得更加令人绝望。我们已经看到了法国“恐怖时期”的暴行是如何导致改革中断的。那些岁月里长期的战争扰乱了正常贸易，物价被抬高至缺货水平而工资不见增加，从1792年到1813年又碰巧歉收。但如果说穷人受难，那么富人变得更富。富人阶层或许从没有如此繁荣昌盛和心满意足。陆军规模仍然不大，都是职业军人。英国本土没有遭受过入侵并且只有轻微的生命损失。财产仍然主要是土地。随着食品价格上涨，房租也翻番。如果对于那些正投资新兴制造业的人而言，市场行情正在发生日新月异的变化，那么投机价格则给精明或幸运的人增加了财富，他们还可以利用总体的不确定性作为借口来维持低工资。

没有组织权利的劳工阶级是无助的，遭受着压迫。在都铎王朝时期，政府曾试图保持物价和薪酬之间的平衡，但在18世纪末迅速向亚当·斯密经济学派的自由放任主义转变，这将在拿破仑倒台以后的一代人中达到顶点。工人阶级既不能依靠工会组织自助，也不能从政府获得支持，迫不得已起来造反。

1811年纺织工人发起了所谓的卢德运动（Luddite movement），由一个不知名的、叫内德或金·卢德人领导，某种意义上他成了穷人中的当代罗宾汉。工人在议会中没有代表，受到当地代表极端保守主义的治安法官的管制，除了通过有组织的革命，没有保障他们权利的手段。然而，那不是英国惯常的方式，也是不允许的，尽管遭受着巨大苦难。对比一个世纪之后的世界大战期间和其后的情况，劳工阶级既没有威胁要发动武装反抗，又没有从政府获得任何让步。

当反击拿破仑的战争在滑铁卢取得最终胜利之后，人们随即期望一个繁荣时期，心中怀着一种通常的战后心态——既然和平已经到来，其他一切好事也会到来。正是这种情绪几乎无一例外地创造了表面的初始繁荣。然而英国人没有意识到，到那时为止近代史上最大的战争与最大的社会和经济变革同时发生，而世界已经明白了这一点。预期的繁荣未能持续，反而产生了最深的忧愁和沮丧。贫穷的世界不可能购买大量生产的商品。由于更充足收成和战时需求的中止，谷物（corn）的价格（这里应该指出，corn在英国是指谷类作物，特别是小麦，不是美国的玉米）下跌了大约四成，地主眼看着他们的希望瞬间破灭。对工人阶级来说，食品成本的下降不足以抵消失业的损失。战争期间较低的“实实在在的”工资至少比和平时期无工资好。

现在，所有的阶级开始遭殃，房东的租金减少了，农场主的利润下降了，一些业主关闭了工厂，劳动阶级和工人失去工作。普遍困窘之外还有一个事实，即所有人觉得和平应该带来好时光，不该要求牺牲，现在战争结束了，带来的却是一个不安和衰退的时代。虽然历史进程总是要经过一些覆盖相当多时期的阶段，但我们可以很方便地认为1815年标志着英国生活的真正改变。从这一年，我们不仅可以追溯现代社会主义的兴起，也可以追溯到阶级之间一种不祥的裂痕的发端，以及我们已经提到过的曾经是英国生活中最合理的要素之一的相对缺失。由战争和工业革命导致的经济问题是巨大的。我们这一代人很难责怪1815年当权的那些人，因为他们无力解决这些问题。然而这两个时期的差别是，在前一个时期这些问题甚至没有被感觉到。滑铁卢之后仅需要考虑的两件事情就是维护社会秩序和对财产的保护——前者导致残酷的镇压，后者造成了不明智的立法。

议会几乎完全由地产大亨所控制。1815年，出于挽回他们战时收入的愿望，他们努力使《谷物法》获得通过。该法禁止进口外国谷物，除非价格超过八十先令每夸脱（即八蒲式耳）。第二年他们成功地废除了所得税。作为一种食品税，《谷物法》不仅被所有消费者深恶痛绝，而且被未获得议会选举权的工厂主深恶痛绝，它被认为是对他们廉价劳动力的无理干涉。这样，《谷物法》破坏了上层地主阶级与新兴富有中产阶级之间的旧有和谐。现在正迅速演变为无产阶级的劳动阶级，除了被视为一类危险人群，还受到上层地主阶级与新兴富有中产阶级的漠视。

对不同年代、职业类型、地理区域作一个概括是不可能的，但可以说，英国的穷人和劳动人民正在进入近代最黑暗的时期。在英国，实际的贫民可能占总人口的十分之一到四分之一不等，他们的处境几乎就是奴隶，可以被济贫法监管机构雇出去，甚至家庭永远分离。但是，对于设法使自己保持在完全赤贫线之上的广大人民来说，情况也极其糟糕。限制童工工作时间的努力在上议院受阻，只是在1819年通过了一项非常不完善的法案，只适用于棉纺厂，禁止雇佣小于九岁的儿童，将九岁到十六岁之间的儿童的工作时间限制在每天十二小时（不包括用餐），却没有足够的强制执行条款。在其他一些工种中，孩子被带离父母的身边，甚至五岁时就被安排长时间在田间、工厂、矿场等处劳动。

我们不能完全责怪上议员愚昧的保守主义或冷酷自私。截至1830年，在自由美国的马萨诸塞州的纺织厂，童工每天工作十三小时，一周工作六天，当时一份报告指出，“几乎没有为日常教育留有时间”。农业的“日出而作，日落而息”被工业的长时间上班所取代，那个时代发展中的人道主义在排解邪恶的经济学说和根深蒂固的社会态度方面所发挥的作用是迟缓的。没有休闲，实际上没有健身和智力消遣的机会，即使成年工人的生活也趋于单调和绝望。

住房条件恶劣，在偷工减料建成的城镇里或许是最糟糕的，它们的丑陋给伦敦留下了永恒的污迹。合适的卫生设施，包括水厕，不得不等待水管和总管道的问世，廉价的上釉陶器直到1846年才制作出来。由于旧生活秩序整体错位，无数工人无所事事，不得不借酒打发时光，看着他们收入微薄的妻儿在工厂和矿场累死累活。大约相隔一代人之后的一份报告显示了后者的情况，表明了五岁的儿童被迫整天在黑暗的地下室里独自劳动，甚至怀孕的妇女也不得不在腰间系一根链条，用手和膝盖撑地拖拉煤车。

毛毯派与彼得卢惨案

如果说上层阶级还没有意识到他们所面临的问题，那么受剥削的阶级则不知道为什么而奋斗，但在相当程度上他们开始明白一件事，那就是改革议会代表制度，否则别的事都无从谈起。在他们可以在法律的制定上发声之前，他们的苦衷不大可能被那些当权者的良心所理解。

尽管人的苦难的渊薮是和平之后十年的显著特征，令人惊讶的是几乎没有暴力，即使有的话，多数也是由政府的忧心恐惧和愚蠢措施蓄意激起的，它雇佣密探甚至特务、奸细去发现并不存在的密谋。1816年和1817年零星的骚乱被轻易镇压，随后几年工人们开始组织一些秘密社团。政府担心再来一次已然成为上层阶级梦魇的法国大革命，在英国历史上最后一次中止《人身保护法》，并在次年获准重新生效。同时，曼彻斯特一个为数众多的受难工人群体开始向伦敦进发，为了一个简单而唯一的目的，即向摄政王递交一份请愿书，老国王乔治三世此时因为不可治愈的精神失常早已丧失工作能力。他们手无寸铁，每个人手拿一床毛毯，因而获名“毛毯派”（Blanketeers）。他们徒步旅行，边走边征召新成员。政府用军队和义勇骑兵队（Yeomanry）轻易就冲散了行军队伍，许多人被投进监狱达数月之久，尽管他们都没有犯罪。在大窘迫中，有一种斯宾塞[1]学说的复兴，我们在第一章提到过，一个斯宾塞协会成立了。政府假装认为已受到革命的威胁，虽然它只是政府自己的特工——臭名昭著的奥利弗搅起的一场叛乱。

那时给经济问题唤起新思想的一个领袖就是罗伯特·欧文（Robert Owen），他是一个通过棉花加工而发财的有趣人物。由于对工人阶级的处境感到不安，他在新拉纳克为他的职工开办了一家模范工厂和村庄，逐渐形成了一个信念，即只有政府控制生产和分配，每个人公平的境况才会实现。他的思想模糊，没有形成明确和实际的制度，但备受关注，主要是因为他已表明，他可以在经济上获得成功的同时，在对待雇员上远远超越时代。他后来的生涯与本书的主题无关，但是在欧文和他的信徒及继承者，如托马斯·霍吉斯金、威廉姆·汤普森和其他人中间，大多数后来的英国社会主义的思想都是这时候产生的，尽管这个术语本身还没有使用。

更重要的是激进分子（Radicals），他们要求成年公民选举权和每年召开议会，虽然他们没有除此之外的建设性社会计划。这个群体的领袖是威廉·科贝特，他把一张新闻传单变为一张只反映他自己观点的报纸，即《政治纪事报》，通过这样逃避重税，他就能把价格从大约一先令减少到两便士，结果它在工人阶级中的传播和影响相应地增加了。一个叫梅杰·卡特赖特的人创立了全国性的“汉普登俱乐部”，弗朗西斯·伯德特爵士在下议院对牛弹琴，“演说家”亨特在讲台上对民众高谈阔论。尽管这些演说和文章没有立即产生

1　此处应是托马斯·斯宾塞（1750～1814），英国激进分子，普选权和土地国有制的拥护者，第一个谈及“人权”的英国人。死时为“四十信徒”（forty disciples）所葬，这些信徒发誓将让他的思想保持生机，遂成立斯宾塞慈善家协会。

效果，但它们教导工人阶级就一个可能的未来进行思考，而不只是回到一个现在不可挽回地迷失的过去。

1818～1919年有一个短时期的繁荣，但是贫困加剧了，随着失业的增加，激进分子的议会改革思想普及开来。1919年8月，大约五万名手无寸铁、纯粹抱着和平目的的市民聚集起来要游行。聚集在曼彻斯特圣彼得广场的队伍，遭到一支轻骑兵的袭击，他们是来增援当试图逮捕“演说家”亨特而遭到推搡的义勇骑兵队的。九名男子和两名妇女丧生，约四百人受伤。尽管数名军官被免职，这支部队却受到政府的热烈称赞，但人们为这次惨案取的名称“彼得卢”（Peterloo），在全国受到头脑清醒的人士的广泛谴责，伦敦市议会向摄政王递交了一份抗议书。

政府的回答是向负责的治安官致以祝贺，在议会通过了臭名昭著的“六法令”。其中三部并不是没有道理，但其他条款旨在压制集会和言论自由的权利。其中一部事实上将所有公众集会限于堂区会议。[1]另一部针对出版自由的权利，允许治安官搜缴任何他们认为亵渎宗教或者煽动反政府的文字作品，把高额的印花税延伸到所有报纸和特定型号的小册子。新闻界因此部分地钳制言论，贫穷阶级中阅读物的流传受到很大限制。

然而必须指出，如果愚蠢的镇压行为似乎是政府处理民众不满情绪的唯一方式，它的确感觉到了真正的惊恐。而且那时没有警察制度。今天的英国警察，从对付民众的长期经验中，从维持他们与人民之间的相互好感中，不仅成为法律和秩序的维持者，而且已经成为社会机制中显著的润滑剂。而在早期时代，除了小股军队或未

1　该法令禁止五十人以上集会讨论公共怨愤。

经训练、风声鹤唳的义勇骑兵队，没有什么来代表秩序对付暴民，在任何冲突中流血的危险比现在大得多。任何人看到伦敦“警察”（Bobbies）“保护”游行示威者，且与示威者相互开玩笑，会认识到两个时期的差异甚大。

在五年后的1820年发生的两件事，似乎使政府试图通过安插密探和其他方式在全国反复灌输的担忧显得有些道理。卡托街阴谋是关于一群只有大约三十人的亡命徒计划趁进晚餐时刺杀整个内阁成员的事。幸好发现及时，首领被处决。在格拉斯哥，一小群激进分子反抗被派来驱散他们的部队，但是保守的舆论正在从政府转移，转而认为是该有些改革的时候了。

托利党内阁的改组

由利物浦勋爵领导的托利党内阁本身，就政策而言从来没有统一过。坎宁、赫斯基森和新星皮尔赞成渐进改革，纵然一切改革都被埃尔登勋爵这样的人反对，但公众越来越放心。1821年，由皮尔发起的一项法案使得英格兰银行能够重新启用黄金支付，这是恢复稳定的标志，可能在政治和社会上有相当大的心理影响。大陆的革命运动在继续，但是英国人对那些争取自由、反对神圣同盟独裁统治者的人民的支持与日俱增。战争激情结束后数年过去了，人们能够以正确的观点来看待这些运动。卡斯尔雷在他多年的外交大臣任期中从没有完全反对过它们，而是觉得与主要大国保持良好关系的政策是有必要的，他使自己主要限于用密函进行抗议，不仅极其不受欢迎，而且使得政府在一些方面显得比实际更加反动。1822年，他因精神病发作而自杀了，老百姓和不少身居高位的人都感到庆幸。坎宁接替他的位置，他总是从不犹豫地公开表示对梅特涅和神圣同盟其他领导人的厌恶以及对斗争着的人民的同情。皮尔也成为内务大臣，踌躇满志地要进行一番改革。

是到应该表达转变态度的时候了。我们已经谈过不同社会阶层之间的分化已经开始，也许穷人与位于他们之上的人从来没有这么疏远。他们可能不会沉迷于暴力叛乱，尽管政府拒绝考虑他们的条件。许多尊重和忠诚的旧纽带在战争过程中和变化的产业形势中断裂了，一切之上最高的忠诚——对王权（Crown）和王室的忠诚，处于极度紧张之中。

王室在很大程度上仍然是外来的，乔治一世和乔治二世甚至不讲英语。事实上德意志人继续说王室的语言，直到爱德华七世，乔治五世是王位传袭中第一个讲英语不带口音的人。

也许不幸的是，讲他的臣民语言的乔治三世，却不利宪制的发展，对英国的自由构成危险。精神失常的老国王死于1820年，摄政者乔治四世即位。他是一个粗俗、自负、年老的肆意挥霍者，不具备赢得国民尊敬的品质。他与妻子长期分居，据说，她在大陆一直过着放荡的生活。他唯一的合法孩子死于1817年，当时，他的六个弟弟中没有一个具有合法的子嗣。继任的前景堪忧。君主制在所有阶级中的评价从未这样低，虽然曾有过更为讨厌的君主。1819年在这个“极脏的猪圈”里，出生了肯特公爵的一个合法的孩子，这个女孩取名为维多利亚，她将对这个国家产生深远的影响，将被证明是伟大的伊丽莎白时代以来最受欢迎的君主。她的影响是巨大的。她不仅在位期间为王权重新赢得尊敬，而且她这么做的时候，恰逢帝国成长时期，王权需要成为把帝国凝聚在一起的一个纽带。即使她在漫长的一生中没有做别的事，她对帝国的贡献将足以使其卓越超群。

但是当1820年，傻瓜乔治四世带有一点他父亲的神经质登上王位时，王权的未来还不可知。几乎同时，他那被遗弃的妻子卡洛琳从大陆回国，要求加冕为王后。国王不仅拒绝了她的要求，还提出离婚诉讼。当时和现在都没有人知道对她的指控是否属实，但是国王有损形象的恶习却被公诸人前。他不仅公开与情人一起生活，而且犯重婚罪。当要求采用一项议案来解除这场婚姻关系、剥夺她的王后头衔之时，甚至上议院也难咽这枚苦果。普通百姓，没有别的渠道来表达他们对现存秩序的不满，卡洛琳的诉讼则吸引了他们疯狂的热情，因而诉讼不得不放弃，但对她还是作了一个“审判”，反对她的证据都不可信。然而，她和她丈夫的粗鲁和庸俗，早已昭然若揭。当她被强行限制进入大教堂参加加冕典礼时，她对王室的尊敬减少到了零。在得到一笔补贴后，她于1821年去世。也许幸运的是卡斯尔雷第二年就挥刀自刎。他的死和社会一定程度的恢复繁荣，为缓和反对王权和政府的情绪开辟了一条途径。这种情绪变得如此强烈，以至于可能会带来一场英国历史上最大的宪制危机。

在这个国家，托利党寡头统治集团仍然控制着议会，但改组后的内阁终于开始留意改革的呼声。内务大臣罗伯特·皮尔爵士终止了政府密探和特务的整套制度，这项制度成事甚微而败事有余。另一项重大进步就是对刑法典的修改。这项改革由杰里米·边沁发起，长期以来由塞缪尔·罗米利爵士和詹姆斯·麦金托什爵士在下议院倡导，总是被上议院阻碍。旧法律中有多达两百多项的犯罪条款，甚至从池塘偷鱼到以任何方式损坏威斯敏斯特大桥这样的小事，都会被处死。虽然在许多情况下陪审团拒绝给嫌犯定罪，因为处罚与违法行为极不相称，然而法律作为一种恒定的威慑力量摆在那里，且在许多情况下被强制执行。即使在皮尔设法废除了超过半数的这类死刑规定之后，这部法律还是很严酷，但是进步是显著的，至少显示出一种革新精神。

边沁思想的影响在另一项改革中可以感受到，这项改革在很大程度上是由他的门徒弗朗西斯·普雷斯实现的，也离不开内阁的赫斯基森和下院的约瑟夫·休谟的协助。这就是《联合法》的废除。这些法律规定工会为非法组织，严重阻碍工人改善自己的地位，于1824年被废除，从此工会取得合法地位，尽管由于次年罢工次数很多，工会活动的影响范围一时只限于薪酬的确定。工人现在可以重新建立协会，而免于司法处罚的恐惧，这一点大大助长了改革运动的组织机制。它也表明，恐慌以及伴随着它的镇压正在逝去。曾几何时，镇压的所作所为造成了阶级之间新的和危险的憎恨。终于财政部每年有所盈余，甚至朝自由贸易迈开了一步，减少了多项进口商品的关税。英国似乎在风暴之后安定下来了，尽管还有很活跃的力量在起作用，以带来危机——我们将在下一章提及。

外交部的新风

外交部似乎也刮起了一股自由主义的新风。西班牙、意大利、希腊、葡萄牙都发生过叛乱，都受到各大国的谴责，卡斯尔雷觉得有义务和它们一起行动。而坎宁则对奥、法、俄努力镇压叛乱的态度和行为公开指责，这使得他在英国很受欢迎，并被大陆自由主义者视为英雄。诚然，除了希腊和葡萄牙的情况，英国没有对大陆的反抗群众采取任何武力援助行动，但他们有来自海峡对岸的强大声音为他们的事业呼吁声援，正如在本世纪频繁发生的那样。希腊反抗奥斯曼帝国苛政的暴动在法国和英国赢得了很多同情，拜伦是亲自去帮助希腊人民的志愿者中最杰出的一位，英国上层阶级有一种浪漫主义的情趣，因为他们的教育彻底地渗透了古典时代的艺术和文学。1806～1812年额尔金大理石雕从希腊运到伦敦、拜伦在米索朗基（Missilonghi）捐躯、工人阶级争取议会改革的斗争，都是社会拼图的点滴。1826年英国加入法、俄，要求奥斯曼土耳其准予希腊建立自治政府。已经六年未能征服叛乱的苏丹向埃及求助，但在1827年纳瓦里诺（Navarino）战役中，三强联盟彻底击败了埃及舰队，希腊成为独立国家。

同时，英国已经退出的神圣同盟，以法国为代理人，使西班牙人在他们可恶的国王费迪南七世的统治下服服帖帖，法军轻而易举地做到了这一点。英国人的情绪——反法、反天主教、对自由的热爱，被深深地激发出来。坎宁向法国提出强烈抗议，警告西班牙反动政府不要染指葡萄牙，当遭到拒绝时，他派遣四千人的部队去保卫这个国家。

还要谈到波旁王国联合起来试图重新征服南美反叛的西班牙殖民地。在推翻拿破仑的斗争中，英国不得不与一些专制大国结为盟友，现在英国的公众舆论和政府政策显然正在迅速地远离这些大国，而支持各族人民起来争取自由反对独裁。前西班牙美洲殖民地还深深地涉及经济利益问题，在他们的商务向世界开放以后就成了英国商品的重要买主。坎宁因此警告各大国，英国舰队会阻止把从西班牙帝国的废墟中兴起的年轻国家置于控制之下的任何努力。

同时，美国也在密切关注局势的发展，不仅在南美，而且在俄勒冈乡村地区——为此，美国国务卿约翰·昆西·亚当斯与英国公使在华盛顿唇枪舌战。在太平洋彼岸，远在北边的俄国，欧洲列强中最反动的国家，正在开拓殖民地和威胁向南扩张。当坎宁突然建议美国政府，两国应该发表一个联合声明，在某种程度上不许其中一方把任何南美殖民地据为己有，而且任何一方“都不会看着任何一块殖民地转手给其他列强而置之不理”之时，门罗宣言在美国政治家的头脑中已经开始酝酿了。

两个讲英语的国家本可以以统一的新世界政策出现在各国面前，若不是这样一个事实：美国承认南边新的西班牙国家的独立，而坎宁拒绝了一年多，此时已经太迟。1823年12月2日，门罗总统就维持欧美关系在致国会的国情咨文中发表了著名的宣言，终结了欧洲大国对美洲国家任何进一步侵占和殖民化的努力。该宣言其实主要出自亚当斯，从此得到维持和监督，其影响之深刻广泛远远超出了英国的建议，坎宁十分郁闷。英美合作的又一个机会错失了，它们本可借此涤荡历史记忆，并在未来几代人中改变两国人民之间的关系。

然而10月，坎宁与法国公使波利尼亚克会谈数日，坚决警告法国不要干涉西班牙殖民地，拒绝考虑就这一问题举行任何欧洲大会，除非有美国代表参加。虽然他不喜欢门罗宣言的弦外之音，但他明白，至少在目前这使他手中多握有一张牌。结果英国在欧洲能够拒斥俄、普、奥、法的压力。美国正在上升为一个在世界事务中名列前茅的国家，虽然其扮演的角色绝不可忽视，但是把旧联盟的成员国拒于南美之外的决定性因素是英国舰队，在这个意义上坎宁以一句名言为自己找到了理由，“新世界的出现是为了重塑旧世界的平衡”。法国虽然暂时控制着西班牙，但至少不能获得旧西班牙美洲帝国的资源。

坎宁也利用时机警告大陆诸强。“不言而喻，”他在公众演讲中说道，“我们缔造和平，或者因为我们惧怕战争，或者我们没有准备好战争。[英国] 显然是被动地把权力在一个合适的时机集中发挥出来。”如果说拿破仑战争结束以来英国在很大程度上是保守的，很明显，无论是对内对外，它都在进入一个新阶段。

然而，极端的托利党人，主要是埃尔登和威灵顿公爵，在各种改革与自由主义的潮流面前感到焦躁不安。首相利物浦，尽管不是一个伟大的政治家，但拥有团结内阁的能力，却被中风压垮了身体，不得不辞职；坎宁自己有病在身（在四个月后死去）成为政府的首脑。保守的埃尔登和威灵顿，或者自由主义的皮尔都不加入他的内阁，尽管有些辉格党人加入。实际上托利党正在解体，分裂为老托利党人和坎宁派。坎宁死后，建立“老妇人戈德里奇”（Goody Goderich）[1]领导的政府的努力流产，威灵顿成为首相，吸收了部分坎宁派人士，这些人很快就辞职了，实际上加入了辉格党。

尽管老托利党人居于支配地位，但威灵顿 - 皮尔内阁采取了两项改革措施。一个是1828年废除《忠诚宣誓法》，使不从国教者免受政治资格的剥夺，这一剥夺他们承受了近一百七十年，虽然天主教解放（Catholic Emancipation）仍然遭到反对。另一个就是我们现代城市警察力量的创建，它将带来不可估量的效益，并为英

1　语出威廉·科贝特，指第一代戈德里奇子爵弗雷德里克·约翰·罗宾逊（1782～1859），首相任期为1927年8月31日至1828年1月22日。

语增加两个词汇。由于是由罗伯特·皮尔爵士创立，因他的名字，这些人从此以“Peelers”而知名，或者以更为通用的和带有感情的“Bobbies”相称。伦敦“警察”以其幽默、善良和高效率闻名于世。它不仅成为一个最典型的英国制度，而且对政府和社会作出了不可估量的贡献。改革以这两项措施暂时中止，因为老托利党人不容易的团结很快被爱尔兰问题和天主教问题所分裂了，连同议会改革的问题，我们将在下一章深入讨论。

知性与审美生活：面向普通人

就知识而言，我们所讨论的时期是英国历史上最辉煌的时期之一，但是从社会和艺术上而言，是沉闷和平庸的。如我们所知，王室正处于它的最低潮期，既没有显示出王家风范、道德和智慧，也没有激起任何兴趣，甚至它的丑闻都是低级和庸俗的。就政治家而言，尽管坎宁放在任何时代都很突出，但绝大多数托利党领导人都已成为相当“乏味的货色”。制造业新富，主要是不从国教者，其背景有限，无论有什么成就都不能获得显赫荣耀的社会地位。即使在旧的贵族中，长期的战争已然打断壮游（grand tour）的习惯，这一习惯以前引导年轻的贵族花几年时间在欧洲大陆旅行，在艺术、风景和社会生活方面在一定程度上开阔眼界。

这一时期收藏外国艺术品基本上中止了，我们提到的额尔金大理石雕是一个引人注目的例外。修建大宅（great house）不再时尚，例如威灵顿，在滑铁卢战役之后，没有从事像一个世纪之前马尔博罗的布莱尼姆宫那样雄心勃勃的工程。小型房屋、工厂和肮脏的新城镇，不会激起伟大建筑师的兴趣，即使有这样的人存在。在绘画方面，伟大的根兹博罗（Thomas Gainsborough，1727 ~ 1788）学派及其他艺术派别在这一时期后继无人；劳伦斯（Thomas Lawrence，1769 ~ 1830）只是学院式的；以约翰·克罗姆（John Crome，1768 ~ 1821）为代表的本土风景艺术家画派，主要围绕小城诺里奇兴盛起来，但整体上绘画变得无关紧要和微不足道。

在工人阶级中两个主要的解脱方式，就是一方面喝酒另一方面信教。如果说不少不快乐的人选择了喝酒，那么为数众多的人也选择后者。在上层社会，自然神论和逍遥自在的无信仰还是时尚，但是不从国教者日益增加的财富和贫困大众转向福音教派，导致权力的增长和信条的对立。这一点由《忠诚宣誓法》的废除以及教育——尤其是小学教育——基础设施的增加得到证明。国教教会保证，政府的钱不应该花在它自己的辖区之外的学校上，但是私人捐赠汇流成河，仅仅出于自我保护教会不得不使自己积极行动起来。G. M. 特里维廉（G. M. Trevelyan）教授的说法是权威的：到1818年，两百万英国儿童中有六十万正在各类学校就读。没有这种大规模提高读写能力的趋势，有序的工人运动和议会改革是不可能的，所接受的教育可能是低水平的和零星的。毫无疑问，被不同教派之间的竞争和冲突延缓的教育改善，现在终于迈开了步伐。

这一时期的文学，与18世纪的理性时代不同，反映了新的时代精神，预示着即将到来的几代人将要出场。

这一时期知性和审美文学生活敲击的主要音符是个人主义。除了少数几位文学巨匠，这与对社会问题的浓厚兴趣密切相关。一般而言，有四个派别。我们已经在斯宾塞、欧文等人的著作和活动中谈论过社会主义的起源。还有经济学家如李嘉图，他鼓吹个人主义和社会重建的必要性的学说。还有一个派别叫边沁派，即杰里米·边沁的追随者。边沁的哲学是肤浅的——他最为人所知的名言是，社会的目标是“最大多数人的最大幸福”，以及“每个人是他自己幸福的裁判”——然而他具有深刻而有益的影响。所提到的第一句话是如此简明，这点很显然，但也如此新颖，以至于成了一个与19世纪早期的弊病作斗争的强有力的战斗口号。第二句话是对那个处于初期的理论——即个体的存在是为社会的利益，而不是相反的——的解毒剂。

确实，这个理论没有被今天的极权独裁者以粗鲁、野蛮而残酷的方式所鼓吹，但有一种微妙和危险的信念生长起来，即如果国家财富和实力增长，一切都会好，不管对个体公民的生活和幸福有何影响。太过注重由工厂系统所生产的国家财富的统计，而不是生产者的福利。英国经济和政府正在越来越危险地变成一个庞大而无灵魂的机器，而不是意在创造一个幸福家园。如果说在19世纪期间自由放任的学说有其邪恶的影响，经济学家的上述思想和边沁派，则做了许许多多防止英国滑向德国的国家观念。

边沁的影响在另一种形式上也是永久的。不错，他枯燥无味、视野局限，例如，可以看出他的司法改革巨著着眼于程序而不是理念。但是，边沁派在提出建议措施之前对一些问题的事实和细节的仔细考察，可以被认为为后来的一些皇家委员会及其报告奠定了基础，这些报告对英国治理和立法作出了非同一般的贡献，时至今日。

在纯文学中任何时代都应该称为大师的人，包括司各特、拜伦、华兹华斯、济慈、雪莱、兰姆、简·奥斯汀、德昆西、兰德、柯勒律治、布莱克等名字，还有其他知名度次一些的人。虽说司各特每年面世一部《威佛利》小说，是为了帮助他偿付由出版社的倒闭而产生的他认为属于信誉债务的十万英镑，从过去的罗曼史中为现实寻求解脱；虽说奥斯汀小姐永远轻快的小说极少反映时代的紧张；虽说济慈认为所有他要了解的就是“美即真理，真理即美”；虽说在“圣查尔斯”·兰姆的宁静而离奇的散文中没有任何突破性的东西，然而，这一时期的文学整体上还是表现出一种面向普通人、穷人和受压迫者的新风气。

拜伦和雪莱的热烈诗句吐露着真正的反抗，而华兹华斯的平静的诗句虽然与之形成十足的对比，但在对所有低下事物的关注上毫无保留，作为下一个世纪特点的思想革命已风雨欲来。而且，也许在英国生活中找不出第二个时期，比这个时期的文学之花更具英国特色：其范围之广，从拜伦夸大的自我主义到兰姆幽娴的奇思妙想；其对民族历史和乡村美景的热爱；其对治理问题讲求实效而非理论上的专注；其天马行空的想象力和华丽美好的修辞。

为数众多的作家彼此各异，可没有一个不能立即被识别出是英国人，不仅在于他创作的素材，更在于他处理的手法。这一时期的文学也与前两个伟大时期的文学形成强烈对比，有一个从伊丽莎白时代开朗乐观的爱国主义而来的巨大变化，以及对约翰逊时代古典主义的摈弃。国王和王后在伊丽莎白时代的剧院昂首阔步的情景已然过去，如同理性时代的自鸣得意也成为历史一样。普通人占据了被一大堆迅速而来的问题所包围的舞台。

文学的环境也在改变。不仅作家受到时代潮流的影响，出版社和杂志社使得作家在没有早期贵族“赞助”的帮助下也能够出版他们的作品。也有了一个新的公众群体。《1832年改革法案》之前的整整一代人被日益增加的识字人数打破了内心的平静，心潮澎湃，怀着期待或忧虑，我们今天很难理解。上文谈到过小学教育的大幅增加，而在工人阶级中，成人教育也开始取得进展。书店成倍增加，虽然英国的公共图书馆远落后于美国，直到1850年才出现。伴随其对阅读事务的影响，阅读不仅在工人中增长，而且在中产阶级中增长了。据说紧接这一时期之后，在几乎每个城镇建立的工人成人学校里，“商人、制造业者、小职员、店员、手艺人、匠人”的人数远远多于技术人员，他们的图书馆几乎整个被中产阶级占领。阅读不再是贵族和富人仅有的特权，作家也不再只依赖于他们，或依赖于政治派别，如在斯威夫特和笛福时代那样。由于马卡丹（MacAdam）和泰尔福（Telford）的功劳，道路获得了巨大改进，他们的名字在道路建筑方面还在沿用。随之而来的旅行人数和速度的增加，激发了民族的思维，并方便了新闻和文学的传播。

新道路网络的顺畅、坚硬的路面使得商人和旅客能够快速旅行，似乎当时这种进步之大相当于后来1830年代铁路带来的进步，或者我们这个时代汽车和飞机带来的进步。这是一个四轮马车的伟大时期，它以每小时十英里的速度改变了国家的生活。道路和马车旅馆带来的新生活，连同下个世纪的一切变化，留下了如此深刻的印象，以至于圣诞卡和传统还见证一个事实，那就是我们把马车时代和马车路看作是英国独一无二的。第一艘蒸汽船在美国试用数年后，1812年在克莱德河投放了一艘。这种船舶逐步用于沿海航务。经过两代人的劳动，运河体系竣工了，联合王国的每一部分都以这种或那种方式紧密地联结起来。交通的改善增加了国内商务和休闲旅行，意味着增进了解和开阔视野。这样，一个智力上越来越敏捷、知识和政治兴趣的引力中心正在转向的国家，已经临近议会改革的大危机。

海外帝国

尽管由于前半个世纪帝国的解体，包括失去美国，帝国还是一直在发展。帝国属地被大多数人认为无足轻重，或者是一种可能的负累。如果说帝国的成长过去主要是由于商贸，现在则是因为国内日益增加的人口和失业压力。英国获得马耳他、毛里求斯、开普殖民地，强化了对其殖民地和印度海上航线业已强有力的控制。当卡斯尔雷为开普支付大约三百万英镑时，其理由是，它将是制造业商品的必要市场、一个商贸港、一种阻止其他大国扩展奴隶贸易的手段，而不是一个刻意规划的世界帝国的组成部分。实际上，在战后的艰难岁月里，对于各种各样的属地在防卫上的必要开支，反对者大有人在，他们争论说代价太大而不值得。

在南非，守备部队的减少给荷兰人和土著都造成了一些问题，因为开普几乎不被看作一个殖民地，直到1820年英国移民人数都很少。第一次相当规模的殖民者的涌出是由于议会支持的一个运动，几年后英语成为唯一的官方语言，英国的支配地位就树立起来了。大多数当地荷兰人除了母语外不能讲任何其他语言，而且无法开展行政管理工作；在法院，英语不被人理解。双语问题总是一个困难的事。变化，连同一些经济限制，凡此种种无疑使得乡村的荷兰人有一种低人一等和怨恨的感觉，甚至有使他们沦为"贫穷白人"地位的趋势。在和平条约中，英国对荷兰很慷慨，而且为后者的南非属地付了一大笔钱，但在这片转手的领土上的荷兰公民自然对这个转让没有好感。控制权的改变及其不可避免带来的问题，埋下了未来冲突的种子。

然而，开普殖民地不仅是一个市场，而且占据着通往印度的路线，在苏伊士运河开通之前，类似直布罗陀之于地中海的位置。这一时期的印度，马拉塔人最终被完全征服，宾德人则被彻底击溃。随着这些事件，半岛整个中央部分平定下来。1826年英国的统治延伸到了缅甸，后者愚蠢地进攻印度，乘船推进到加尔各答。他们用带有猛兽图案的纹身威胁英国人，但未达到目的，在攻击敌人时很猛烈，对火炮的防御则很糟糕。虽然不是对手，在一定条件下他们作战很好，但是当他们毫不留情地处死了所有战俘时，两年的战争发展成为双方残酷的搏杀。

夸张的描述流传开来，说缅甸人如何残暴和英国人如何被击败，连同与军事服役有关的一些真实的或声称的痛苦，结果印度兵部队在印度的巴拉格布尔（Barrackpur）发动兵变，成为一代人以后一场大兵变的不祥前兆。问题主要集中在第四十七土著步兵团，他们拒绝服从命令，在经过充分的警告之后，在操场上被解雇了。很多人被杀，五个头目被处决，数百人被判罚十四年苦役。

1828年，卡文迪什－本廷克勋爵作为总督抵达印度，发现这里财政混乱，诸多事项需要改革。事实上，他的一项经济措施涉及将鸦片从印度中部运输到孟买的直接通行许可，代替原来途经信德的路线，这样英国政府从中国烟民的道德败坏中获得了一种收入。他大刀阔斧的改革和对本土人的态度，很可能使得在1833年议会中东印度公司的特许状得以保留，此时英国已经厌倦了单纯的征服和印度领土的诱惑，决心致力于改革和人道主义。

虽然印度思想观念中有不少高尚和理想主义的东西，但印度教已经被一大堆令人反感的习俗败坏了，包括殉夫自焚（Suttee）——即在丈夫葬礼的柴堆上强制牺牲寡妇献祭。即使是默许的，烧死活人的做法也是残忍和有辱人格的，它通常是在寡妇极端不情愿的情况下强制实施的，往往她们还是个孩子。1829年本廷克在孟加拉废除了这项习俗，第二年也在其他一些省份废除了。一个受过良好教育，懂得梵语、波斯语、阿拉伯语、英语、希腊语和希伯来语的孟加拉人拉姆·莫汉·罗伊 (Ram Mohan Roy)，长期以来撰文抨击这项习俗，招致本国人的完全排斥，然而，当数年后本廷克因禁止这项仪式而使自己不得人心时，罗伊出现在伦敦，在英国议会发表演说反对五百个高种姓印度教徒要求撤销本廷克的请愿，使自己的种族受益匪浅。

总督也成功地镇压了 thagi 或者说 thugs[1]，他们形成了一个强大的世袭种姓的罪犯阶层。通过这些及其他改革，如废除溺亡女婴制度，本廷克七年的任职服务标志着两轮长期的系列战争之间一个和平和全面进步的时期。他去到印度，向那里灌注了那个时代英国最好的改革热情。就宗主国而言，印度与现代英国文官制度的建立紧密相连，它早期曾为追逐私利的冒险家提供了一个引人注目的狩猎场。政府职位一直受到青睐，与今天的美国到处盛行的情形十分相似。说到议会成员，甚至不是一个改革者的威灵顿公爵，曾说："事实上，关于地方任免权唯一的问题是交给这位先生处置还是另一位先生。"我们知道他的哥哥在印度开办了一所学院来培养人才，1806年在英国赫特福德建立了一所学院，后来迁往黑利伯里，都是为着同样的目的。在拿破仑战争末期，东印度公司规定，所有行政职位的候选人应该在黑利伯里学院学习至少四年。尽管关于国内政

1 即印度秘密邪教 Thuggee（印地语为 thagi）。该邪教由专业暗杀者（thug）组成，最早被提及是在1356年。其首领 Thug Behram（1765 ~ 1840）据称在1790 ~ 1840年间杀死931人。1840年被绞死。

府文官的类似通用法规还要到下一代，但这可以看作是一种观念在英国的开始，即在政府中担任较高终身职位的人必须接受培训，而不仅仅是政治任命。

太平洋殖民地的进步则没有这么快。在新西兰，在多民族的商人、早期拓殖者、逃犯群体中，存在或多或少的无政府状态。1823年殖民事务部甚至宣布这个岛屿不是英国的属地。尽管对毛利人作为凶悍的食人族心怀恐惧，还有一种担心发展起来，那就是制止新南威尔士的罪犯逃离。于是，新成立了多家不同的公司来协助移民，但这些大多都失败了，真正解决要在下一个时期。

在澳大利亚，勘探一直在快速地继续着，大陆的全部价值开始被认识。斯特尔特（Charles Sturt，1795 ~ 1869），一个追踪河系的人，当他发现达令河是墨累河的一条支流时欣喜若狂，下令升起英国国旗、同伙一齐欢呼三声。他的意见可以为英国式的含蓄增添一个例子。他写道：“那是一种英国感受，一种迸发，一种漫溢，而我愿意承认我们的处境和形势就足以解释一切了。”维多利亚成为定居地，为西澳大利亚奠定了基础。到1826年，甚至有谈到地方自治的话题。人口迅速增长，在建立起存在于早期北美殖民地和其他殖民地的那类自治之前，仍然存在犯人和刑释人员比例大的问题。

在加拿大，由于下加拿大有大量的法国人，存在类似的困难。1791年法案建立了一个代议制政府，但在实践中，殖民事务部掌控大局，其中的任免权在很大程度上抵消了法案的初衷，在统治集团与选民之间缺乏共同点。领导人路易斯·帕皮诺代表所有法国人，而总督达尔豪西勋爵，代表英国人的意见。在伦敦，殖民事务大臣巴瑟斯特勋爵一直举棋不定，在他1827年退休后，他的继任者将证明对一个真正的民选政府和意见表达更加开明。时机似乎成熟了，一个代表团被派去英国，向议会陈述整体形势。此举导致了数年后，即1839年著名的达勒姆勋爵报告，它是目前英帝国政策历史的一个里程碑，下文再述。

这样，在战后时期，一个总是让人感到可怕的时期，尽管有不少问题和急迫的危难，英国不仅避免了革命和武力斗争，而且继续经营它的海外实力，对内确立了改革和广泛扩大各个阶级的自由的路线。愚蠢镇压的时代已经过去，它的权力和声望的顶峰就要到来，尽管有许多问题尚待解决。

第六章 / 思想革命

赫然在目的“人民”问题

本章所涉及的1830～1837年，是帝国漫长历史中最关键和最有英国特色的一段时期。别的地方都在闹革命，而英国成功地实现了权力的和平转移，并且通过议会行动，使权力从一个阶级转向另一个阶级。而且维多利亚的登基彻底改变了王室的道德氛围，为王权赢得了英国国内外人民的爱戴和尊敬，成为统一的神秘的象征。政治权力大体上转移给中产阶级；女王及王权在国民的心目中获得地位——这两件事对于英国乃至整个帝国的命运，具有深远的影响。

1830年乔治四世去世，他的弟弟威廉四世继位，他是一个古怪的人，很多人认为有可能像他的父亲那样精神失常。无论如何，君主的易位对于恢复王室的受欢迎地位无甚改观，尽管威廉公开采取了一种极端民主的方式，但这趋于降低而不是提高人民对他的尊敬。1830年“人民”问题到处赫然在目。那一年在法国，一场群众革命废黜了国王查理十世，拥立一位远房亲属路易·菲利普为王，以一个新的和意义重大的称谓“法国人的国王”（King of the French）取代了“法兰西的国王”（King of France）。这个运动的主体是中产阶级，他们反对查理十世主要是因为他无视他们，仅仅代表自己和贵族行使他的专制权力。在这方面查理十世的倒台对英国的形势产生了重大影响，英国的中产阶级也要求权力从地产大亨们转移到他们手中来。

然而，大陆的实际情况与英国截然不同。梅特涅和其他统治者的镇压体系，压制了从滑铁卢到推翻查理十世期间的言论自由。缺乏自由的机制与和平商讨的习惯，人民诉诸暴力革命，德国、意大利、波兰、比利时紧随法国，陷入社会动荡之中。然而，一时的成效不会是永久的。十八年后，1848年的大革命风暴几乎吞噬每一个政府，除了专制的俄国和自由的大不列颠。对比大陆邻国，这是典型的英国方式：他们1830～1832年的革命是相对和平的、符合宪法的和影响持久的，如果我们可以称之为革命的话。

英国互相迁就（give and take）的悠久历史，以及在最后、往往是最紧要关头的妥协，可能表明会出现这种情形，但是在1830年，许多人绝不确信它一定会出现。在伯明翰，托马斯·阿特伍德组建了他的政治联盟，有成千上万的成员，呼吁议会改革。在伦敦南边的一些郡，发生了贫困农民的骚乱，他们焚烧了大量的干草堆，毁坏农业机械。这个事件完全是非政治性的，但是它使农场主和大地主们惊恐不安，最后被政府无情、严厉地镇压下去了。在伦敦市内，有激进分子的大型集会，他们的行为只不过是发表一些威胁性的演讲，但引起的惊恐是如此巨大，以至于最后决定最好不让新国王乘着马车经过街道去参加议会开幕式。在工业化的北方，有许多罢工，大谈推翻现存秩序和举行一场向伦敦的进军，但没有实现。

无论哪里都没有任何真正的革命口号、领袖和政党。分散的、不协调的牢骚和威胁，甚至纵火行为，是人们或多或少同时的表达，他们因经济状况、低工资、教士的什一税负担和不满意的《济贫法》而陷入绝望。即使在最暴力的农场工人中，虽然采用了许多威胁手段，还是有不少同牧师和地主商讨局势、和平地达成解决办法的事例，苏塞克斯的盖奇勋爵就是其中一个。在阅读一些讲述穷人的不满的文章时，读者对于其真实性和明确而温和的陈述方式同样印象深刻。然而，那些富裕家庭处于恐慌之中，这一事实与暴力活动的实际数量形成对比，使我们能够推断出，在这个国家法律和秩序意识是多么根深蒂固。

爱尔兰的怒火

爱尔兰也不平静。在那里，种族、经济和宗教问题交织在一起。在很大程度上大地主是新教徒，而且许多是不在当地的英国人。爱尔兰的土地制度总是比英国更糟糕，爱尔兰地主拒绝实施在英国地产上惯常做出的任何改进，甚至在穷困的佃农自己做出一些改进时收取更高的租金。与同时期的其他地方一样，人口迅速增长，到1830年可能达到七百五十十万，在没有工业的情况下，对于高额地租的农业而言过于庞大；本指望在1800年爱英同盟成立之后就可以发展工业的。

爱尔兰人反感这个本可以带来很多好处的同盟，有其正当的理由。天主教的解放，曾被认为会随着同盟的建立而发生，却遭到拒绝。如果说都柏林的爱尔兰议会是不称职的，那么威斯敏斯特的英国议会被证明更是如此，它没有采取任何行动来缓解令人绝望的经济形势，甚至在1822年严重的饥荒之前，农民就已经陷入几乎难以置信的贫困状态，这也是大多数持续不断的农民暴动的原因。对于这些，镇压是采用的唯一政策。议会的表现很像一个正在治疗危重病人的医生，拒绝考虑疾病，而只是当他神志昏迷时敲击他的头部。即使爱尔兰改革者，也把主要注意力放在宗教问题上。

格拉顿已经意识到自己在伦敦当一名议员将无所作为，于1820年离世。爱尔兰新领导人丹尼尔·奥康奈尔是一个不同类型的人。在爱尔兰，没有中产阶级在几乎全部是天主教徒的受压迫农民与新教徒地主之间居间缓冲，新教徒地主以驱逐为威胁控制着他们的投票，这是一种几乎无所不能的威胁，正如当时英国的济贫法一样恶劣，因为爱尔兰农民如果丢掉了自己的一点土地，便没有一丁点儿防赤贫和饥饿的保障。在饥荒之前的十几年时间里，允许爱尔兰天主教徒担任公职的《天主教徒解禁法案》本可以在下议院通过数次，但总是在上议院受阻。在爱尔兰，奥康奈尔建立了自己的组织天主教协会，从地主阶级手中夺取政治权力。他对爱尔兰饥民提供的药方是混合着激进主义、经济、宗教的大杂烩，并于1828年在克莱尔郡为自己赢得议会选举，击败了在全国最有声望的地主之一。这是一个重大事件。奥康奈尔已经成为爱尔兰人公认的领袖，他赢得了席位，却因天主教徒身份而不被允许就职。爱尔兰爆发了愤怒的火焰，这个问题蓄积已久，现在威胁到爆发内战。

威灵顿公爵作为首相，像最近几任首脑一样，一直强烈反对《天主教徒解禁法案》，现在认识到，这样一部法案必须通过以避免革命或内战。1829年该法案不顾乔治四世、牛津大学和几乎所有怒不可遏的托利党分子的意愿在议会过关。尽管该法案获得通过，英国人几乎没有显示出宽宏大量来贯彻它，就如他们对待成功叛乱的北美殖民地那样。然而，一系列重要的后果随之产生：被要求重新当选的奥康奈尔，能够在议会中把一帮爱尔兰议员聚集在自己周围，他们将来会经常在英国政党之间维持权力的平衡；而威灵顿的托利党政府不得不辞职。

代表性的危机

威灵顿公爵失去了几乎党内所有派系的支持，为辉格党复位提供了机会，这是最幸运的一件事件，孕育着对联合王国和帝国的巨大影响。托利党已经在《天主教徒解禁法案》上触礁。爱尔兰问题不再仅在爱尔兰本土产生反响，还导致英国一个具有长期历史的大党分崩离析，奥康奈尔通过显示人民的群体行动可以有多大效力，为即将到来的《改革法案》做好了准备。这些是爱尔兰人对英国改革的贡献，其中1831年的严重萧条提供了额外的动力。

那是一个快速变化的时代，到处都有人要求更多的自治，这意味着对旧秩序的重建。这个问题以议会改革的形式呈现出来，但遭到公爵和托利党人强烈反对。《天主教徒解禁法案》和爱尔兰人获得议会和法官的席位，形成了根深蒂固的特权幕墙上的最初裂口，但是整套制度体系必须被废止。那时人们面对的问题是，要么制度被革命推翻，要么以宪法的方式进行改革。要是威灵顿公爵，一个只有狭隘的军事头脑的人，及其反动的同党追随者继续执掌大权，第一个选项可能不幸地成为必然的选择。幸运的是，辉格党人的上台使人民能够沿着一条和平的道路前进，虽然不乏刺激和危险。

格雷勋爵领导的新政府，阁员包括约翰·罗素勋爵、帕默斯顿勋爵、墨尔本子爵等人，于1831年3月1日提出一项《改革法案》。格雷勋爵和其他几位改革者自从1820年就认为，一场广泛彻底的变革是必不可少的。这一点对我们似乎是显而易见的，当时存在的下议院选举制度显得极其荒唐。在联合王国和爱尔兰，选举人的资格和镇、自治市、郡的代表依据可谓五花八门。这里仅举几例我们可以注意到的突出怪事。在苏格兰，由不足四千选举人选出45名下院议员，而在整个萨瑟兰郡只有34名投票人，代表爱丁堡的下院议员则由33名投票人选出。天主教爱尔兰的郡和自治市大部分处于新教徒地主的控制之下。在英国，也有几个自治市具有真正的代表性，郡的议员人选颇能代表较小的绅士和较大的农场主。然而，这些议员在下院，被来自自治市的403名几乎完全被某些大亨或者小寡头拥有或掌控的议员淹没。据估计，1827年下议院全部658个议席中，276个自治市的议席被大地主所控制，其中203名属于托利党。

这些席位可以像任何其他个人财产一样买卖，有时要投入几乎一个乡村庄园的所有价值去获取一个议会席位。一个席位有时售价高达两万或者三万英镑，一次大选可能因此给一个幸运的席位拥有者带来一笔可观的财富。在有些地方，仅仅几个投票人选举两名议员，可以用一小笔钱买通。最臭名昭著的例子是老塞勒姆区，尽管完全没有居民，还派了两名代表去威斯敏斯特的议会，他们是由闲置土地的业主指定的！另一方面，有些新兴大城市，如谢菲尔德、利兹、伯明翰、曼彻斯特，根本就没有代表，尽管曼彻斯特有十八万人口。再看看其他的数据，据1820年的《黑皮书》记载，在300名议员中有144名贵族是被任命的，123名政府官员还可以指定另外的187个议席的人选，土地贵族、政府及其攀附者完全控制了大多数。

这样，工人阶级实际上被完全剥夺了选举权，中产阶级绝大部分被剥夺了选举权，迅速崛起的工商业巨头群体也如此，除非某些地方两三个巨头能够购买带有议会席位的地产，或者联合起来购买一个自治市。这个制度显得如此荒唐，它历经许多个世纪的发展，涉及席位私有制和由一个阶级把持政府所产生的既得利益。不仅没有一个阶级不曾经过斗争就放弃他们的特权，而且人类的本性使其把自己的特权视为健康、有序的社会的某种基础。此外，在任何情况下总是能找到合理的理由，无论是1776年的美国革命，还是1830年托利党维护自身的斗争。据称——正是议会制度使英国强大，虽然它很奇怪；它"实际上"代表了所有阶级，如果说不是直接代表的；它使才华横溢的年轻人能够进入公共生活，并培养出一个由这个国家最重要的社会等级所组成的治理阶层；以及从《大宪章》以来，英国没有像改革者提出的那样冒险扩大选举权，便赢得了自由。

其中一些说法无可否认，但是当格雷勋爵提出他的法案时，无论中产阶级还是工人阶级都立场坚定，也合当如此。如果我们要公正地考察任何历史危机，就必须考虑到当时的氛围、条件和偏见，而不是基于我们自己时代的情况，否则就会对那些反对历史进程的人不公，会贬低那些使自己与未来保持一致的人的见识和能力。

旧制度在迅速瓦解。在19世纪的上议院，包括贵族和主教，成为任何社会进步的几乎恒常的绊脚石。在《改革法案》出台的前几年，下议院的知识水平和公共精神也很低，仍在困扰着美国的"政党分肥制"在英国登峰造极。议会成员顽固抵制自己机构的改革，并倾向于抵制国家生活其他部门的变化或改革，以免洪流一旦释放出来，就会卷走自己的特权地位。然而，尽管这一切及其所有的缺陷，英国的议会制政府是欧洲最民主的，反对改革的保守派可以有充分理由地指出这一事实，以及大陆的“改革”或革命运动脱离了正常轨道。在这样的背景下，格雷勋爵提出了他的法案。

伟大的《改革法案》

把他推上台的不仅是辉格党人，还有迫使威灵顿下台的托利党极端分子。所有的派别都认为，无论提出什么改革法案，都会是很温和的，在给改革者一个安抚的同时，实际上不会对问题造成多大改观。当格雷提议60个自治市应该完全被剥夺选派议会议员的权利、另外的47个只能选派一名议员，以及做出其他重大改变，包括在所有自治市一律规定十英镑财产的户主资格，一时间舆论哗然，说宪法处于危险之中。十英镑条款，即拥有一份每周租金为四先令的不动产，将会把投票权赋予小店店主和上层工人。虽然过去假定的国王、上院、下院之间的平衡很早就被推翻而有利于前两者，但现在的主张是这种平衡应该整体被打翻，而向第三者倾斜。这似乎为男性的选举权和暴民统治——一种不受财产的稳定影响、基于冲动和激情的统治形式——开启了道路。人们对只在一代人之前的法国大革命和恐怖统治记忆犹新。许多人认为，不仅一切财产处于危险之中，而且经过许多世纪建立起来的社会和国家的稳定也处于危险之中。

另一方面，辉格党领袖们无疑已经成为国家大多数人的代言人，至少统治阶级的一部分已经站到民众这一边。然而斗争将是惨烈的。不仅150名议员被告知他们的席位要被取消，而且统治阶级总体来说觉得他们所熟悉的整个生活将被摧毁，与此同时平民百姓兴奋不已。议会的辩论——那时可以被刊登——充斥着各类小报，讨论遍及全国各地。《改革法案》的二读（一读是投票表决），在下院仅以一票的优势获得通过，因此要求举行大选。新议会中出现了一个保证支持法案的大多数，这一次下院以超出一百余票通过了该法案。在上院，该法案的表决遭到惨败，激怒的人们不仅以大规模集会表达他们的强烈不满，而且在有些地方发生了群体暴力事件。公共建筑被洗劫，监狱被焚毁，声势浩大的伯明翰政治联盟发誓其成员不交税，直到法案通过。整个国家陷入一片混乱，当法案在下院第三次被通过之后，此时惊恐的上院于1832年3月以九票的多数通过，但随即通过修改来削弱其效力，以便口袋选区（pocket-boroughs）[1]不被废除。政府立即请求国王册封新的贵族，如安妮女王以前面临类似局势时一样，以对付上院的阻挠，但被国王拒绝，于是政府辞职。此时政治风暴达到高潮。公众的情绪如此强烈，以至于威灵顿无法组阁，格雷不得不被召回。

英格兰银行开始出现挤兑，有人制定了公开反抗的计划。最后国王同意封赐必要数量的贵族来强制“这个法案，这整个法案，就这个法案”在上院通过。他极不情愿这样做，但是面临的威胁使他别无选择。威灵顿及足够的上议员没有投票，以便让法案被其支持者通过。6月7日国王签署了这个法案。即使在未改革的议会，已经显示出上议员不再能够永远地抗拒人民表达的意愿。随着下议院

1 也即腐败选区（rotten borough），指的是某些议会选区，由于人口迁移或其他原因，到18世纪后期，投票人已经极少并且全部被富有的地主或庇护人所控制。

的改革，一个新的时代开始了。

这是英国历史上一个最关键的时刻，英国也许从未如此接近一场严重的阶级战争。托利党和辉格党的有钱人都对革命深感忧虑，但幸运的是，由于格雷、罗素等人领导有方，加上讨论和妥协的英国意识，使局势转危为安。

回想起来，那时人们对民主的看法，几乎类似于今天人们对共产主义的理解，许多人认为《改革法案》将会立即迎来充分成熟的民主，君主制和贵族政治会被推翻，私有财产很可能会大量损失或充公。反对改革的是很大一部分豪门世家和教会，他们结成一个坚固的联合阵线。而改革是以英国方式，即由贵族领导阶层、中下阶层中的清醒人士，以及当不得不在妥协和毁灭之间做出选择时同意"遵守规则"的其他国民联合缔造的。然而，它没有产生反对者害怕的立竿见影的效果。在很大程度上权力实际已经从以前的寡头统治集团转移到崛起的中产阶级手中。贫穷的工人阶级仍然几乎被完全剥夺了选举权，不得不还要等待一代人的时间才会有转变，而国王和上议院保留为宪制的一部分，所预计的财产方面的恐怖结果并没有发生。

的确，政治原则发生了根本变化。旧式政府一去不复返：政府，如美国早期联邦党人所称的，是由"富人、智者、好人"（俨然它们是同义词）为多数人谋福利的政府。上议院不得不屈从于国家意志，国王威廉威胁要仿照安妮女王采取过的行动册封贵族，确立了一个控制议会上院的先例——该先例成为永久性的，我们在故事的下文中还会提到。但是，如果说上议院已然明白在终极上他们不得不屈服于民意，王权也是一样，威廉是最后一位试图操纵组阁的君主，从此以后组阁纯粹是议会多数派的特权。

然而尽管工人暂时没有投票权，但他们在帮助中产阶级获取政治权力方面发挥了重要作用，结果在英国社会的两个下位阶级之间发生了分裂。由于权力在握，中产阶级自然变得越来越保守，而曾经在很大程度上参与斗争后来却失去战利品的工人阶级，转而在工业领域采取了更暴力的手段。然而，中产阶级的新政府，因其拥有更广泛的基础，证明比豪门贵族和工业巨头的政府更难斗争。即使在《改革法案》颁布后，每六个成年男性中有五个仍然没有选举权。作为劳动阶级失望的必然结果，在科贝特和亨利·亨特等人的领导下，英国进入一个更激进的鼓动成年男性普选权的时代。

这里应该注意，虽然皮特的改革建议——它在距伟大的1832年法案通过不足十年之前已为约翰·罗素勋爵所接受——曾呼吁对席位的拥有者进行补偿，但后来的辩论甚至并未提及此事。人们可能问过自己，国民是否不得不买回自己的政府，正如他们在一代人之后，在废除军队中的军官职衔所有制时所做的那样。然而，18世纪的生活已经被公共部门的私有制搞得千疮百孔。正如我们已经看到的，对于不少席位的拥有者而言，一场大选可能给他带来两万到三万英镑的横财，而现在很有可能已经感觉到财产保护的耶利哥（Jericho）之墙正在民众（Demos）的号角声中徐徐坍塌。

伟大的《改革法案》通过后产生的影响，还可以从另外两个方面观察到。英国还不在乎帝国。距离后来的19世纪帝国主义时期还甚为遥远。帝国仍然在以一种随随便便的方式生长，但它成长着，且由一个日益自由民主的英国作为支配中心，这具有不可估量的好处。如果说成年普选权已隐含在十英镑户主资格的规定中，也可以说，20世纪由自治国家组成的英联邦同样隐含在《1832年改革法案》中。这并非是因为通过该法案的人对未来有任何非凡的远见。他们从可能的革命中挽救了英国，却没有正视民主的成长。关键在于，他们所走出的一步不可避免地导向后来的步骤和发展。

《改革法案》在英国以外的帝国地区的影响最先和立即在苏格兰被感觉到，那里的人民以前不具有真正的代表或表达政治诉求的任何机会。他们一在英国议会拥有了真正的代表之后，便寻求在1833年通过一个法案，以扩大市政选民和改革地方政府。正如格莱斯顿很久以后所言，《改革法案》事实上是苏格兰民族“政治的诞生”。

在英国，也在进行地方行政的改革，其重要性仅次于国家体制的改革。英国市政府几乎完全由小寡头所把控，很少实际上有诸如民主选举权之类的东西。大部分公民，包括几乎所有的不从国教者、辉格党人和我们现在所称的激进分子，对本地事务没有任何发言权。在一个城镇和城市都快速增长的时期，地方政府充满腐败和混乱，公民对此无能为力。这个制度与我们可以称为“腐败选区”的旧的国家政治制度密切联系在一起，它植根于地方控制，如同今天的美国政党体系植根于对城市和基层选区政治的控制。只有《改革法案》扫荡旧的国家制度，才有改善地方境况的可能。1835年，除了伦敦，各个地方旧有的较大的市政当局被废除了，取而代之的是新式的地方政府，选举权扩展到包括所有纳税人。这涉及一个比《改革法案》本身更伟大的思想革命。然而，决定英国乡村生活全部内容的郡政府却原封不动，控制在治安法官手中长达半个多世纪，这样，在城镇已变得甚至比这个国家本身更加民主之后的很长一段时期，乡村仍然是贵族气派的。

从自由放任到国家责任

1830年代早期弥漫着一股改革新风，我们能够感觉到一个新的英国正在成形。议会代表制，虽说还没有囊括所有阶级，但已经发生了根本改变。显而易见的是，中产阶级的大部分被纳入统治阶级，离今后某一天所有中产阶级都被纳入统治阶级只差一步，就如十英镑户主资格离走向成年公民选举权只有一步。下议院及其选民的完全优势也如愿以偿。而且现代政党的兴起可以追溯到1832年。辉格党仍被用作这个实行了改革而没有革命的政党的名称，但现在它包含了如此多的集团，以至于自由党成为它更好的和被接受的名号。已经是死硬派和一切变革的反对者的托利党，以同样的方式被保守党所取代。如此命名的两个主要政党还要持续一个多世纪，这样，除工党外，现代政治格局已经形成。在《改革法案》之后，自由党将保持十年几无争议的控制权。帝国的重要发展概况将在下一章叙述，但我们可以在这里讨论英国自身的改革和变化，它们有助于塑造我们所熟知的生活形式。

因弄巧成拙的过度严厉而备受指责的《刑法典》被大大修改，在1837年和1841年改革后，只有极其严重的罪行仍然被判处死刑。通过18世纪强征入伍的方式来争取人们服役的令人畏惧和侮辱人格的手段被废除，皇家海军中水兵的自尊和士气大大提高。

1833年出台了第一个可行的工厂立法，包括“儿童宪章”，对童工的年龄和工作时间进行了限制，尽管这些限制在我们今天看来是残酷的。除了丝织厂，九岁以下的儿童禁止做工，十三岁以下的儿童每天劳动时间限定为八小时，十三岁至十八岁的儿童每天十二小时。改革是轻微的，但它标志着一个重大变化——从流行的自由放任学说，转向重新开始国家对所有公民的处境负责任的政策。或许《改革法案》取得的最大进步就是建立了一个政府付薪的督察机构，其职责是监督法律的施行。正是这些涉及集权和强制的立法改革，使得功利主义者在穷人和工人中的影响力达到顶峰。

与新的责任感密切相连的是西印度群岛奴隶制的废除，尽管它在这里是作为一个英帝国的问题而非英国的问题提及，因为它源于同样的改革和人道主义精神，正是这种精神引发了一系列的工厂法。如我们所知，奴隶贸易在一代人之前就已废除，但正如在美国南部一样，奴隶制作为一种制度依然盛行，而且似乎是大种植园唯一的劳动形式。在美国和西印度群岛，奴隶制在过去一直受到英国政府的扶植，但在1830年代的大改革浪潮中，英国人反对它的态度变得如此强烈，以至于它再也不能延续下去了。

无论从数量的角度，还是从经济学和政治学的角度，这里的问题都比美国的问题更简单。在美国，国家的相当一部分联合起来对抗另一部分，但是在几个小岛国与英帝国的其他部分之间不会有内战的问题。可是，当1833年奴隶制被废除时，奴隶主获得了二千万英镑的补偿，那是英国特有的对财产和既定权利的尊重。要是这些岛屿种植园主的人口和资源足够与英国的相匹敌——英国被认为正在破坏他们的繁荣——如同美国南部认为他们的人口和资源可以与北部相匹敌，那么补偿可能被拒绝，内战就会随之而来。

1833年也开始了国民教育体系，尽管如其他事业的初始阶段一样，它还不够健全。国教实际掌控着所有教育。不从国教者被排除在牛津和剑桥之外，因此在伦敦建立了非寄宿的大学学院，它后来成为这个世纪后期许多新的地方大学的样板。这是一个非常重要的事件，但是更加重要的是，1833年政府拨款两万英镑给两个一直在创办新式学校的私人社团，其中一个为国教会支持，另一个为不从国教者支持。这种公共资助，此后持续、大量地增长，在接下来的六七年中发展成为现在的教育部的雏形，是真正的、美国意义上的公共教育在英国的开始，与之相对比，英国人所称的“公学”（public schools）实际上是私立的，如伊顿、哈罗和其他知名学府，而且通常是非常排外和昂贵的。至于最差的小规模私立寄宿学校，就如同未来几十年中有关英国生活阴暗面的种种其他情况，我们不得不从狄更斯的小说中去了解。

推动思想进步的另一个信号就是新的《1834年济贫法》。贫困家庭救济的旧制度千方百计压低工资和使人口贫困化。它甚至超过了今天英国和美国的一些救济形式，无疑对贫困阶级有着最令人沮丧的影响，断然需要变革。此外，在许多情况下，税赋对于勤劳的人甚至富裕的人而言变得难以承受，他们看着更多比例的税收用于贫困救济，而没有提供解决问题的任何出路。而根据新的法律，贫困救济由辉格党、自由党、政府三方组成的一个国家委员会统一管理，这标志着对前一代人盛行的自由放任理论的又一次背离。户外救济完全终止，那些接受援助的人不得不生活在由当地监护人监视的“济贫院”里。

这是一项极端的法案，通常新济贫院的条件恶劣得令人难以忍受，但变革对穷人似乎如此严酷，对济贫院的恐惧变得如此之大，以至于大量的人——虽说被迫加入宪章运动的反抗，下文再述——被赶去参加劳动，而不是闲散地待在家里，靠公共慈善勉强维持生计。由于缺少政府对劳动报酬的调控和强大的工会，薪酬并未上涨，一度无疑有一种由制度变化引起的相当真实的沮丧，但在另一方面，它标志着在地方委员会和中央控制的密切相连中政府的一个新特征，把我们带回都铎王朝时代，并发扬到我们现在的时代。

英国也正在以其他方式快速地紧密结合在一起。铁路时代开始来到，人员和货物的运输更加快捷，对社会和商业产生了影响。“那种路”的时代和驿马车正在逝去，直到电动机时代往前回溯近一个世纪的旧生活将以另一种形式重现，新的旅行铁路线不总是循着旧干道，被遗弃在一边的许多马车驿馆和村落恢复了生气。如同汽车一样，铁路对知识的影响往往被忽视。随着更快、更便宜和更舒适的旅行方式，英国人开始更加深切地了解他们的岛国，无论是好的方面还是不好的方面，改革在很大程度上归功于铁路。

另一个同样重要的进展就是现代邮局的肇兴。如果说史蒂芬森以其蒸汽机车如同任何一位政治家一样影响了英国的生活，发明了邮票的罗兰·希尔爵士也具有同样的影响，到1839年便士邮资已在王国各地获得通用。邮票，现在看似普通而平常的小事，是关于什么力量可以塑造国家历史的一个很好的例子。在这项发明之前，邮寄费由收信人支付，在英国，其费用是从四便士到八便士不等。人们采用了各种各样的通信工具，但主要核心问题是通信昂贵而困难。希尔估算在他的改变之前所处理的信件总数为1.26亿封。三十年以后，它已经达到了10亿封以上。当我们从人类的角度思考它的意义——由事实和观念的便捷交流带来的智识增长，家庭、友谊和群体纽带的增强，对商业的影响——在一定程度上我们能够意识到，区区一张邮票对于发展我们复杂的文明所发挥的作用。我们不认为罗兰·希尔能与罗伯特·克莱武或塞西尔·罗得斯相提并论，但他与他们一样，是帝国的一个真正缔造者。

对比英国与美国的政治生活，有三点特别打动一个美国人，无论他多么爱国，无论他多么理解由于环境、历史和年龄因素导致的必然差异。例如英国，有两千年的训练和日益增加的天然政治禀赋，可以有一个所谓的“不成文宪法”(尽管它的许多重点内容是成文的)，而一个新的联邦国家必须有一部成文宪法，正如任何新成立的组织必须有一套书面的章程和规章制度。但是在英国国家的成熟中，培育出了或许是世界上最好的公务员制度，最少受到官僚主义弊病的困扰，废除了政党分肥制，在议会创议立法之前广泛而经常地使用皇家委员会（Royal Commission）来研究问题的各个方面。最后一项是现代政府机器最有用的部分，是在1830年代的改革时期发展起来的。它的问世是因为从提议的改革中产生了大量复杂的问题，以及那个时代特有的严肃性和责任感。皇家委员会从此延续下来，也许已经成为格雷勋爵和《改革法案》时代遗留下来的最有价值的遗产。

这个时期崭露头角的政治家，其中一些人还要持续到下一个时期，在很多方面都是我们所认为的典型的英国人。例如约翰·罗素勋爵，他被自己身处的社会阶级的许多人认为是一个激进分子，就是他在下议院提出了《改革法案》。兼具桀骜不驯、民主和贵族的品质于一身的他，有一句名言“让我们先是英国人，然后是经济学家”，尽管事实上他是当时盛行的伪科学学派里最正统的经济学家。

还有格雷勋爵，他是一个贵族中的贵族，却总是赞成旧议会制度的改革，以自己的谋略和成见等待了一代人的时间，直到他能够在1832年把伟大的改革法案的计划付诸实现。孩子直呼父母之名的习惯，在格雷家庭生活中是惯常的事，这对于一个在当时被认为相当冷漠离群的伟大贵族和对于维多利亚时代来说，都是一个趣闻，即使现在也被认为是超现代的。除了对《改革法案》作出的巨大贡献之外，格雷勋爵的任期还有一点特别有趣。我们已经说过，从

1830年开始在欧洲大陆是一个革命时期。随之而来的一个变化是，比利时从荷兰手中赢得了自由。在相当程度上正是由于格雷的活动和外交政策，比利时才最终于1831年被承认为一个独立国家，从1839年开始像瑞士那样，在几个大国的担保之下保持了七十五年的中立。

在格雷勋爵的首任内阁中，有一位最富个人魅力和19世纪英国特征的人物，那就是帕默斯顿勋爵，他几乎从1808年到1865年一直担任公职。正如特里维廉精辟指出的，他“自成一个国家机构”。或许他为海外自由的事业建树不多，但他擅长以仗义执言和捍卫小国利益的姿态出现，以及使不列颠雄狮发出咆哮。当英国的民主和帝国主义都在走向成熟时，他的举动每次都广受欢迎。他的缺点和优点都是彻头彻尾英国式的，获得了“浮石勋爵”（Lord Pumicestone）的绰号，他仍然是一种有着生命力的传统。不久前我看到，一个英国人把拳头击在餐桌的坚果和波尔图葡萄酒之间，甩出一句狠话：“如果我们今天有老帕默斯顿，墨索里尼这家伙就不敢把地中海称为意大利湖了！”无论“帕姆”是威胁希腊要轰炸雅典，如果它不立即释放一个具有英国公民身份的、卑微的直布罗陀犹太人，还是威胁美国要发动一场“立即和血腥的”战争，或者对其他国家发出类似的可怕威胁，在他身上总是有些东西使英国人想到一些观念：英国是无所不能的，而且总是站在被压迫者一边。

罗伯特·皮尔爵士，虽然不是内阁成员，却逐步从一个相当狭隘的保守主义者成长为或许是他那个时代两党中最有能力的政治家。1832年他虽然身在反对党阵营，却支援改革工作，而且他的意见总是诚实和正直的。他的转变并不是由于困惑的见解，或单纯的权宜之计，而是由于他具有英国特色的谨慎。他认为每一个局势的发生都有其独特之处，是各不相同的，涉及当时所有的情形，而不是作为一个在政治和社会真空中的先验命题。这是英国发展的一个根本特征，皮尔是这个国家的历史上发挥主导作用的所有一长串名字中最英国式的。当格雷内阁1834年已经完成其改革，在英国历史上最后一次根据君主威廉四世的意愿被解散时，皮尔被召去领导新政府。

就帝国更广泛的历史而言，没有必要提及随后三年的政治，因为有重要得多的事情即将发生。1837年6月20日，威廉去世，由于王室中优先继承人的死亡，年轻的维多利亚公主，一个十八岁出头的姑娘，登上王位。这是在一连串人的生活和国家生活盘根错节的事件——我们称之为历史——中最幸运的事件之一。其中一个微小而重要的变化就是汉诺威转到男系继承人，[1]英国王室从最后一块大陆的占有和联系中摆脱出来，如果我们忽略直布罗陀的话。更重要的是，无耻、放荡、不讨喜甚至讨厌的世袭君主让位给一个纯真、善良、美丽的姑娘，一个全民都可以偶像化和理想化的人。那时，当国内改革前途未卜，而且帝国只能通过王冠连接在一起之际，王冠佩戴者变成了一个天真无邪而训练有素的姑娘。她赢得了每个人的心，能够表现出英国新上台的中产阶级最尊崇的所有品质，还能够在这个成长中的、日益自治的帝国中，作为一个共同的纽带和命运的荣耀的象征。

1　维多利亚女王登基后，将汉诺威王位让予她的一个舅父，从此汉诺威不再属于英国。

第七章 / 新生活气息

维多利亚女王即位

6月的一天，早晨六点钟，身穿晨衣、头上歪戴着睡帽的年轻公主被从她的卧室里叫出来，坎特伯雷大主教和科宁厄姆勋爵告诉她，她现在成了女王，帝国历史上一个灿烂的夏天开始了。没有人能够预见到在持续到我们这个世纪的长达六十多年的长期执政中将会发生的巨大变化和扩张，维多利亚时代将成为或许是所有英国历史上最伟大的时期。但在经历了18世纪的冬天、乔治三世及其不肖子们似乎难挨的统治、拿破仑战争的长期煎熬以及战后的影响之后，现在有一种清新和变革的气息。国家不像个人，它必须在从生到死的每一个阶段都稳步前进。已然古老的英格兰在伊丽莎白一世统治下变年轻了，现在，又过了两个多世纪后[1]，这个国家再一次感受到新生活的萌动。

1　英格兰女王伊丽莎白一世是在1603年去世的。而维多利亚女王继位是在1837年。

应用科学的奇迹似乎开启了发财致富和提高舒适度的无限前景，虽然它们可能使极端保守主义者感到惊慌，却带给大多数人浅薄的乐观主义，这是帝国上个世纪后三分之二时期的特点之一，就像在美国一样。中产阶级作为新时代的实际活力的主要发动者，从对他们有利的巨大变革中获得了一种新的激励，这些变革是通过治理的变革而实现的。司各特、雪莱、华兹华斯、拜伦等浪漫主义作家，在唤起人们从18世纪的轻易顺从中摆脱出来方面发挥了重要影响。他们的影响力，或许也与女王的欣然接受有关系。

公众对女王知之甚少。在她童年时代，大约有六七个人比她更接近王座，即使后来，随着数人相继去世使得她的储君地位变得明朗，她还是在肯辛顿花园的古老红宫里过着宁静而封闭的生活。她的母亲从德意志奔赴这里，就是为了孩子出生在英国。父亲去世后，她在那里过着一种非常女子气的生活，只是偶尔有从德意志来的表兄弟到访。维多利亚是由母亲肯特公爵夫人和这个孩子最伟大的朋友——来自德意志的利岑女男爵[1]严格地抚养成人的。远非令人钦佩的公爵夫人总是坚信女儿将会得到王位，并为此而培养她，到目前为止她成功了，但也到此为止。在那个6月的早晨，当她使维多利亚确信自己就是真正的女王时，她对女儿的影响力终止了。她从来不允许女儿单独在一边，甚至强迫她与她晚上在同一房间就寝。新女王在举止和气质方面表现出来的少女的庄重高贵，给政客们家留下了深刻的印象，包括首相墨尔本勋爵，他在那个决定性的上午才获得正式称谓。维多利亚立即声明自主决断一切事务。她命

1　也即 Johnna Clara Louise Lehzen（1784～1870），维多利亚女王的家庭教师，1827年在维多利亚成为排名第二位的王位继承人后，获此封爵。

令母亲离开她一个小时，经过这一个小时的缜密思忖之后，她没有用公爵夫人的随从，而是另行安排人马，随即从肯辛顿花园出发前往白金汉宫。

这个从此将在长期的一生中主宰帝国命运的年轻女人，具有普通中产阶级的许多朴素品质。或许有鉴于此，她的臣民将不得不谅解，正是她的更加平民化的性格特点使她赢得了中产阶级的爱戴，在后来的岁月里赋予她一种其他君主很少获得的尊敬。她不是一个才华横溢的女人，在她丈夫去世之后的超长的服丧期和引退期间她无以解脱，宫廷的生活是沉闷的。她在文学和艺术上的低品味成为一个笑柄。她全然没有伟大的伊丽莎白女王那种近乎男子气概的坚毅果敢。但是在一旦爆发出热情之后的长期岁月里，她将赢得她的臣民，通过她接地气的（domestic）美德和品质、她朴实的庄重高贵、她忠于职守和严守宪法规定的角色。似乎可以这么说，在她执政的后期，尤其是1861年之后，有几次她表现出了一种从她所限定的宪法地位越界的趋势，但是任何公开的冲突都被她的大臣们，尤其是格莱斯顿的机智老练所化解，公众对她正在开创的事业的艰巨性毫不知情。结果到她于1901年去世时，她已经成为英国生活、特性和英帝国的象征，以至于可能找不出一个比她所表现出来的更加聪慧的头脑。

但是，虽然她有许多平凡的品质，她绝非一个平凡的女人。就算是有英国情结，只有一个伟大的女人才能成为她那样的标杆。她的生活就那么突然改变了，在这个令人兴奋的一天结束时，作为世界上最强大的帝国的首脑，她在日记中写道："我很年轻，或许在许多事情上——虽然不是在所有事情上——缺乏经验，但我相信，很少有人比我更有真正的善意和真正的愿望去做适宜的和正确的事。”“我将竭尽所能履行我对我的国家的责任。”也许把维多利亚与纳尔逊联系起来是荒唐的，但从“责任”这个词中，我们发现了世代以来把帝国的领袖们与黎民百姓凝聚在一起的共同因素，它造就了帝国的一切，使帝国承受风浪和岁月的搏击。女王说得对，也是这样做的，这就是庆祝她登基六十周年的钻石禧年几乎变成一场造神活动的主要原因。

那天上午，当她不期然地接受帝国的这一职责时，她通知墨尔本她将延续目前的内阁，随后下议院也表示满意。顺便说一句，在她统治期间，虽然常常不得不接受一些令她个人感到讨厌的内阁大臣，但她从不曾试图恢复威廉四世的主张而任命代表议会的意志之外的其他内阁大臣，确立了一个将来不容有任何违背的宪法惯例。

然而，墨尔本政府提出的改革方案在上议院遭到抨击，这种牵制严重地削弱了政府的能力，以至于国民对它失去了信任，1839年内阁辞职。显然，应召组建新政府的人选是皮尔，但由于担心以上届政府的家族成员为主的宫廷女侍们（Ladies of the Bedchamber）对年轻的女王施加影响，皮尔拒绝了组建新政府的努力，除非她们被解散。女王拒绝在她认为是一件非政治的问题上抛弃旧友，皮尔的态度同样坚决。于是墨尔本被召回，掌权至1841年。到那时内阁在下议院遭到惨败，女王已经幸福地与萨克森-科堡公国的艾伯特王子结婚——他是从小来拜访过她的德意志表亲之一，由什么样的女人服侍她的问题已经不重要了。然后皮尔顺利地组建了新内阁，代表在大选中卷土重来的保守党的大多数。从结婚到去世，艾伯特亲王是女王背后主要的心灵依靠和愉快情绪的影响因素。女王虽然接受了议会多数要求的大臣，却有一种她特有的女性倾向，只与自己的朋友打交道。只要艾伯特在世，女王与墨尔本的友情——这导致她在皮尔成为首相之后，在政治事务以及其他允许个人好恶强加于宪政机构的问题上，与墨尔本通信——总能得到适度冲销。亲王对女王和宪制发展的影响，在过去被远远低估了。

墨尔本在政府换届之后继续充当女王政治心腹的做法也许并不明智，然而他对国家还是有很大功劳的。他虽算不上一个伟大的政治家，但谦和恭敬、亲切友善和诙谐机智，既忠诚于国家，又忠诚于国家的宪法。年轻的女王有自己的思想和意愿，但需要指导。在关键时期墨尔本提供了指导，遵循严格的宪政主义方向。如果说维多利亚在其六十年的统治中，总体上尊重更重要的宪法协定，且将其固化成不可打破的惯例，在很大程度上，这要归功于那个最先赢得她信任、以无私的忠诚处理这种信任和国家利益的人。

同时，墨尔本的外交大臣帕默斯顿，已经在某种意义上改变了他的对法政策，由和解转向对抗。在西班牙内战中，英法联合起来支持克里斯蒂娜女王的立宪政府，反对堂·卡洛斯的专制君主主张，为此英国派遣了一万人的军队参战。西班牙内战，直到今天，似乎总是为外部国家的军事和政治干涉提供了一个借口。在法国和英国的帮助下，1839年卡洛斯分子被彻底打败，但两国绝无可能就西班牙的政治问题达成一致，近东发生的几起事件则进一步加剧了两国间的反感。作为土埃战争的结果，达达尼尔海峡的自由航行问题被敏感地提出来。俄国、普鲁士、英国、奥地利形成了一个四国联盟，把条款强加于持异议者，法国极度恼怒，感觉受到冷落，立即准备战争。尽管1841年所有大国达成协议，达达尼尔海峡应该禁止所有国家的军舰通行，除非土耳其本国处于战争状态，可是对法国尊严的伤害激起了怨恨，这种安排也令俄国很不满意，后者感觉自己被困在黑海中了。

“人民宪章”运动

这一时期比外交事务更重要的是国内事务和迅速发展的帝国事务。在国内，我们已经提到的在维多利亚即位前后的一些改革，将产生深远有益的影响，但此时此刻技工和工人阶级极为失望。对他们而言，尽管在争取议会改革中发挥了主要作用，但他们似乎已经被完全忽略，而攫取了所有好处的中产阶级，既然已经掌权，拒绝采取任何行动来帮助更贫困的公民。

引起强烈怨恨的，不仅是中产阶级在改善处境上似乎无所作为，还有新的《济贫法》，在工人们看来，这部法律几乎等于让他们仅仅因为贫困和失业，就被贴上犯罪的污名。始于1837年的新一轮商业萧条和农业歉收增加了人们的痛苦和不满。我们今天所称为的社会主义、直接行动和工联主义，在当时甚嚣尘上。然而，这些运动都失败了，他们的领袖在工人中间变得声名狼藉。回想起来，似乎这种失败有相当部分要归因于他们行动中固有的中庸克制。某种意义上他们是革命的，但是大量的工人阶级希望诉诸宪政手段获得预期的结果。他们的行动是清醒的，加上政府明智地决定不采取过去施行的镇压措施，避免了气质之争轻易发展成为阶级战争。

逐渐地，工人们放弃其他的施压形式，转向政治手段，即通过立法而不是暴力在议会获得影响并实现他们的目的。从这一策略的改变中兴起的宪章运动，发轫于这一时期，将在下一个时期达到高潮。这个运动的第一个阶段，可以认为始于1837年，两年后瓦解了，而后又兴起。这个插曲对于说明英国人的性格和发展，是很有趣的。这场运动在当时非常激进，以惊人的速度传播，尤其在北方。

它的喉舌《北极星报》宣扬的思想，在一切保守的心智看来，意味着这个国家的经济和政治生活的毁灭。它所举行的大型群众集会，其中一场几乎就挨着议会大厦，演讲者的言辞非常狂热。在北部和威尔士一些预计会出现最严重麻烦的地方集结了部队，但是政府采取了一切可能的措施来让风暴消退，不加干涉，不制造流血。政府的态度完全不同于三十年前，约翰·罗素勋爵在群众激情昂扬之时精辟地说道："人民有集会的权利。如果他们没有不满，常识会结束他们的集会。政府不应该对自由讨论有任何的害怕。"只有当人民"被暴力所驱去参加秘密集会"才真正值得害怕。

然而，他们是被自己的悲惨处境驱使才这么做的。在工业领域，仍然总体上实行以商品而不是现金支付薪酬的制度，有时导致几乎三分之二的人的报酬实际上削减了一半。生活成本高，从1836~1839年到1840~1843年，小麦的平均价格上涨了近八成。住房状况因为过度拥挤而极为恶劣，这对于家庭生活、自尊和道德都是严重的伤害。

对这些问题的最受欢迎的救济措施，主要体现在所谓的"人民宪章"(People's Charter)，它呼吁召开年度议会、废除议员的财产资格条件、支付议员薪水、成年男子选举权、无记名投票和选区平等。一份庞大的请愿书被呈交给议会，据说有一百二十五万人签名，但被大约七比一的投票结果所拒绝。

此后有一些零星的骚乱被轻易镇压下去，宪章运动暂时失败了。然而无论它的早期阶段还是晚期阶段，都显示了普通人政治自觉意识的高涨，标志着在国内真正民主的生长，而且为海外帝国的政治发展提供了背景。1830年代的种种事件，的确形成了国家生活的一个分水岭，其中《改革法案》和维多利亚的即位如同山脉中的高峰耸立，比起我们已经越过的那一面，这一面的生活截然不同。

智识氛围的断裂与宗教复兴

许多领域都发生了显著的变化，尤其是文学。我们将在下文专门一章谈论绝大部分艺术形式的死气沉沉，包括绘画、音乐、建筑和微型家居艺术，但是在文学上，维多利亚时代证明是整个英国历史上，可能除了伊丽莎白时代之外，首屈一指的。值得注意的是，这两个时代都是快速变化、贸易大大增长和在世界各地扩张的时期。

对作者们的详细讨论，最好留到我们论述世纪中期维多利亚时期生活的各个方面，1851年的万国博览会和水晶宫标志着它的巅峰。这里重要的是要指出随着维多利亚的即位而发生的新旧之间的明显鸿沟。

在她登基之时，过去时代的所有杰出大师都去世了，华兹华斯是个例外，他一直活到1850年，尽管再无佳作。济慈死于1821年，雪莱死于1822年，拜伦死于1824年，司各特死于1832年，柯勒律治死于1834年。整个天才的一代已经从舞台上陨落，而新的一代正在崭露头角。丁尼生和麦考莱1830年发表处女作，勃朗宁和狄更斯1833年，罗斯金1834年，卡莱尔1837年。老一代是浪漫主义者、自我主义者、抽象的普通人的歌颂者或大自然和纯粹的美的热爱者。新一代主要关注的是社会场景，特别是它的罪恶和弊端，关注的是作为组织社会之一部分的人、科学新思想以及制度重建。当然这些只是概述，但是在两代之间出现了明显的断裂。我们难得找到智识氛围如此轮廓清晰的完全转变。

除了上述的基督教福音派运动，在宗教领域还有一个大的变化，对帝国各处的生活产生了显著的影响。1833年由基布尔（Keble）

所做的一场布道，揭开了牛津运动（Oxford）或书册运动（Tractarian）的序幕，这是一个完全不同的运动。福音派信徒和不从国教者已经从国教中分离出去，特别注重个人宗教信仰和救赎。牛津运动则相反，把个体的重要性减到最小程度，主要强调国教是一个统一体、一个自身的有机体，它的存在比任何单个成员的个人见解或生活更加重要。基于这个理由，它的信徒强烈反对国教屈从于政府的控制之下，有些领袖的感念如此深切，其中包括后来都成为红衣主教的纽曼和曼宁，以至于一同离开国教而转投天主教会。高教会派（High Church Party）中这些主要人物的脱离趋向于削弱这个派别在英国国教中的地位，这就为其中的广教会派（Broad Church）或现代主义运动提供了某种动力。这又被托马斯·阿诺德博士之辈的影响所强化，他们正在极力灌输一种道德热忱的新风。

几乎与牛津运动在英格兰的起源巧合的是，伴随着政教分离的要求，在苏格兰有一场宗教意识的复兴。当1843年妥协被发现无望时，几乎半数的牧师离开了他们的教会和职位，但是当时的公众支持和宗教热情如此之大，以至于不到一年由私人捐助为他们建立了五百所教堂，苏格兰自由教会（Free Church）就这么被建立起来了。

不仅有福音派和这两个运动，英国国教自身内部一股复兴的虔诚精神也证明了遍及英伦的一场伟大的、由多个思潮组成的宗教复兴。在思考国家生活的其他方面时，如清教主义的复发、政务和政治生活的总体改善、对社会问题的新态度、文学对各种改革的关注、传教运动、对帝国内落后民族的新责任感，这一点必须着重考虑进去。

如果说在维多利亚时代早期不乏虚伪，那么也有众多具有各种细微差别的真正宗教，它们具有一种无处不在的影响力。

现在我们必须转向海外帝国的成长，记住国内所有这些潮流——改革、大体上由商业中产阶级掌权、工人对更大民主的诉求、宗教热情、乐观和活力，以及各个阶级一直固有的保守和自私。结果是令人迷惑的，几乎任何一个事件都可以做出多种解读。我们必须记得，比起个人来，国家其实并不总是更受一套情感、思想和理想的驱动。无论前者还是后者，我们都得考虑其生命力、完成的工作和大体的结果。正是这些的总和构成了决算账目，而不是任何特定的失误或缺陷。

新的帝国理论：加拿大的成功试验

我们前面谈到在这段时期发生的新英国与旧英国之间的裂痕，在帝国关系和帝国理论领域中，体现得最为明显。一般而言，这个理论仍然是基于旧的重商主义学说。大体上，殖民地应该为宗主国生产的商品提供原材料和部分市场。从理论上说，帝国应该是一个复杂而自给自足的单元，其中有劳动和产品的分工，总体上由伦敦的英国议会进行调控。理论上还包括，调控应该符合各方的利益，但实际上，殖民地在议会没有、实际上也不能有代表，议会整部机器的运转主要反映那些拥有代表的主体的利益。殖民地之所以受到重视，完全是因为宗主国可以以这种或那种方式从它们那里取得好处。

然而，我们已经描述过的或多或少汇集在1830年代的各种思想和情感的潮流，带来了帝国理论的一场革命。其中，我们可以引用：亚当·斯密的自由贸易学说，它在几年之后将大行其道；宗教的复兴和对他国的责任感，它们导致传教事业；蓬勃发展的民主潮流和个人要求管理自身事务的呼声，以及我们现在所称的自决权（self-determination）。态度的改变在很大程度上是由于国家观的根本变化，但也是因为有一群卓越的领袖，做了很多来疏导各种新思想，如查尔斯·布勒、爱德华·吉本·韦克菲尔德、达勒姆勋爵、约翰·斯图尔特·密尔、约翰·罗素勋爵、第三代格雷勋爵[1]。

尽管已使英国失去除加拿大之外的北美帝国，但旧理论持续到这一时期，现在它让位于一个新理论，后者将把帝国发展到今天的状态。英国拒绝了在北美建立这样一个帝国的建议，它从美国独立革命中没有吸取任何教训。国内半个世纪的思想和道德变化，要求提出新的理论并将它应用于实际政治。不仅对于英帝国而且对于世界而言，幸运的是，改变是在这个世纪后期帝国大量扩展之前发生的。无论如何，对地球边远部分肯定要争夺，但如果英国对殖民地和臣服人种的态度没有改变的话，帝国就不大可能维系在一起。尽管存在多种多样的缺点和错误，我认为，不可否认的是，正是由于新理论，英国统治下的土地和人民，比在其他统治下可能获得的，拥有更大程度的自由和善治，庞大的英联邦国家集团才得以保持至今，并与其后裔美利坚合众国，成为未来乱世中自由的中流砥柱。

新帝国理论，产生自政治、经济、宗教三种思想源流，有两个要点。一是，殖民地不应完全受宗主国的掌管和主要反映宗主国的利益，而应根据当地的愿望尽快获得更广泛的地方自治和经济增长。二是英国不应该只是剥削当地的落后人种，而是应当充当他们

1　即 Henry George Grey（1802～1894），为前面提到的《改革法案》的推动者第二代格雷伯爵查尔斯·格雷的长子。1847年出任殖民事务大臣。

的监护人和托管人。很容易列出这个理论未被付诸实践的不计其数的例子，从而表明英国的虚伪。可这些思想给世界带来了不可估量的裨益。

要估量这些思想的新颖性和重要性，一方面我们得就帝国与其属民的关系，把这些思想与历史上所有先前的思想进行比较；另一方面，我们得考虑帝国今天乃存在于一种完全独特的政治结构英联邦国家——之中。人性既不完美又容易犯错，但我不知道任何其他民族——法国、德国、意大利、俄国、日本——像英国那样，把如此大的自由和正义带给地球四分之一的地区，而这主要是因为英国构想并应用了上述两个主要思想。当然，除了争取它们的自由主义者和进步团体之外，很多人反对这些思想。这是一个很好的例子，它显示出有多少种不同的力量发挥作用而形成了我们所谓的历史，而思想能够付诸行动的一个原因在于这一信念，即殖民地将在很大程度上因为这些思想而变得对宗主国越来越没有价值。许多人辩解说，如果贸易不受到管控，本地人不用来为宗主国谋利，那么殖民地岂不是一种累赘、危险和负担，而不是资产？几十年来，这个国家对帝国没有多少兴趣，即使在不反对扩展的时候，这种淡然的心态使得那些试图按照新思想来塑造帝国关系的人可以放手干。这种淡然的心态，我们还会提及，是该世纪末帝国主义以一种新的形式复兴之前的几十年中一个重要的思潮。

确实到了某些东西结束的时候。到处是困境和不满。西印度群岛形成了它们自己的问题，那里的种植园主认为废除奴隶，哪怕是给予补偿，都会损害他们事业的前景，而帝国处境的艰难和危险展示得最为充分的是在加拿大。加拿大只是一个地理学上的表达，六个殖民地——纽芬兰、新不伦瑞克、新斯科舍、爱德华王子岛、下加拿大（魁北克）和上加拿大（安大略）——都是分立的，各有其政府，就是现在已然成为合众国的反叛殖民地盛行的那种政府。旧有的殖民理论政策，以及在地方治理中的相同毛病，使得加拿大诸殖民地已然逐个到了效仿南边邻居半个世纪前的反叛的边缘。

每个殖民地有一位皇家总督和他任命的政务会以及一个民选议会。在这种情况下，在前两者与最后者之间存在着所有的老问题，实际上是不可避免的。有两个因素大大加剧了这种局面。在下加拿大，种族问题变得非常严重，在多数派的法国人与少数派的英国人之间存在强烈的怨恨。英国人人口的增长也没有指望，因为移民对这里不感兴趣，通常往南去美国，或者去上加拿大。政府和司法都在崩溃。因为种族宿怨，这种英国人主导总督和政务会、法国人主导议会的体制不可能做成任何事情，法国人陪审团也不会给予涉案的英国人公正的裁决。居民是无知的，十分在意保持他们殖民地的法国特性，这一想法轻易地受到神父和当地法国人律师的左右，后者中的主要煽动者是路易斯・帕皮诺。他有志于成为一个类似于塞缪尔・亚当斯在早期马萨诸塞的角色，尽管他的思维更属于法国革命者的类型。有人公开宣传从英国独立。1832年英伦三岛发生了霍乱疫情，尽管实施了检疫，还是有移民进入加拿大，法国人真的认为这是英国政府投送传染病过来以毁灭法国人口。发生了一些骚乱，在一场不幸的骚乱中三个公民丧身，情景类似于1770年所谓的“波士顿惨案”(Boston Massacre)。这一事件同样被称为一个“惨案”，用这个词是为了激起人们的愤怒，如对待以前的事件那样。

到1836年政府陷入僵局，英国派出一个委员会去做调查汇报，却提不出任何建议。英国政府随后宣布，如果议会不能为当地的公共目的提供必要的资金，将被伦敦宣布为无效。显然，政府的形式不适应殖民地的情况，变革势在必行。此时已没有时间，约翰·罗素勋爵的违宪决定，尽管必要，在上下加拿大都引起了风暴，导致叛乱。与毗邻的法国人比较，上加拿大（安大略）在感情上是强烈的忠诚者，在意见上更加坚定。忠诚者与叛乱者发生了一些小的冲突，丧身者寥寥无几，后来叛乱者首领麦肯齐越过边境逃往美国。虽然叛乱实际上被镇压下去，但在美国一边，麦肯齐伙同其他难民及边境匪徒继续发起袭击，几乎引起英国与美国的战争。麦肯齐使用美国船只卡罗琳号运送人员和军火，最后在美国水域被英国当局击毁。无论如何，美国人那时对英国的感情都是敌对的，这种公然违反国际法的行为在美国引起了极大愤慨。英国政府不会承认这次事件是官方所为，直到1840年一个喝醉了酒的加拿大人麦克劳德在纽约炫耀说，他就是击毁卡罗琳号行动组的成员之一，而且他自己在那次事件中打死了一个美国人。

他以谋杀罪被送上法庭，而只有这时，帕默斯顿才声称那次袭击是一个官方军事行动，并威胁说，如果当事者加拿大人被判有罪并处以绞刑，英国将立即宣战。由于美国政府的联邦体制，华盛顿不能干预，纽约州州长是一个与帕默斯顿一样惹不起的人。两个英语民族之间的第三次战争的问题，取决于纽约地方刑事案件的一个普通陪审团的裁决，幸运的是，麦克劳德被发现只是一个醉酒和自吹的骗子，实际上根本没有参与卡罗琳号事件。然而，加拿大的动乱显然对英美关系构成了极度威胁，尤其是在帕默斯顿执掌外交事务的情况下。

在下加拿大，叛乱虽然也是小规模的，却更加重要，然而被英国军队镇压下去了，帕皮诺和他的主要同伙奥卡拉汉越过边境逃到美国。很明显，某种殖民地的政府重组是完全必要的。1838年，达勒姆勋爵，加上韦克菲尔德和布勒，被派往北美进行调查汇报。在那个时代的所有英国政治家中，达勒姆，一个性格独特、易于树敌的人，比任何人都更明白什么得成为帝国关系的基本原则。他的著名的《关于英属北美事务的报告》将成为一个经典，可以被认为是现代帝国的基石。不幸的是，达勒姆一到达加拿大，就越权把那些已经逃离加拿大的叛乱头目定为死罪，并把另外八人押往百慕大群岛。这一武断行动使他招到国内以他为敌的人和那些反对他的帝国政策见解的人的合法攻击。他毫无体面地召回国内，甚至被当初指派他的政府所抛弃。

然而欣慰的是，他的思想注定要得到实施，以促进英联邦国家的建立。《报告》的重点是建议在加拿大建立一个十足的责任政府，仿照英国的模式，根据议会或下院多数的意愿来选择行政部门。由于种族问题，这在魁北克是行不通的，因为英国人不会答应被占多数的法国农民永久统治。于是达勒姆建议上加拿大与下加拿大合并成一个殖民地，虽然法国人极力反对，但最后于1840年经由英国议会决定实施。然而，由于一些英国主要政治家如威灵顿公爵的强烈反对，责任政府的准许还要等待数年，直到1847年，时任自由党政府殖民事务大臣的格雷勋爵建立新体制，他指示新斯科舍总督按照议会多数的意愿选择部长，自己不承担政治责任。

换句话说，英国派出的总督之于当地立法机构和政党，实际上几乎如同英国国内君主之于英国立法机构和政党。联合加拿大（魁北克和安大略）的总督额尔金勋爵，在授命时接到同样的指令，他不折不扣地执行了，尽管有时十分不得人心，因为事实上殖民者还没有学会如何管理他们被授予的政治责任。然而，跨越宗教和种族界限的政党开始发展起来，人们开始理解新的体制。

多亏达勒姆和额尔金，自由责任的种子在未来最大的自治领深深扎根，虽然国内许多人认为这样一种制度必然与帝国的统一完全不相容。1852年迪斯雷利宣布殖民地必须全部在几年内独立，其他人也持同样观点。在故事下文，我们将会发现别的殖民地也获得了同样的自治权，逐渐地扩展为今天英联邦成员国之间维持着的这种关系。那些最初在加拿大发起试验的自由党人不仅是在展示高超的、从根本上说是英国特色的政治才能，而且是在显示一种极为坚定的信念，即永久和愉快的联盟只能建立在自由的基础上，而不是靠约束或武力。接下来的一个世纪证明这个信念是充分合理的。

在加拿大的这项试验取得了巨大成功。种族伤口被愈合，脱离帝国的言论停止了。主要基于经济因素与美国合并的危险动向，因新的经济自治和《帝国航海法》的废除而告终。同时，在这一时期，曾不时带来与加拿大南边强大邻国发生战争危险的两个严重争端被解决了，尽管双方都有不满意之处，这可能正表明了决定的公平。

东部的缅因边境长期以来存在争议，但在1842年的《阿什伯顿条约》中得到最终界定。四年后，穿过有争议的俄勒冈地区抵达太平洋岸的边界线也达成了协议。美加双方都曾对俄勒冈边界线有过过分的主张，在美国流行的口号是“54度40分或战争”，指的是坚持把美国北部边界推进到这个纬度线。然而，最后得益于美国正面临与墨西哥的战争，从大湖地区到落基山脉的49度平行线被延伸到海洋，而温哥华岛完全归加拿大。这个国家在帝国的世界历史上前所未有地实现了独立自主，其辽阔土地的边界被明确地划定下来。从任何方面都没有入侵的忧患，它的前景似乎是无限的。

澳大利亚和新西兰的奇迹

加拿大和美国这两个主要讲英语和具有英国风俗的国家的大量机会，妨碍了英国第二重要殖民地澳大利亚的发展。由于绝大部分的内陆地区尚未开发，那里人口增长缓慢，沿海仅有三个广泛散布的殖民地，即新南威尔士、塔斯马尼亚和西澳大利亚。主要掣肘在于距离遥远——离英国1.2万英里——和罪犯流放地的污名。根据1828年的一项人口普查，新南威尔士大约有3.6万人，其中大约2.4万人是罪犯或曾经是罪犯，4673人是自由移民，其余部分是各个阶级的子女。塔斯马尼亚的情况也大同小异。考虑到这些不利条件——距离、成本和罪犯占多数——澳大利亚要发展似乎是不可能的。随后二十年不可思议的进步完全归功于自由党人和殖民地的改革者群体，他们正在迅速地为未来的帝国奠定基础。

韦克菲尔德提出了他的协助移民理论，即资金的筹集，部分通过土地出售（取代土地赠送），部分由政府直接补助。他还有一个关于早期民主自治制度的理论未被采用，但是几年内有1.6万名殖民者迁往新的殖民地维多利亚和南澳大利亚，它们的新建是为了免受罪犯流放地的污名。每年移民数量增长如此之快，以至于自由殖民者开始超过罪犯的人数。国内的改革者也认识到，如果澳大利亚要发展到与它的面积和资源相适的伟大，刑罚制度必须完全废除。没有别的比这些年在加拿大和澳大利亚的事件，更清楚地表明我们已经描述的在英国不同思潮对帝国成长的影响。到1840年，改革者成功地在议会通过了一个法案，停止运送囚犯到新南威尔士，十年后，在26.5万人中囚犯比例下降到不足1%。1853年这项旧制度在塔斯马尼亚也终止了。

随着人口的改变和增长，经济也出现了显著变化。在该世纪之初英国最好的羊毛几乎全部来自西班牙，西班牙美利奴细羊毛被认为是唯一适于制作细平布的优质羊毛。之后货源逐步转移到德意志，英国从德意志进口的羊毛是从西班牙进口的四到五倍之间。但作为拿破仑战争的一个后果，来自大陆的供货基本上被切断了，到1850年西班牙羊毛已经消失，英国一年从澳大利亚进口13.7万包（bales）羊毛，而一年从德国进口3万包。这是一个商业突变的神奇故事，一个曾经被遗忘的荒凉的流放殖民地，现在正在为英国的实力和财富作出巨大贡献。这是一个关于殖民地意义的有趣例子，虽然在当时遭到迪斯雷利等人的蔑视，他称殖民地为套在宗主国颈脖上的磨盘。

澳大利亚人口特征的变化，加上国内改革者的工作，使得澳大利亚殖民地的政治发展成为帝国历史上最令人称奇的片断之一。在改变的环境下，自治得以推行。到1850年约翰·罗素勋爵提出一个法案在议会获得通过，授予澳大利亚每一个殖民地的政务会为自己起草一部宪法的权力，以及对英国和其他国家进入澳大利亚港口的所有货物征收关税的权利。所起草的各殖民地的宪法，紧密沿袭英国宪法，于1855年获得了英国议会的批准，英国议会现在真的成为议会之母。人们是很难理解二十五年中澳大利亚和英国帝国理论发生的令人难以置信的变化。当一个人考量后者时，他会被国家之间的思想时滞（time-lag of thought）所产生的决定性影响所迷住。一个世纪前北美殖民地的政治思想家就已经往前推进到我们刚刚讨论过的英国殖民地改革者的位置。要不是英国的时滞，也许就没有北美独立革命或《独立宣言》，至少在1776年是这样。至于在那种情况下会发生什么，这是历史上最让人着迷的“如果”之一。

在普通地图上，新西兰自治领显然是挨着澳大利亚的，但实际上与澳大利亚相距一千二百英里，它被形容为“比英格兰本身还要英国”。澳大利亚的土著人口是世界上最谦卑的种族之一，对于与白人殖民者的和平与战争几乎没有影响。与之不同，新西兰的土著毛利人，在他们的波利尼西亚人的血统里可能有着白种人（Caucasian）的秉性，是世界上最凶猛的种族之一，即使把食人族算在内。19世纪初，当为数不多的白人拓殖者还处于落后状态之时，传教事业在土著人中尤为活跃，传教士团体的思想观念与殖民地改革者的思想观念相冲突，使得大规模定居问题复杂化。尽管如此，韦克菲尔德、达勒姆和其他人，组建了一家一百万英镑的公司，以按照韦克菲尔德的殖民化理论的总路线，购买土地和派送移民。它本来是想要保护毛利人的利益，但是因为文化冲突的频繁发生，对土地所有权的不同界定造成了严重的问题。正如在早期北美，大约五十万野蛮人声称三百万平方英里的土地属于部族所有一样，在新西兰诸岛，十万毛利人声称对大约六千五百万英亩土地有所有权，虽然他们在其未开化的生活方式中实际所占不足整体的十分之一。这些岛屿从未正式划归英王名下，但是在早期定居者、韦克菲尔德式殖民者、传教士和毛利人把局面弄得混乱，于是需要英国政府采取强有力的行动之后，这些岛屿于1840年归并了。根据《怀唐伊条约》，土著人放弃了所有主权权利，成为英国的属民，以保证他们拥有自己的土地，这显然是一个会在以后制造麻烦的条款。

乔治·格雷爵士至少在当时对这些困难进行了排解，他是在澳大利亚作出了出色的类似贡献之后，于1845年被任命为新西兰总督的。同时，韦克菲尔德、达勒姆等人的新西兰公司，成功地在新西兰群岛的两个大岛上安置了三万名英国人。该公司继承17世纪殖民公司的传统并结合19世纪的人道主义，当它于1852年交出其特许状时，成长起来的六个省被授予拥有高度责任的地方自治。尽管王权保留了从土著人手中购买所有土地并维护他们的部落权利的权利，而且还将有战争和困难，但是几年内政府建立了另一个未来的自治领，并使它沿着加拿大和澳大利亚的政治独立路线启程。

南非和印度的新动向

不幸的是，南非的故事截然不同，那里对局势的操控失误更像爱尔兰的持久而郁闷的故事，虽然问题主要起源于误导的人道主义，而不是任何兼并或镇压的图谋。我们已经了解了拿破仑战争之后开普殖民地是如何获得和偿付的，与美西战争以后波多黎各的情况极为相似。白种人几乎全部由布尔人农民构成，他们具有荷兰人的一切固执，在与世隔绝中已经远远滞后于欧洲新的智识前景。即使到了1830年代，他们的人数也大大超过相对较少的英国殖民者。如果仅仅是一个类似于加拿大的种族问题，即外来白人的中坚部分得被英国人同化或者在数量上超过，问题可能及时得以和平解决。但是存在一个严重得多的种族问题，它使调解单纯的英荷双方的问题的希望化为泡影。这就是非洲黑人的问题。

很明显，白人人口的绝大多数是布尔人，作为原始的宗教徒，没有受过基于英国方针的自治训练，这会妨碍英国以任何地方民主、责任的方式受制于他们，这种方式随后几年就会在我们刚刚讨论过的殖民地被采用。坦率地说，开普殖民地的总督有专断权，尽管处于殖民事务部的严密控制之下，反过来，殖民事务部处在一个以宗教热和人道主义为主题的改革时期，受福音派的控制。不幸的是，他们以传教士的眼光来看待非洲的一切，就像在新西兰，反对任何与土著人有任何关系的人，除了他们自己。在这个殖民地及其临近地区的土著人是卡菲尔人，更远之外是其他不同种族的野蛮人，祖鲁人、马塔贝列人等。所有人都彪悍好斗，就像大海上风暴卷起的波涛，随处可见的数百万黑人一直处在部族战争的动乱之中。据估计，在四分之一的世纪里有一百万人在这种冲突中死于非命。布尔人保持自己免遭袭击，虽然文明程度不高，但远远高于那些主要以虐待、谋杀和掠夺为乐的野蛮人。然而，过于热心和滥情善感的传教士站在野蛮人一边，在英国尤其是在殖民事务部，歪曲野蛮人和布尔人的真实本性。在传教士眼中，布尔人总是错的，野蛮人总是对的。

1834年奴隶制在这个殖民地被宣布为非法，改革运动的另一个影响加剧了局势的复杂性。即使西印度群岛的英国人——他们获得了优厚的补偿，而且可能被期许在相当大程度上分享当时的英国思潮——都将奴隶制的废除看作无妄之灾，那么这次奴隶制的废除怎能不被布尔人看作是一种压迫行为呢？这些人采取的是《旧约》对奴隶制的立场。此外，虽然他们的奴隶数量超过他们本身的人数，他们得到的补偿却只是略多于其资产的市场价值的三分之一，此外还把一个问题甩给他们，即被数以百万计、一心想要诉诸战争的自由黑人所包围的他们，该如何对付被解放的野蛮人。

几乎就在解放之时，数以千计的卡菲尔人袭击了布尔人的边境地区，实施纵火与杀戮。英国总督把他们驱赶回去，兼并了一块另外的土地，只要卡菲尔人不扰乱治安，也就不管他们了。然而在传教士的影响下，殖民事务大臣格莱内尔格勋爵，一个热情的福音派信徒，召回了总督，取消定居点。布尔人觉得他们第一次被掠夺，进而失去了保护。结果是1830年代的“大迁徙”（Great Trek）运动。此前有一些布尔人曾穿过奥兰治河，但现在他们蜂拥而行，大多数以无组织的一帮一伙的形式，首次踏入高草原（High Veldt），也就是现在的奥兰治自由邦，然后进入纳塔尔。与卡菲尔人在纳塔尔地区的战斗威胁到把当地人驱赶到开普殖民地。1842年英国政府出于自卫吞并了新的地盘，后者一部分沿着海岸延伸。布尔人无法管控自己或与卡菲尔人保持和平，这就产生了一个问题：放弃开普殖民地，还是在纳塔尔开辟一个英国统治下的新殖民地。

布尔人经过一些武力尝试之后，放弃了他们新赢得的地盘，现在大迁徙发展到一个新阶段。从纳塔尔出发的大约一万二千人，以及从开普殖民地和高草原出发的人，浩浩荡荡进一步向北进发，与祖鲁人交战，突破了两个最强大的野蛮人部族的抵抗，于1854年确立了奥兰治自由邦和德兰士瓦的独立。

与此同时，英国政府真诚地不急于扩展它的责任，同时受传教士影响，希望保护当地人并引导他们过上一种平静而有序的生活，实行了一个不断调整的政策。它尝试了一个计划，竖起屏障保护土邦，再次兼并布尔人所声称的一部分土地，但混乱只是加深了。在1852年的《沙河公约》和两年后的《布隆方丹公约》中，德兰士瓦和奥兰治自由邦的独立被分别予以承认。然而，国内具有先进的人道主义思想的英国人和头脑尚未开化的布尔人，就土著人问题并没有达成双方满意的解决。虽然大量自由邦的布尔人宁愿留在开普的英国人的有序统治之下，而不是处在布尔人统治的半无政府状态之下，但在大部分现在独立的布尔人迁徙者与英国人之间激起了强烈的怨恨感。

那两个公约是明白无误的，同时又是一个临时的和不彻底的解决方案，某一天将会以一种更加严重的形式重新提出来。到该世纪末，即使在英国本身，它们也将引起尖锐的争论，但在经过长期的瞎摸乱撞之后，最终解决方案终于成为英国政治艺术和特色的一个最闪亮的例子，尽管三代人的敷衍了事更具有典型的英国特色。然而，必须承认，所涉及的问题是这个发展中的帝国的许多问题中最困难的一部分。在那种条件下，自然没有机会赋予别处正在建立的责任自治。

印度的情况显然也是如此，那里仅仅少数英国人维持着对数亿各种异族人的控制。然而，大约在本章所回顾的十年中，在帝国的印度部分充满了一系列重大事件，其影响我们今天还能感受到。它们是那个时代各种力量——包括欧洲的政治和恐惧——的产物，于是产生了那种混合效应，往往在国家生活中使得评论家把其归为道德上的进步或者虚伪。改革的多种力量——教育理想、人道主义以及对土著种族的新责任感——都将在一项新印度政策之下结出硕果，但是欧洲政治和国际竞争也将给东方带来大约十年的战争。

我们已经提到，东印度公司的特许状于1833年到期，时值英国的许多新力量已到紧要关头。这一结果将对英属印度具有极其重大的影响。正如在获取殖民地或属地中的许多其他事情一样，他们原来把贸易公司引入帝国范围内加以利用的时代已经过去了。然而，就东印度公司的情形而言，可以近便地将其保留为行政管理链条的一个链环，但是它几乎完全改变了，新的特许状反映了帝国新的理想。东印度公司现在成为一个纯粹的政治和政府机关，不得不放弃所有贸易权和分红的一切想法。不仅印度人的福利将被我们今天所谓的“盈利动机”所取代，而且《议会委员会报告》还宣布，无论何时只要欧洲人的利益与本土人的利益发生冲突，后者有优先权。报告的建议被采纳。

新特许状也首次在整个英属印度建立了一个单一的统一政府，从而为更好的管理铺平道路。（印度大部分地区还处于独立的本土王公的统治之下。）本土印度人的观点也有相当程度的调整，尽管新思想会不时引发问题，且比在南非引发的问题严重得多。所有英属印度的新法典将以印度的法制为基础，而不是以英国的法律和习俗为基础，麦考莱修订《刑法典》的工作是对印度的发展最具建设性的贡献之一，而且，它规定东印度公司的公职不得以信仰、出生、肤色为由拒绝印度人，这是一个可与美国内战后有关黑人的第十四条宪法修正案相提并论的原则，但是其他变化对未来更加重要。由于东印度公司不再是一个贸易垄断者，旧的许可制度已经过时，所有欧洲人都被允许自由进入这个国家。此外，对印度教育的态度的转变进一步改变了当地人的人生观和志向。麦考莱被指派去调研教育问题，他在1835年的著名报告中提出，不仅要把欧洲学问引入印度，在印度机构中传授，而且鉴于这个半岛存在近一百五十种不同语言的事实，英语被用作通用的教学工具。这份报告被接受和采纳。

随着所有这些多种多样的变化，新思潮战胜了旧思想，激发了当地人的雄心，使得他们越来越多地接触欧洲人和欧洲文化，为所有种族受到更多教育的阶层提供了一种前所未有的方式，来交流他们的抱负和不满的渠道。这样播下的种子，经过几代人之后，就会成长为我们当前的印度运动。今天的甘地等人是1830年代的改革者和人道主义者的自然继承人。要是人口是英国人，这个过程会自然地导向一个一般类型的自治领，而不同情况下的结果将在下文讨论。

当新体制和总督（Governor-General）的新头衔首创时，本廷克为印度总督（Governor），他的任职持续到1836年。我们在上文已经谈到过他废除殉夫习俗和努力根除暗杀行径的社会改革。从他返回英国到1848年的十几年间，在他的继任者奥克兰、埃伦伯勒、哈丁的治下，我们不得不从改革转向战争、征服、鲁莽和英雄主义。至于欧洲的外交政策，现在是帕默斯顿而不是传教士或改革者在英国主导。在这一时期俄国征服印度的梦魇频频萦绕在帕默斯顿的心头。英属印度的北部是一些边境土邦和部落，最重要的是阿富汗人。英国人曾试图与阿富汗人接近和保持友好关系，以作为抵御俄国入侵的屏障。当帕默斯顿发现俄国人已经渗透到阿富汗首都喀布尔时，他立即得出结论：可怕的进攻可能迫在眉睫。

多斯特·穆罕默德（Dost Mohammed）推翻舒贾沙赫（Shah Shuja）——他随即在英属印度避难——的统治，使得阿富汗的局势复杂化。穆罕默德未能控制首都之外的大量国土，而对英国心怀不满。简要地说，鉴于俄国现实的或假想的威胁，总督奥克兰勋爵最终派遣了一支部队去将一位亲善的亲王以年长的舒贾沙赫的名义复位，尽管他被安排到了国王宝座上，但阿富汗人憎恶外部干涉。当英国驻外代表被暗杀之后，在喀布尔的这支小股孤立部队被迫撤退，在试图穿过幽暗的开伯尔山口时全军覆没。这支被困于狭谷的小股英国军队的歼灭，是英国军事力量在印度遭受到的最惨重的灾难。英国威名扫地的感觉如此强烈，以至于下任总督埃伦伯勒不幸地认为，不仅有必要重新夺回喀布尔，而且一旦从阿富汗第二次撤军，就向信德宣战。信德被征服，但是几乎没有什么来证明这一系列行动的正当性。

同时，旁遮普的锡克教徒，拥有一支训练有素的约九万人的军队，在哈丁勋爵主政期间进攻了英国人，只是在英国人经历了最血腥和激烈的战斗之后才被击退。直到1849年古吉拉特战役之后，此时哈丁已被召回，达尔豪西接替了他的职位，锡克教徒最终屈服，旁遮普省被吞并。英属印度现在增加了整个印度河流域，从半岛延伸到喜马拉雅山脉，以及西北边疆的荒原地区。尽管这些形成了英国统治印度时期天然的北部边界，但这种扩展付出了巨大的代价。它之所以发生，不是希望在印度进行扩张，而是遵循帕默斯顿阻止俄国进入阿富汗的努力的一系列事件的自然结果。缅甸人对英国人贸易活动的袭击引发一场新的英缅战争，结果是英帝国在那个小半岛上进一步兼并，占领了后来成为重要港口的仰光，控制了孟加拉湾两岸，与近来意大利征服阿尔巴尼亚从而控制亚得里亚海的情形极为相似。

鸦片战争：不光彩的句号

由于一系列意外的和偶然的情况，不仅英属印度的边界大大扩展了，而且帝国推进到更远的东方，现在包括了与其印度属民没有任何共同点的东方人种。到更远处就是中国，这一时期的英中关系，为改革和其他我们已然描述的运转力量的故事，划上了不光彩的句号。

如我们已然所见，伟大的《改革法案》使国内的中产阶级掌握了政治权力。在相当大程度上中产阶级的兴趣在于贸易，然而，由此也产生了我们前面提到的大部分很高尚的动机和运动。但是在遥远的中国，英国人没有领土的据点，贸易动机是占支配地位的，对不在英国统治下的人民没有一种责任感。中国人一直试图拒外国人于国门之外长达近两个世纪，但有大量有利可图的贸易在东印度公司的垄断下进行，因为有足够多的中国人，自朝廷官员以下，都对贸易利润很感兴趣。

1833年东印度公司的新特许状颁布后，大量的外人纷纷参与对华贸易之中，如同他们1813年涌入对印度的贸易一样。东印度公司通过从印度出口鸦片到中国交换茶叶、丝绸和瓷器，每年盈利约一百万英镑，虽然从1796年起进口鸦片被中国政府（Chinese Government）所禁止，如果我们可以在那个时期使用这一术语的话。在中国官员的纵容之下，贸易是以走私的方式进行的。当东印度公司不再有贸易特权之后，外国商人追求的主要是这种生意。不难理解，禁止这种贸易是为了沾上这种毒瘾的苦难的中国人的利益，而且东印度公司要坚持继续这种贸易也找不到借口。然而，它的代表至少知道如何对付中国官员的无耻勒索，直到新的一大群商人拒绝遵从强行勒索之前，不曾有过任何严重的问题。理论上讲，中国人仍然希望阻止所有外国人和外国贸易进入国内，但1840年和1842年的惨烈战争的直接起因是表面上的，在很大程度上真的是由于鸦片问题，因此被称为“鸦片战争”。

无法与西方武器抗衡，中国人最后被迫同意通过五个条约口岸开放贸易，英国吞并了香港极佳的港口。有人说鸦片贸易的终止会给印度纳税人加上沉重的负担，但很明显，英国人的利益才是目标，而不是对一个异族的任何心慈手软。鉴于鸦片对中国人的危害，赋税问题的答案本该是对印度人纳税制度的修改，而不是对另一个民族的贪婪的放纵。1842年的英中条约，如同十多年后美国人开启了与日本的关系一样，是世界历史上最重要的事件之一。目前的中日冲突——使用着所谓20世纪西方文明的一切致命武器和手段——以及今天东方形势的威胁，都可以被认为直接起源于一个世纪以前西方国家日益增长的贸易需求。那时没有人能够预见到结果，或许本章的很多插曲的主要兴趣在于显示出无法预测行为的结果，无论源自传教士和改革者最高尚的动机，还是源自一心致力于利润的非理想主义商人低俗的动机。在我们称之为历史的绣帷挂画上，所有纹路都是由命运编织的，其中人类的先见之明所起到的作用微不足道。

第八章／维多利亚时代早期

以下几章连续讲述漫长的维多利亚统治，我们必须记住，维多利亚时代的早期与晚期有非常显著的差别：前者是一个真正理想主义的时代，纵然带有强烈的物质主义色彩，而后者，社会更加复杂和现代化，是一个巨额融资（high-finance）和帝国主义兴盛的时期。我们已经讨论过宗教复兴，但应用科学的发展成果在大西洋两岸引起了大量的、如美国人爱默生所说的浅薄的乐观主义。人们相信，正如爱默生写到，“铁路，保险公司，股份公司”和其他新发明将被提高到“一种神圣的用途”，并且“在一个自由和公正的联邦，财富将从懒惰、低能的人滚滚涌向勤奋、勇敢和执着的人”。迎着滚滚财源的无数的英国人真挚地怀着这些信念，它们无疑与大约在维多利亚时代中期把英国经济推向顶峰的力量有很大关系，虽然在“饥饿的四十年代”的艰难岁月里，穷人可能质疑这一学说的合理性，如果他们听说过这个学说的话。

皮尔与《谷物法》

但即使是在这样的时期，重大事件也一直在发生，或将要发生。我们看到了《改革法案》导致旧的寡头政治被推翻，公众在很大程度上重新获得了对政府的控制。社会也更加强调坚持“守护自己的兄弟姊妹”这一简单的圣经教义，国家有责任减轻由于命运不公给不幸之人带来的巨大压力，尽管正如《济贫法》有明文规定，对个人进取心的坚持似乎有些严厉。此外，英国对建立一个健全的世界作出的最大贡献之一，就是放弃作为一个自给自足的帝国的旧观念——这一观念今天正在毁灭人类世界——并对本国和他国展开了自由市场的尝试。在我们所回顾的这一时期，它是世界最强大的国家，控制着所有商贸航线，但很明显，它通过保持所有贸易航线的自由、开放，使自己达到了巅峰。这个介于拿破仑战争与世界大战之间、只受到小型局部战争干扰的和平世纪，是一个各国不再追求自给自足而是相互开展贸易，并心甘情愿相互依存的时期。随着19世纪后期帝国主义完全主导世界，当殖民地开始更多地意味着威望而甚于原材料和市场时，变化如期而至。

当罗伯特·皮尔爵士1841年成为英国首相时，这个国家已遭受了几年严重的商业和农业萧条。此外，自由党人虽然进行了一些改革，但事实证明他们在政府职能的日常工作中极为低效。处理这些事务，特别是把内阁打造成一个集体负责的团队，是皮尔的强项之一，他在其前几任首相之最弱方面证明了自己的能力。与撰写加拿大报告的达勒姆、促成《改革法案》的格雷和罗素，以及其他杰出人物一起，皮尔是三四十年代英国以及英帝国历史上不可忽视的最伟大人物之一，并且由于英帝国在世界上压倒性的影响力，也可以说他是世界上最伟大的人物之一。

而且皮尔的职业生涯特别引人关注，因为它同时显示了随着旧统治阶级的体制及其一切腐朽的迅速消逝而出现的善与恶。他的父亲是一个白手起家的制造商，被封为准男爵，对欧文等人的新思想很感兴趣，并认定有一天自己的儿子也应该成为首相。他的财富确保自己的儿子完成了哈罗公学和牛津大学这样昂贵但能开启前程的教育，使得皮尔二十一岁时获得一个买下的议席，一年后担任内阁办公室爱尔兰事务秘书。这听起来如同最糟糕的18世纪的情况，但是，要说出来就是这样。一个由不需要为钱担忧的领导者组成的、真心希望以一种高贵和独立的方式进行领导的特权统治阶级，可能配不上他们拥有的特权和机会，脱离大多数民众的需求。但另一方面，今天看得更明显，一种民主体制可能表明自身不能产生有能力的政党领袖和国家领袖。

皮尔证明自己是由受过治理之术训练的特权人士组成的贵族体制所能造就的最优秀人才的范例，他为英国所作的贡献，远远超过现代工党党员认为他所享有的极不公正的特权和整个社会制度固有的不公平。我们已经讨论过他执掌内政部时进行的改革，例如力压一百多张反对票而废除死刑，以及创立“警察”或伦敦警察厅，其深远的积极影响惠及所有阶级。虽然他一直把自己视为一个托利党人，但他既能考虑到那些富裕而目光短浅的地主的需求，也能考虑穷人的需求。在1842年的预算中，他不仅自皮特之后第一次征收所得税，为政府财政奠定了一个稳定的基础，而且降低了许多本国制造业商品和农产品的保护性关税。这份为自由党带来盈余而不是赤字的预算遭到托利党人的强烈反对，但1845年，皮尔利用这些盈余废除了大量其他进口关税和所有出口关税。由于大自然的恩赐，除爱尔兰外，英国农业大丰收，加上皮尔建立起了健全的政府财政，国家重新繁荣起来。临时性的所得税制度被保留下来，并持续到今天，但更引人注目的是皮尔在废除《谷物法》一事上的转变。1842年，他进一步降低了浮动关税，结果使得那些支持完全废除的人和那些支持保留的人都感到失望。

与此同时，反《谷物法》联盟的工作在理查德·科布登和约翰·布莱特等人的带领下进行得有声有色，他们的追随者较少，被称为“曼彻斯特学派”。这两人都有不懈的热情和高尚的公共精神，相信自由贸易是一项神圣的事业，而不单是一个经济教条。正如我们所知，皮尔一直与他们同向而行，到1845年，他的态度彻底转变，很可能主要是由于当年发生并持续几年的灾难性土豆饥荒。

皮尔终于认识到，英国不能立即成为世界工场，并为国内不断增加的制造业人口提供足够的食物。鉴于此，而且爱尔兰人数百万饥民几乎就在眼前，对他来说，继续那种仅仅为了地主和农业的利益而使食品人为地稀缺和高价位的制度已经不再可能。《谷物法》通过向包括小麦在内的进口谷物征税，趋于抬高食物的价格或保持食物的高价，皮尔废除《谷物法》的做法无疑是正确的。然而他所在的政党，迁怒于皮尔的背叛，拒绝跟随他，皮尔于12月被迫辞职。当罗素无法组成内阁而保证支持他时，他又于1846年1月应邀复职。到6月，《谷物法》已经几乎整个被废除，虽然直到三年后才被完全废除。民众的呼声非常强烈，出于对革命危机的恐惧，法案在上议院获得通过，如《改革法案》最终通过那样。然而在法案通过的当天，皮尔的爱尔兰法案在下议院受阻。之后六年由约翰·罗素勋爵带领的自由党人执政，得到皮尔及其更为尽职的追随者的支持。

新政府不得不经历国内外的风风雨雨。皮尔已经为受灾的爱尔兰人民提供了力所能及的帮助，但由于在那个不幸的岛屿上存在着佃农与地主之间不变的老问题，社会秩序相当混乱，而那份由首相提出的旨在保护人的生命的法案，已被迪斯雷利及其同伙否决。1847年饥荒加重，据说济贫院里的房间仅能容纳不到3%的濒于饿死的饥民。由于一直以来的爱尔兰难题和仇恨、议会改革的进展缓慢，以及缺乏如此巨大的灾难所急需的有组织的救援，人们大规模地死亡和移民，爱尔兰人口从八百万下降到大约六百万。大部分移民带着他们对英国永久的愤恨去到美国，他们把所有的问题归咎于英国人；令人不快的是，这种情绪直到今天仍然是一个不得不考虑的因素。爱尔兰地主中许多人负债累累，于是罗素在议会通过了一项法案，允许地主出售土地，希望那些有钱的新业主能够为佃农改善土地状况。不幸的是，事实证明结果不是这样，许多新的“有钱”人对待佃农比原来随和的旧地主还要苛刻。其他旨在免去佃农改善土地的投入和防止驱逐佃户恶行的法案最终未能通过。1848年，武装反抗再次爆发，解决爱尔兰问题的任何办法显得比任何时候都更加遥不可知。

同年在英国本土，掀起了新一轮的宪章运动，正如我们已经看到的，提出无记名投票、男性公民选举权、议员领薪、选区平等、取消议员选举的财产资格和议会每年大选等要求。起初这项运动似乎使人惊慌，据说有一份签名超过五百万人的请愿书要递交给议会。计划在肯宁顿公地举行一场大型非法群众集会，但实际参加的只有二万五千人。幸运的是，政府并没有陷入恐慌。集会在地方当局的监督下保持着秩序，没有请求军队的介入；议会接收了请愿书，但发现上面只包含二千五百个真正的签名。那是一个革命的年份，在欧洲大陆处处都有革命分子在活动，奥地利和匈牙利之间爆发了内战，意大利人起义反抗奥地利人。大多数运动都被及时地镇压了，虽然不乏激烈的战斗。为了获得国内安宁，法国选举波拿巴大帝的侄子路易·拿破仑为新成立的“共和国”的总统，任期十年。所有这一切都不过是序幕，接下来在同一代人中发生的事件，将改变欧洲的版图，而作为今天历史剧目最新一幕主角的那些国家将得以建立。

乐观主义与万国博览会

确实，世界变化得很快，但几乎没有人意识到这些变化将证明有多么重要。实际上，1851年人们就在谈论因为自由贸易的胜利，战争年代已经过去，世界开启了和平贸易的新时代。罗素政府因为爱尔兰的天主教会问题下台，新政府由德比勋爵任首相，迪斯雷利任财政大臣，宣布彻底废除贸易保护政策。但就在迪斯雷利离任前，一起能引发致命性后果的事件发生了——路易·拿破仑宣称自己为法国人的皇帝。然而人们对贸易的关注甚于战争，1851年伦敦的注意力完全倾注于在海德公园水晶宫举行的万国博览会上的奇观，而忽视了来自帝国主义或欧洲大陆的危险。

当英国人漫步在引人注目但华而不实的建筑物间，欣赏着其中陈列的无数新发明和其他当时散发着“未来世界”气息的物品时，他们的乐观主义和自我满足感是难以形容的。几个月前，丁尼生发表了《悼念集》(*In Memoriam*)，其中留下了这样的预言：

唯一的上帝，唯一的定律，唯一的元素，
也是唯一神圣的久远之事
全部的造物朝其前进。

以及勃朗宁在新近发表的《皮帕走过》(*Pipfa Passes*)中写道：

上帝在天上——
世界行正轨！

如果说很多人认为那个神圣事件就是英国的伟大将在未来达到鼎盛，这一令人欣慰的信念是有某种依据的。

当然也有阴暗面。在爱尔兰就存在问题，但是历经几个世纪以后，英国人开始认为爱尔兰人的不幸和不满有那么些先天注定——这也是造成他们目前处境的原因之一，以至于对爱尔兰的情况也就不那么重视了。印度则在几年后将出问题，但当时还没意识到。国内也有许多弊病需要及时解决，我们将随即提到，但宪章运动的最后一束火光的熄灭似乎表明，即使工人阶级也不希望扰乱大局。难道同时就没有合力导致好的结果的一些事情吗？

首先是王权与王室的问题。受人爱慕的年轻女王，深深地爱着她的丈夫，显然他们的生活完美无瑕，任何时候都不存在关于他们婚姻生活的丑闻的街谈巷议。不仅如此，王权已经成为人民的伟大和传统的象征，女王对公众保持着她的宪法地位，崇拜几乎取代了厌恶或恐惧。此外，虽然《改革法案》使中产阶级获得了很多额外的权力，足以使他们满意，但阶级观念很少有或者几乎没有，而且新的统治阶级和许多旧贵族都趋向于进一步扩大选举权。议会正在变得比以往更具代表性，让英国人无比自豪的自由制度正在被赋予海外的新不列颠民族。当英国与其他强盛一时的大国相比，如法国、西班牙、意大利等，它或许可以为它在治理自身、维护自由，并将自由赋予地球上遥远的其他国家的独特能力而自得。

万国博览会吸引了英国以及其他很多国家的参与，并为殖民地留有足够的空间，总共分为原材料、机械发明、制造品和艺术四类。除最后一类展品外，整个万国博览会是非常物质至上主义的，展示了当时认为是过去一两代人在应用科学上所取得的惊人进步。下一个伟大的发明——阿姆斯特朗炮，也就在几年后问世，而且虽然科学似乎对所有人预示了更便捷的通讯、更廉价的生产、更丰富的商品，却没有引发我们现时代所熟悉的各种恐慌。科学似乎完全站在更富裕的文明一边，超出了世界过去的想象，英国引领着将科学应用到各种商品生产并将其销往全球各地。超过六百万人参观了一万九千件展品，他们中很多人是平生第一次乘坐新式火车进城，据报道他们吃掉了二百万个小圆面包。对许多参观者而言，万国博览会展示了英帝国所领导的神奇世界的图景。此外，来自全国各地的民众平静而友好地相处，似乎标志着自拿破仑战争结束后困扰社会的焦虑和动荡已经结束，将迎来一个社会和谐安定的时期。

万国博览会，几乎完全由女王的丈夫艾伯特亲王一手操办。不同于大陆举办的一些小型展览，它不仅仅是一场展示，而是影响民族心灵和历史的一件大事。它是一个转折点，也是罗素政府倒台的标志。“维多利亚时代”——这种说法没有考虑到其前后两个截然不同的时期——还要延续近半个世纪，然而它进入了一个新阶段，其中和平主义的梦想，即由自由贸易和创新产业缔造一个和平幸福的世界，将被无情地粉碎。物质主义文化受到马修·阿诺德的抨击，一种工业社会的经济学受到罗斯金的痛斥，而宗教传统和信仰的基础则遭到达尔文和赫胥黎的削弱。虽然万国博览会对参观者来说似乎是通往未来的入口，但实际上是那个迅速消逝的时代的“尾声”。

我们还可以驻足片刻，从当时一些小说的详细描绘中领略万国博览会的部分场景。如同伊丽莎白时代是戏剧的顶峰，19世纪中期是小说的顶峰，没有其他时期能如此清晰地反映在这种文学形式之中。在小说《名利场》(1848)等书中，萨克雷为我们描述了当时伦敦社会的一幅幅难忘的画面，就像安东尼·特罗洛普描写乡村生活、狄更斯主要描写城市里的中产阶级和穷人一样。如果加上盖斯凯尔夫人，她1853年出版了经典作品《克兰弗德》(*Cranford*)，我们就拥有了一个特定时段内这个社会的几乎无与伦比的图景。我们不是从阅读中去了解它，而是身临其境，对英国历史上别的时代都没有这种感觉。作家们为我们塑造的世界是三维的，那些角色的现实感和生动性是我们生活中的许多熟人所不具备的。我们对蓓基·夏泼、乔斯·赛特笠和爱米丽亚，对奥尼姆公爵、普劳迪夫人、索恩医生，对大卫·科波菲尔、朵拉、佩格蒂、萨拉·甘普、佩克斯列夫先生、米考伯先生，[1]以及这个时代小说家笔下的诸多其他角色的了解，远远超过对我们自己的邻居！

1　这三组人物依次分别来自萨克雷、特罗洛普和狄更斯的作品。

错流：下水道与批判的先知

那是一个具有强烈个人主义和"个性"的时代。狄更斯笔下的人物和他所描绘并力求矫正的社会环境没有夸大其词。尽管有水晶宫和许多改革带来的奇迹，社会环境仍然是几乎令人难以置信的粗陋和残酷。每个时代都很复杂，远不是几段文字可以描述清楚的，只能提供一些线索。为了表明描述范围之内的一些情况，我们可以注意到，白金汉宫女王公寓的通风管仍然要穿过公共下水道，据说"还比不上阿尔弗雷德国王[1]的原始住所有益健康"。贝尔格雷夫广场和伊顿广场的高楼大厦以及其他时尚街区，下边都是"存在大量最肮脏的沉积物并发出最恶心臭味的下水道"。这种物质条件典型地反映了当时的社会状况，受过良好教育、享有特权的上层社会居于在恶劣条件中悲悯求生的社会底层之上。

那是招有仆人的"大宅"的鼎盛时期，虽然仆人问题开始令人烦恼。据1850年一项估计显示，在一千英镑收入的情况下，只能维持一个厨师、两个女佣和一个男仆。几年前，年收入五千英镑的主人能维持十三个男仆、九个女佣、十匹马和几架马车。我们必须记得，当时一年十二英镑的工资对一个有经验的女佣来说是很好的报酬了，而且这些为数众多的仆人的居住环境是拥挤和恶劣的。在一些大宅里，三四个男仆必须挤睡在通风不畅的地下隔间里。博览会年给仆人和穷人带来的一个福音就是废除了极不公正的窗户税，该税被法国人保持了多年。

1 即阿尔弗雷德大王（848～899），英国盎格鲁－撒克逊时期韦塞克斯国王，英国历史上唯一被授予"大王"名号的君主。

通风问题让我们看到英国人发展过程中的一两点细节。例如，英国人本来极度喜欢新鲜空气和洗澡，但正如我们之前指出的，不仅贫困家庭可能二十人挤在一间几乎不通风的地下室里，即使大宅，乃至白金汉宫，通风条件往往同样糟糕。供水和洗浴设施的缺乏几乎一样严重。早在1812年，市长大人（Lord Mayor）关于在其府邸安装一个淋浴池的请求在传统的英国式辩论中遭到拒绝，理由是：从来不曾有，因而现在也不应该有。到1832年，在诸如约翰·罗素勋爵等人的家宅里偶尔可以发现安装了固定的浴缸，但在本章所涉的时期，即使在富裕的家庭里也没有得到普遍应用。冲水马桶直到1830年以后才开始普遍使用，被认为是维多利亚时代生活细节的"必需品"。在贫民窟，穷人经常为了从只在白天开放一个小时左右的公共水管前得到几桶水而大打出手，如同从前贺加斯[1]所画的客人们，他们在许多大型度假酒店和私人乡村别墅前排队，为等待可能的一两桶水。

这仍然是一个等级制度非常严格的社会，上至王室和公爵，下至他们的家仆，都有非常精细的等级划分，每个人都清楚自己在各种等级阶梯上所处的位置。男管家和女管家对等级尊卑的强调程度甚至超过了男女主人。如果是大宅，内科和外科医生，要不是最著名的，都应该在管家的房间里用餐，而与主人一家分开，另一方面，仆人之间要求遵守的礼仪相当严格。在家仆人数较多的人家，下等仆人如果与上等仆人一起就餐，不允许在他们面前说话，在吃过肉食之后，上等仆人会移步到女管家的房间去享用布丁和红酒，让第

1　威廉·贺加斯（1697～1764），英国画家，许多作品经常嘲讽当时的政治和风俗，后来这种风格称为"贺加斯风格"。

一男仆代替威严的男管家主持剩下的用餐。

各个宅邸的细节可能有所不同，但核心是，主人阶级的优先等级不是被劳动阶级所憎恶，而是被他们复制过来并在他们自身之间坚持下去。正如我们已经提请注意的，这些只是所有英国社会生活的致密结构的一部分，如果今天英国在政治民主的许多方面领先于美国，部分归因于它的社会生活的紧密组织。

如此的个人主义和富于个性，它不是纯粹的个人主义的原子论。男管家如同男主人一般沉迷于对等级尊卑的同样细节的偏爱，不希望看到主人失去地位和特权，以免在此过程中阿金（Jeems）[1]可能会失去他的地位和特权。有可能上升到地主阶级的农民，甚至乡绅也不希望那些等级被废除。可能上升为制造商人的工人，可能上升为贵族的制造商人，所有人都不憎恶社会秩序和社会特权，像大陆上与他们地位相同的人那样，后者发现自己已经被封闭的等级壁垒挡在门外，徒有社会抱负而得不到实现。

另一方面，没有在新国家的疆域里发生的那种社会关系的解体，那里旧的生活方式、风俗习惯和社会关系迅速消失，政治民主在其简单的环境中迅速产生，但在很大程度上破坏了社会凝聚力。在古老的国家，政治民主姗姗来迟，但是由于社会凝聚力得以保持，在复杂的社会条件下促进政治民主更有保障，而在新兴国家，人们在个人机会和斗争的无序状态中，已经在更大程度上失去了社会责任感。

同时，在英国，特别是农村，生活条件正在改善。部分由于

1　美国作家玛格丽特·米歇尔所著《飘》(1936）中的佣人。此处依傅东华译本。

宗教运动，部分由于受欢迎的王宫的垂范，绅士和贵族变得更“文雅”，至少是正派的，不像乔治时代的约翰牛（John Bull）[1]那样粗俗。教士们也变得更有教养，更自觉地履行他们的精神职责。普通人的阅读习惯也正在迅速流行起来。虽说宗教性与感伤性的小说和小册子有巨大销量，例如教士里士满（L. Richmond）的《乳牛场主的女儿》卖了二百万册，但大多数人阅读最多的书还是《圣经》《鲁滨逊漂流记》和《天路历程》，它们被公认为比今天砍伐森林做出纸张所提供的东西更有益于普通人吸取精神食粮。

我们已经谈到，小说家们从艺术的角度塑造了这个时期的主要辉煌。建筑方面是微不足道的，堪称不朽的艺术不幸地归于艾伯特纪念塔，它于1866年[2]竣工，耗资十一万英镑。最能描述它的话来自科克雷尔教授[3]的小孙子，他拖着保姆的伦敦腔说，“妈妈，它是个装饰品”。在绘画方面，兰西尔（Landseer）是一个时代最受欢迎的艺术家，这个时代几乎仅仅依靠透纳的作品使艺术史光彩夺目，而尽管有罗斯金的欣赏，透纳的作品还要经过漫长的等待才能获得承认。

在诗歌方面，我们已经提到过最杰出的两个诗人——丁尼生和勃朗宁。丁尼生大体上是维多利亚时代的。如果在维多利亚统治末期的一个中产阶级妇女，观看完莎士比亚的戏剧表演，能够就《安东尼与克利奥帕特拉》发出感叹：“怎么不像我们亲爱的女王的家庭

1　来自苏格兰讽刺作家约翰·阿布斯诺特（1667～1735）的《约翰牛传》，此后成为英国和典型英国人的代名词。

2　原文如此，似乎应该是1876年。

3　此处应该是指查尔斯·罗伯特·科克雷尔（1788～1863），1839年在英国国家美术馆设计者威廉·维金斯去世后，被任命为皇家学院建筑学教授。

生活呢？”那么丁尼生所描写的，则太像那种家庭生活。他在用词和韵律方面艺术高超，而思想不算深邃，最能表达那个时代的大众情感:“亚瑟王”——英国人对传奇和历史的着迷;“宗教信仰”——在宗教复兴视域下特别有吸引力；以及“自由制度”——那个时代的理想。从他的备忘录中选取这三个词条可以解释为什么他是唯一仅凭诗歌创作成为贵族的英国诗人。这种评价似乎还不够，因为他写出了英语诗篇中最难忘的、最频繁引用的一些单句和诗节，虽然他乐意提出生活中各种深层次的问题而只留下问号，以表明他所生活的时代的转型特征。出于对新科学的浓厚兴趣，他拒绝面对答案，甚至拒绝提出太令人不安的问题。

丁尼生的笔下，好似在一个宁静的下午，身居乡间小屋，门外一望无际的草坪缓缓延伸而下，直达恬静、蜿蜒的泰晤士河。我们发现勃朗宁有着完全不一样的旨趣。为了攒足够的钱结婚，丁尼生将他的婚姻推迟了十年，而勃朗宁与伊丽莎白·巴雷特私奔，带她去意大利，一年时间几乎无以为生。除莎士比亚外，英国诗人中或许没有谁的人物角色比勃朗宁笔下的更丰富，他对人类问题和人格特征有无穷兴趣。虽然他在抒情诗方面极有天赋，但他的诗通常晦涩费解，他的戏剧适用于学术研究而不是舞台表演，很奇怪他为什么不尝试当时主流的文学形式——小说。把这一时期细分，我们可以提到斯温伯恩那让人陶醉的措辞和韵律、马修·阿诺德从诗歌到散文的转变，以及爱德华·菲茨杰拉德运用意译和重组的方法于1859年翻译出版的波斯诗人莪默·伽亚谟的《鲁拜集》，它至今仍然是英语中引用次数最多的诗集之一。值得一提的是，莪默在波斯人眼中只是一个三流诗人，而“鲁拜”在波斯语中意为“四行诗”，但经过菲茨杰拉德的翻译和整理之后，《鲁拜集》成了一部全新的诗集，它的悲观主义和不可知论适合后来的一代的心境。在回顾维多利亚时代中期的文学和艺术时，斯温伯恩的感官异教和费兹杰拉德的妙手成章是不能忽略的。它们与《工厂法》、乐观主义、糟糕的家居艺术、客厅角落的摆件之类的东西以及茶桌上的纪念品，同样是那个时代的图像。

在威廉·莫里斯的带领下，人们对大部分家居陈设的可恶做出了反应；他同时是一位接近一流的诗人，在艺术上也是一位拉斐尔前派的先驱。他代表了那个时期的迷茫。除了其他方面，他是一个壁纸设计师，一个精美印刷艺术的革新者，一个诗人，一个散文家，一个社会主义者。他表达了那个时代很多艺术和社会方面的愿望，尽管在很多方面领先于那个时代。

另一个影响更大的作家是约翰·罗斯金，他通过艺术和艺术家气质来探讨社会问题。过于华丽的散文为他赢得了大量的追随者，尤其是许多年轻人，他们将在下一代人中成为领袖。他为艺术和公共生活辩护，认为美、慷慨和一种真正的共同体精神应该发挥主导作用，以反对纯粹的赚钱动机，这种动机导致近代工业主义正在毁灭传统英国生活中很多有价值的东西。他的辩护具有深刻和令人称许的影响，尽管他的理由缺乏全面的经济认识，颇显天真。近代文明不理会莫里斯的超前思想，也不可能为了取悦于罗斯金而从机器时代倒退。可是，虽然现实社会错杂难辨——维多利亚风尚的拼图、偷工减料建成的城镇，以及工厂烟囱冒出的浓烟使得古老而甜蜜的乡村日益灰暗——他们的声音如同沙漠中先知的启示，最终会起作用；在充满着他们不曾想到的恐怖的新时代，他们的潜在思想将开始被人接受。

对旧的公认社会观念和宗教信仰的削弱，开始在赫伯特·斯宾塞的作品中反映出来，作为达尔文和赫胥黎的先驱，斯宾塞对人的发展提出了科学主义的观点。还有莱尔（Lyell），他写下了《地质学原理》和《古代的人》；巴克尔（Buckle）写下了《英国文明史》；莱基（Lecky）接着出版了欧洲理性主义和伦理道德的历史著作。与这些真正改变了思想氛围的著作相比，麦考莱的《英国史》，尽管为他带来了巨大的声誉和经济收入，和他的许多文章几乎没有持续的影响力，这与当代的情况不同。由于视野狭隘，他相信世界将步入正轨，但不是如果“上帝在天上”，而是如果辉格党在台上。他对变革时代的阴暗面没有一点愤慨，而正是这些阴暗面激发了罗斯金或卡莱尔拍案而起。

卡莱尔，一个总是憎恨虚伪和不公正的人，自己也逐渐沾染了一些这类毛病，但他不遗余力地热切而又强有力地讨伐维多利亚时代最简单而又最坏的假设：关于经济制度必然的好处，以及强调自身性格中个人特长的价值。他激发了整个时代，就像密尔的《论自由》(1859)所产生的影响一样。简要地列举和评析几个主要作家可能会冒错误地勾勒一个时代的风险，但可能足够表明我们所讨论的这一时代的错流（cross currents）。例如丁尼生，作为诗人对新科学引发的问题与对亚瑟王神话一样着迷；莫里斯，对糟糕的家居艺术的反叛如同对社会制度的反叛一样；罗斯金，作为评论家捍卫透纳和艺术，更是被工厂和铁路逐步渗入的机器时代的罪恶深深触动。这样的例子不胜枚举。兴趣的广泛表明这个时期的一个主要特征，就是相信任何事都是“值得的”。人们相信政治和社会改革会带来无限的可能性，相信新科学，相信自由贸易会带来和平。他们觉得自己即将进入一个新的、更自由、更快乐、更富裕的世界，即使那些眼光局限在增加自己财富的人。这就是维多利亚时代的前半期。

许多方面的情况可能是糟糕的，但科学和自由的政府可以把一切修正。1848年的《公共卫生法》，作为中央政府增强对地方政府控制最重要的一项进步，就是一个例子，表明议会如何能够像解围之神（Deus ex machina）[1]一样纠正所有弊端，如同自由贸易可以为战火纷飞的世界带来和平。

克里米亚战争：提灯女神

但是，英国以外的世界也在变化。在大陆，拿破仑二世复辟帝制，权力的脆弱平衡就像风暴中的大海一样起伏不定。尤其是东方问题再次降临，还有被俄国沙皇说成是"欧洲病夫"的土耳其的问题。

法国和俄国都为基督教所珍视的一些地方，尤其是圣墓堂（Holy Sepulchre）的归属问题，进行了一些外交活动，但两国都对苏丹的提议不满意。实际上还有更大的问题卷入国际政策错综复杂的联系之中，俄国提出瓜分土耳其帝国，建议英国夺取克里特岛和埃及作为战利品，但遭到英国拒绝。土耳其对待基督教徒和臣服民族无疑是恶劣的，但如果土耳其帝国消失，世界上最重要的地区将出现一个真空，纷争和世界大战的狂风将骤然而来。俄国的眼睛一直盯着君士坦丁堡，视其为一个不冻港和攻击一些世界上最重要的海上航线的据点。另一方面，英国一直担心俄国威胁印度，真实的或想象的。大国之间的局势一点点地恶化，在土俄战争爆发后，英国

1 古希腊和罗马戏剧中被介绍进剧中以完整剧情的神。

作为法国的盟友立即被卷入其中。

战争本身并不光彩，虽然它以俄国的失败而告终。它葬送了外交官、政治家和将军的名声。英国驻君士坦丁堡大使违背首相阿伯丁的意愿，助长了敌意发作，后来阿伯丁辞职让位给全心支持战争的帕默斯顿。在战场上，英军司令拉格伦勋爵表现无能。陆军部的管理完全失灵，连为仅仅两万人的远征军提供食物和医疗补给都可悲地失败了。只有一个人，一个英国女人，弗洛伦斯·南丁格尔，在这场战争中获得了不朽的声誉。

战争的后果与军事行动完全不相称，这里无需多说，或者说与和平条约的正式条款极不相称。路易·拿破仑，一个有拿破仑一世的野心而无他的能力的人，发挥出精明的手腕，使法国从这场冲突中成为欧洲大陆的主导大国。老练的意大利政治家加富尔也把手腕耍到了极致，在拿破仑的帮助下，向站在俄国一边的奥地利发难，成功地把对奥地利统治的控诉传遍天下，为意大利将来的独立和统一铺平了道路。

对英国来说，战争的结果体现在精神上而不是物质上。自由贸易被证明不足以维持世界和平。1854～1855年可怕的“克里米亚寒冬”显露了英国总的无能，来自水晶宫的洋洋自得的满足感被这种揭穿的真相理所当然地粉碎了。塞瓦斯托波尔城外的英军状况，是由第一个现代战地记者、《泰晤士报》的威廉·罗素对公众发出的，给万国博览会的激情享受浇了一盆冷水。由于随之而来的英国选民的愤怒，由官方委派去帮助照顾伤员的南丁格尔小姐被授权筹组妇女从未担负过的工作。在困惑不解的陆军军官面前，她所完成的工作几乎是令人难以置信的。在英军正遭受严重伤病减员的斯库台（Scutari），她建立了第一所现代后方医院，使英军死亡率从42‰降到了22‰。此后的几年，她救助了多少人已经无法统计，因为她的工作不仅仅是一场小型战争中的事件。战后她不但继续工作，重建陆军医务处，而且由于她的影响，国际红十字会也在1864年的《日内瓦公约》中产生了。她就这样不经意地提升了女性在公众心目中的地位，在全球各地所有诸多方面的女权运动中都感觉到了她的名字的魔力。

那些战役的名称——阿尔玛战役（Alma）、巴拉克拉瓦战役（Balaclava）、英克曼战役（Inkerman），连同包围和攻陷塞瓦斯托波尔的战役——都被载入军团荣誉册，有助于军团精神建设，而这种精神在英军历史上如此关系重大。即使在三年战争的漫长记录中他们犯下了一个最严重的错误，但烈士们所表现出来的为国捐躯的英雄主义精神，已经融入这个民族的精神生活，如丁尼生的《轻骑兵的冲锋》一样名垂千古。

在更大的国际舞台上，这场相对不重要的局部战争证明意义重大。从此，意大利逐渐归于统一。法国表面上成为欧洲大陆的领袖，模仿拿破仑寻找头顶的荣耀，却招致奥地利和英国的反感。几年后，当俾斯麦领导下崛起的德国应该收拾它时，德国将被允许以自己的方式行动，之后一系列事件纷纷上演，直到我们这个多事之秋。“病夫”被宣布恢复健康了，到目前为止，博斯普鲁斯海岸没出现国际真空。至于和平会议，列强达成了《巴黎宣言》：废除私掠船制度；封锁必须有拘束力，被认可；对于中立国船舶的敌国货物，除战时违禁品外，不得缉拿。

目前，也许对未来不妙的是，战争似乎带来了一种沙文主义者的精神。当帕默斯顿以他惯用的高压手段，尤其是对较弱的国家，使英国卷入了与中国的第二次战争，议会就此事迫使他下台，但他又获得大多数选民的支持而复职。也反对过克里米亚战争的科布登和布莱特，回到他们的家乡选区竞选，都失败了。法国再次加入争斗，而中国不敌有现代武器的欧洲军队，不得不承认在北京的外国代表，开放天津等几处通商口岸，同意鸦片交易获得官方地位的规定。作为对杀死二十个外国人的惩罚，皇帝美丽的圆明园惨遭焚毁。

这件事多少不快地揭示了脾气暴躁的首相的性格，即他特别喜欢这种故意破坏行为。另一件有趣的事情是，出于对未来着想，虽然法国人参与了这场战争，但他们和英国人之间的感情已经成为这样，以至于一个问题被提到英国内阁面前：是否让远征军装备旧式来复枪，这种枪已经足以对付中国人，而不是装备新式的阿姆斯特朗炮，以免新武器的秘密可能被法国人知晓。与此同时，英帝国内部一直有重大而令人欣喜的事情发生。在讨论最惊心动魄的印度暴动之前，我们先讲述发生在加拿大和澳大利亚的更单调乏味的，但从长远看几乎同样重要的事件。

进入成年与来自黄金的加速

1854年可以作为加拿大历史的一条重要的分界线。这一年额尔金勋爵卸任，他做了大量工作，以引导加拿大政治家沿着责任自治的新道路前进，如人们所说，他是最后一位“殖民地总督”（proconsul）。从此以后，政治中心从总督转移到了总理。加拿大已经长大成人，学会了如何把自己作为一个国家来处理，以及如何运用宗主国自愿而和平地赋予它的那些自由的政治工具。虽然这样的故事还要在世界其他地区——那里不列颠的儿子们已经建立了新的英国——重复，但在加拿大历史中还是有些格外鼓舞人心的东西，因为它把全新的理念和关系带入帝国悠长而哀婉的故事。

就经济利益而言，加拿大虽然占据着面积比美国更大的领土，但不及美国丰饶多产，人口很少，自然将被卷入美国的商业轨道，就像锉屑对于磁铁不可抗拒一样。在额尔金总督统治的最后几年里，人们大谈合并的好处，以及像他们伟大的南方邻居一样，采用十进制的货币体系代替古老的镑、先令和便士。这些已被视为不祥的征兆。然而，它们只是证明了统一中可以有多样性。额尔金与美国签订互惠条约的长期努力获得了回报，他满意地知道问题已经解决，虽然在他卸任回家之前，协议文本还没有签字。这在关键时期解决了经济利益对政治和情感利益的引力问题。

随着除墨西哥外、一同瓜分整个北美大陆的两个国家的发展成熟，兼并的问题消失了。加拿大完全有理由以作为英联邦中的姊妹国家（sister nation）的身份而自豪，而美国人也有理由为大约五千英里不设防的边界和它的邻居而自豪。虽然从这个个案的性质不能得出保证，但我无法想象美国在加拿大受到进攻时不会去援助它，另一方面，也不可能想到美国会进攻加拿大，正如一个男人不会攻击他的妹妹。如果说现在美国和加拿大之间维持的关系，构成了这个被对战争的仇恨和恐惧撕裂的世界的一线希望，这很大程度得益于维多利亚统治下英国政府的智慧；不幸的是，乔治三世时期已经很难见到这种智慧了。

正如我们所见，澳大利亚的早期殖民地都已经拥有了责任政府，主要在韦克菲尔德体制下，大量土地得到了开垦，人口也相应增加，因对这个偏远的岛屿大陆感到陌生而并发的恐惧已经终止。它肯定会是一个完全英国式的自由国家。在本章讨论的1850～1860年间，澳大利亚最重要的事件是大量黄金的发现和矿井施工。大约从1823年起，零星的金矿就被发现，但只是在这十年中，黄金才改变了这个国家。在1851～1861年之间，从地下挖出来的新财富全部价值约1.24亿英镑。自然，世界上所有地方的"淘金热"相伴生的后果，这里也会发生，此外还有管理矿场和矿工的诸多尝试，以及这个国家已知的唯一一场（小规模）叛乱。

还有一些根本性的影响。羊毛已经成为最重要的物资，如同棉花在美国南部的地位。无论如何，澳大利亚会在呼吁和挫折中继续它的繁荣。铁路会有的，蒸汽船会满载越来越多的货物驶向世界各个港口。人口也会增加，哪怕没有发现金矿。关键是黄金极大地加速了每一项行动的进展。正如一句话所言，黄金"使一个殖民地骤然成为一个国家"。在这个时期之初，人口只有40万多一点，但十年后人口数增加到了116.8万。

变化不仅体现在数量上，而且体现在素质上。我们已经提到过思想观念在英国和欧洲大陆激起的波澜，紧接着大量人口涌入澳大利亚，使其人口增加了将近三倍。在一个关键时期，旧世界的自由、民主乃至革命思想，就这样传播到了这个在澳大利亚和新西兰形成的新国家。结合宗主国政府的态度，我们发现，比起几十年前的罪犯流放地，澳大利亚要进步得多，有一种自立自强的新国家观。

从1855年至1859年，新南威尔士、维多利亚、塔斯马尼亚、南澳大利亚和昆士兰这几个殖民地都先后建立了责任政府，立法机构各种各样的立法出台表明了一种独立但不想脱离帝国的态度。其中值得一提的是，它们坚持保留黄金税收的当地控制权，支持维多利亚反对君主特权的立场，通过了限制中国移民的法案，以及开始了有些独特的澳大利亚劳工立法。对于所有白手开拓的新国家来说，就像美国在其早期阶段一样，先驱们纵然有爱好，也很少有时间追求艺术欣赏的情趣。因此从这个意义上说，在这个时期考虑任何殖民地文化还为时尚早，但到1860年，各种更大的殖民地，即后来的自治领，已经开始发展自身鲜明的特色了。那些生活在加拿大、澳大利亚、新西兰甚至南非的英国人，虽然主要还是英国式的，但在每一块新土地的改变的环境中，在性格和气质上，已经变得不同于那些留在定居多年而又舒适的小岛上的同胞，就像美国人，即使是英国人的后裔，在许多方面已经大不相同了。

印度兵变

印度，其本土人口众多，英国人口差不多就是一支守备部队，总是出现与其他自治领和殖民地不一样的问题。1857年的一些可怕事件，被证明是这个国家历史的一个重要转折点。最好记住，那场大兵变是军事事件，而不是平民叛乱，虽然在导致事件发生的多种因素中，有一些具有民事性质。达尔豪西勋爵担任总督期间进行了许多改革，并且建成了英式的国家总体架构。例如，远在英国国内行政部门达到同等水平之前，整个印度的文官都要在英国公开进行竞争性考试。但是在很多方面达尔豪西推进得太快，超越了印度人的舆论和偏见。

印度的一些土邦只不过是世袭封建政权，为暴虐、腐化的统治者所掌控。在英国的这个边疆里也有大土地所有者，他们不是英国意义上的地主，而是从不幸的农夫身上榨取一切可能的财富。为了纠正土地所有者的滥权，达尔豪西动用他的特权，不承认收养的继承人。当地统治者通过这种对自己有很大优势的手段能够永续他们的弊政，即使没有自己的子嗣。在当时的条件下，是希望这种“失效”（lapse）政策，将逐步带来一个更加统　和简单的政府，而这样一个统一政府，连同一些名义上还是独立的当地土邦，被认为将能为一个自由的农民阶级提供更好的条件，让他们拥有自己的土地。为达到这一目的，一个委员会受到任命去调查头衔，在德干地区没收了近两万个大庄园。自然所有这些动作引起了大量的不满。否认收养继承人的做法与古老习俗截然对立，而且一些头衔可疑或者贪婪的地主，对于失去他们有权主张的财产怒不可遏。毫无疑问，在这个事件中，也存在许多对个人不公正的案例。

此外，印度认为它被西化得太快了，没有顾及它的信仰和习俗。新建的铁路，尤其是电报——后者在兵变中拯救了印度帝国——被视为恶魔。印度教徒和穆斯林，如同谴责基督教传教士的很多行为一样，认为许多新法律会破坏种姓制度以及他们的宗教生活和家庭生活。然而，在过去数百年来都未能统一的印度，总有一些群体，他们彼此之间不满，同时也对英国人怨声载道。要是军队中没有这些特殊的抱怨，可能就不会有反叛的发生。

根据“失效”政策，好几个土邦被兼并了，其中包括奥德这个大省，被接管的原因在于其统治者严重治理不善。仅仅这个省就为孟加拉军团贡献了大约四万名士兵，同时也是在这个省和这个军团，不满情绪最突出。无论如何，这个军团的士气和忠诚度已严重下降。当1856年坎宁勋爵接替达尔豪西出任总督时，他发现几乎不可能将部队调到缅甸服役，因此他修改了服役条例，以便新兵不得不同意到任何指定地区服役。

如此在国外服役，他们看到了丧失他们的特权地位——也许还有种姓——的可能性。这里要提请注意的是，种姓制度不仅仅依赖于道德生活或信仰，还很大程度上依赖于纯粹的物理行为的复杂分类，如与其他种姓的人的接触、食用被禁止的食物等。规模不大的英国军队已经被克里米亚战争和其他地方对部队的需要大大地消耗了。在所谓的孟加拉军团驻守的辽阔区域，英国兵与印度兵或者叫土著兵的比例大约是1∶25。印度人对英国的真实实力也有一些荒谬的看法，据说许多人认为几乎所有的英国人都已经在印度。虽然英国的军官仍然几乎完全信任土著军团，孟加拉军团仍感愤懑，在濒临兵变之时，英国所犯的一个愚蠢的错误点燃了导火索。

我们已经提到过在克里米亚战争中伦敦军事当局表现出的无能，以及在印度人们害怕因吃某些禁食而失去种姓。还要提请注意的是，种姓制度不仅仅是一种社会体制，而是失去宗教种姓，即使是无辜引起的，意味着最严厉的惩罚，不仅针对今生，还有来世。就在孟加拉军团的情况处于最糟糕的时候，部队引进了新的恩菲尔德式步枪，使用它时要求用牙咬掉子弹一端的涂油包装纸。据说，而且不幸属实，所用的润滑油是由牛脂和猪油制成的。英国人故意这样做是想打破印度士兵的种姓并侮辱穆斯林，因为印度教视母牛为神圣，猪则是穆斯林的禁忌。这样两者被统一在对立中。英国人没想到这一点，但危害已经造成。

第十九步兵团拒绝使用这种子弹并拒绝服从解散的命令，第三十四步兵团也出现了这样的情况。不服从越来越多，但没有采取任何措施来缓和士兵的情绪。当第三骑兵部队的八十五名士兵被判十年监禁的时候，风暴骤起。没有驻扎一个英国步兵团的德里被反叛者攻占了，然后是勒克瑙（Lucknow）除欧洲人居住区外的所有地区，然后是坎普尔（Cawnpore）。

幸运的是，1855年达尔豪西和约翰·劳伦斯（John Lawrence）——对印度作出了诸多贡献的著名三兄弟之一——与年迈的多斯特·穆罕默德签订条约，坎宁帮助他抵御了波斯人对其首都赫拉特（Herat）的进攻。结果，阿富汗和西北边境的局势对英国人来说是安全的，同时——也是那些谴责英国在印度的一切殖民统治的人要考虑的事情——信德、旁遮普、阿萨姆、南印度、马德拉斯和孟买、迈索尔、拉杰普塔纳、海得拉巴和马拉塔的所有王公，以及孟加拉的大多数王公们，都保持忠诚。

考虑到英国人在资源上的无足轻重和所提供的机会，当时是印度人摆脱英国控制的天赐良机，要是确实有这样的愿望。实际上，没有这种愿望，加上印度领袖的派系之争由来已久，阻碍了任何形式的大联合。没有援军赶到印度，直到事件由在那里的少数英国人和仍然忠于英国的当地人最终决定。在极端困难的情况下，英军于9月收复了德里。

几天后，已经为英国人收复坎普尔的哈夫洛克（Havelock）和内尔（Neil）出兵增援勒克瑙的欧洲人居住区，在那里，亨利·劳伦斯爵士已经坚持了一场漂亮而艰苦的防卫战，直到为国捐躯，它也成为令人自豪的英国传奇故事之一。在柯林·坎贝尔爵士带领的援军到达之后，还要付出很多努力，但是仅仅由少数英国士兵和平民，在忠诚的印度人的帮助下，紧紧攥住了英帝国最华美的明珠，他们很可以炫耀说："我们独自做到的。"

不幸的是，叛军树立了杀害平民包括妇女和儿童的先例。在形势看似不可能的可怕压力之下，英国人开始了反击。由于身陷重围和被叛军的暴行所激怒，英军的情绪上升到了十足的嗜血程度。双方在战后都不敢自豪地回顾他们发动的那场战争，印度人在坎普尔对英国妇女和儿童实施了大屠杀，英军也以残忍的暴行报复印度人，无论无辜还是有罪，一时间地狱的力量似乎被释放出来。

虽然兵变后种族之间的裂痕与之前的情况相比可能被夸大了，但毫无疑问，兵变给种族间关系留下了几乎难以抚平的伤痕。多少年来印度犹如一片浩瀚的大洋，其中征服者和王朝的兴衰更替如波涛翻滚，但现在看来，外来的英国统治与以往有所不同，也不容易摆脱。在随后的岁月里，随着英属印度殖民地的增加和更多英国妇女的出现，形成了一种新的等级制度，在宗教、文化和感情倾向方面统治者都是陌生的。

此外，英国人也改变了态度。1858年，过去曾发挥了重要作用的旧东印度公司被降级为摆设机构，由英国政府掌管，公司的总督（Governor-General）成为女王的副王（Viceroy），几年之后（1876年），女王自己加冕为女皇的称号。军队也最终完成了整编。在兵变时，所有军队中的土著士兵大约有20万人。到1863年，土著士兵有14万人，英国士兵有6.8万人，而土著士兵中很大一部分是锡克教徒和廓尔喀人，他们在战场上英勇善战，忠诚可靠。大炮也因此完全保留在英国人手中。

对待土邦的政策也有所改变。自兵变以后，不再有兼并，但还有大约六百个独立的、面积大小不等的土邦，最大的海得拉巴超过整个英国的版图，小的实际上每个只有几百英亩。如果达尔豪西时代的政策能延续下来，情况可能会更好，结果会是一个更加统一的印度，但当时没有人可以预见英国有一天会像对待不断增加的、由自身人民构成的自治领一样对待印度。土邦、种族、语言和宗教的混乱一团，凝结成兵变前的状态，使得今天一个拥有责任自治的印度的问题大为复杂。

第九章／转折之年

我们的故事在1867年达到了一个明显的转折点。这一年也确是帝国历史上值得注意的一年。它见证了在南非钻石的发现以及由此产生的巨大影响、加拿大邦联的建立，以及英国国内帝国情绪开始发生的明显改变。也就是这一年，通过了第二个伟大的《改革法案》，迪斯雷利和格莱斯顿之间长期的政治角逐即将登场。这两件事将使政治展现活力，并倍受关注——这种关注已经消失了近一代人的时间。从前一章结束到这一年之间，充满了许多故事，尽管国外相安无事，国内缺乏牵动人心的议题。

在欧洲大陆，现代欧洲正在快速成形。在北美，世界上已知的最大规模的内战，正在美利坚合众国的北部和南部之间进行。所有这些举动都与英国有重大的利害关系，事实上，比它当时意识到的还重大得多。

“未来事物的雏形”

意大利半岛和邻近岛屿上一些小城邦国家的人民，曾多次试图摆脱奥地利可憎的奴役，都以失败告终。除非能劝说一个一等强国对抗奥地利，否则难有作为。1859年，加富尔伯爵以其远胜于其他鲁莽革命者的政治才能引导了这场运动，他劝说拿破仑三世和撒丁国王扮演了所需的角色。除了其他动机，可能拿破仑三世对军事荣耀的热望，以及这一诱惑——即他若坚持法国兼并萨伏依和尼斯，那么奥地利不得不做出让步——也发挥了作用。

这个曲折漫长的故事的细节不在我们的主线之内。简而言之，加富尔迫使奥地利对撒丁宣战，之后法国介入，拿破仑三世赢得了马真塔战役和索尔费里诺战役的胜利，然后撤离。但是人民运动已经在意大利半岛全面爆发，势不可挡。到了1861年，撒丁国王维克托·伊曼努尔二世在都灵宣布意大利王国成立，统治包括西西里岛在内的整个国家，而威尼斯和教皇国除外，它们分别于1866年和1870年并入。奥地利的实力和威望大幅缩小，一个新的大国诞生。就其特色和不可思议的整体戏剧化过程而言，几乎没有别的故事比在经历几个世纪的分裂和压迫之后意大利的统一和重新崛起更让人着迷。随着欧洲均势的改变和自由议会制度在新王国的建立，自由主义的太阳似乎正在迅速升起，保守思想正如落潮退去。但当时没有预见到，意大利人建立了一种他们没有受到足够训练或许缺少政治才能来维持的政府。这无意中为古罗马帝国主义的复发和墨索里尼的独裁统治铺平了道路，而不是意大利复兴运动的领袖们所期望的自由主义和自由。

与此同时，虽然帕默斯顿和英国人以极大的兴趣和热情关注着意大利的崛起，而且“帕姆”一直与拿破仑三世保持着友好关系，但法国对尼斯和萨伏伊的兼并立即引起英国对法国的反对。早先更强大的拿破仑一世的野心已经使欧洲和英国付出了太多的、难以忘却的代价。与这个暴发户法国开战似乎无法避免，但事情出现了转机。理查德·科布登在帕默斯顿内阁的财政大臣格莱斯顿的支持下前往巴黎，证明了拿破仑三世的真实意图是通过商谈一项贸易条约来避免与英国开战。这个条约对于自由贸易而言是胜利，但在法国不受欢迎。或许为避免战争所做出的努力的最好结果，就是格莱斯顿巩固了与科布登的友谊，以及开始了与约翰·布莱特的友谊。

意大利的斗争已经成为一场以解放和自由为目标的全民斗争，在这方面它与今天另一个大国的统一过程有很大差别。与意大利相似，德意志长期以来只是一个地理概念，由一堆面积和实力悬殊的独立邦国组成，其中普鲁士最具野心。虽然这个国家有一个名义上的议会制政府，但国王担心他对军队和税收的控制会被开明人士破坏而向俾斯麦求助。这就开始了“铁血”的时代和理想，至今尚未结束。个人自由、新闻自由和议会控制税收统统被抛弃，军队在国王的直接控制下获得了完全有效的重组。这些举动非但不受欢迎，还遭到人民的强烈反对，但反对只是徒劳。俾斯麦十足冷酷，“铁血政策”成功了。在不到十年的时间里，通过一系列无端的战争，先是与小国丹麦，然后是奥地利，然后是1870年的法国，他拼成了当时新兴国家中最强大的国家之一。他对欧洲文明的贡献是使用残忍的武力压制德国1840年代的自由主义和文化，而建立了一个强国，并创造了一种意识形态，这种意识形态七十年后仍然在世界上传播不确定性和恐怖。因此在本章讨论的几年内，“未来事物的雏形”正在出现，但同情自由运动、自身正在迅速上升到可能的盛世顶峰的英国，还没有意识到这一点。

合众国的再确认：两次危机

在大洋彼岸的美洲，另一个新兴大国正在崛起，但受到消亡的威胁，而英国政治家同样没有意识到濒临的危险，甚至包括越来越倾向自由主义的格莱斯顿。英美关系无论如何都很糟糕，要理解这个问题，我们不得不回到1860年的形势，它与1940年的截然不同，即使现在英国人对美国历史、制度和文化知识也是惊人地缺乏。然而，在较早的时期，两国人民只是通过偏见和仇怨的记忆了解对方，曾经有过导致革命和独立的争吵，以及围绕违反《和平条约》、1812年战争、边境纠纷、麦克劳德事件等多年的争吵，甚至还有战争的危险。

美国还是一个年轻国家，在很大程度上还很原始和蒙昧，虽然对自己潜在的实力和未开发的资源感到自豪，但有着年轻国家的过分敏感，对于诸如狄更斯和特罗洛普夫人这样的英国游客的不公正批评深感恼怒。跨大西洋旅游或跨国婚姻的时代尚未到来。两国人民互相了解的第一手社会知识少得可怜。总是倾向于认为殖民地居民比自己劣等的英国上层社会，更看低美国人，认为他们只不过是脱离帝国体系的殖民地居民，还建立了社会的民主。在英国保守人士看来，这种社会民主甚至比美国的政治体系更加令人厌恶。

这就是当时的处境，在经过二十年日益加剧的紧张之后，美国终于被内战撕裂了。内战双方泾渭分明，自由州大致在北纬四十度以北，而蓄奴州在这条线以南，除了堪萨斯州虽在南部，但属于自由州。马里兰州和特拉华州都是南部的蓄奴州，但在战争中保留在联邦阵营内。虽然各个州的意见存在或多或少的分歧——正是这种分歧把国家一分为二，联邦（Union）和邦联（Confederacy）实际上是他们不同意见的集合。

每一部分在一个半世纪左右以来，都在发展着一种经济体系和自己独特的文化形态。为此，土壤、气候、教育和其他因素已经与奴隶制紧密融合在一起。奴隶制被证明在南部大种植园是能带来经济利益的，但与北方的小型农场以及工商业文化不相适应。作为19世纪中期全面改革和人道主义运动的一部分，北方反对奴隶制的情绪日益高涨。这种制度是英国政府和皇家非洲公司在早期强加给美洲，英国把自己在西印度群岛解放奴隶的行为与美国继续使用奴隶的做法进行对比是不合理的。在帝国的一小片区域里解放奴隶并从少量的奴隶主手里买下价值2000万英镑的奴隶，与美国所处的情况是非常不同的两个问题。美国有400万黑人，市场价值约为3亿英镑，他们构成了超过600万白人——在某种程度上，通过贸易，也是整个国家——的经济体系和整个生活方式的基础。而且必须指出，解放牙买加的奴隶虽然是高尚的行为，但结果不仅导致了巨大的经济问题，而且导致白人必然放弃自治的努力，使得牙买加成为一个英国直辖殖民地（Crown Colony）。如果把牙买加的局势放大到美国的规模，就不难理解美国问题了。

但还有个问题攸关成败。很少有欧洲人掌握一个事实，即美国存在双重政体，它同时是一个由主权州组成的联邦（federal union），和一个权力直接来源于作为整体的人民而非各州的公民的国家（nation）。南方各州主张要求脱离权时强调的是合众国的联邦性质，而北方各州强调的是合众国的人民基础。问题在于，美国究竟是一个国家，还是仅仅是一个主权州的联盟，随时可以因任何一个成员的行动而分离？在美国这样一个幅员辽阔、利益多元的国家，地方主义的危险总是存在，如果允许各州有脱离联邦的权利，这个国家会不可避免地解体，迄今世界上尝试过的最大规模的自治和民主实验将以失败告终。在英国上层阶级中大部分人都没有发现这个问题，很多人即使意识到，也会欢迎这个民主大国的瓦解，因为他们担心美国的示范会给旧世界的制度带来威胁。他们也认为北方不可能取得胜利，即使获胜，也只是通过武力重塑一个自由、统一的国家。挽救这个大规模民主实验的核心问题，虽然被一些上层阶级人士和政治家看到了，典型如约翰·布莱特，但就绝大部分而言，看得更清楚的是劳动阶级，哪怕是那些因战争引起的"棉荒"而受损最大的人，美国对于他们和他们的领导者是相当亏欠的。而当林肯在就职演讲中宣布，他不管什么奴隶制，他的使命就是维护合众国时，就绝大部分而言，上层阶级的意见，包括《泰晤士报》这样的报纸，转而反对北方。

应该指出，即使许多美国人自己，也对战争问题感到困惑，而在大洋彼岸，来自英国上层阶级看似几乎一致的敌对舆论，因其表面的一致和尖刻，其恶劣影响将要持续多年。不过，英国政府的态度多半是冷漠而正确的。罗素立即宣布英国保持中立，这种中立态度贯穿了整个战争过程。

1861年发生的一件事几乎引燃战火。南部邦联希望赢得英国人更积极的同情，于是派出两名代表梅森和斯莱德尔出使伦敦。在成功抵达哈瓦那之后，他们登上了英国邮轮特伦特号，当被美国军舰逼停后，邮轮的船长威尔克斯交出了这两名代表。他的行为完全未经授权，当然是非法的，但北方欣喜若狂。虽然这两个人实际上没有完成什么重要的任务，但捕获他们意味着对敌人的一个打击，比在狮子（Lion）尾巴上打个结还要爽快。然而，不列颠之狮发出了一种疯狂和完全正当的咆哮。大约一万五千人的部队奉命抵达加拿大，并向华盛顿递交了一份措辞严厉的照会，幸好艾伯特亲王为这份照会稍微缓和了些语气。虽然一些政府官员，甚至国会，都迫不及待地赞扬了抓捕南方代表的舰长，但林肯对此事不予置评，保持头脑冷静。根据要求，这两名代表被移交给一艘英国商船，虽然双方的感情更加恶化，事件终于庆幸地平息了。战争被惊险地避过，罗素和帕默斯顿已经站出来反对英国过激舆论，林肯和西沃德也在美国力排众议。多亏当时没有电话和无线电，通讯的延迟给了双方冷静的时间。

虽然随着美国内战一年一年地进行，英国内阁不时地讨论干涉的可能性，但从未提出任何提案，而且林肯于1863年1月1日发布的解放南方奴隶的宣言对大部分英国舆论产生了良好的效果。经过特伦特号事件后，两国唯一一次又接近可能的战争的时刻与在利物浦建造的舰船有关，其中最著名的是亚拉巴马号。虽然明知作为中立国在英国港口为交战双方建造军用舰船是非法的，但英国还是不顾美国公使的抗议，建造了两艘较小的舰船，当时获准不带武器出航，后来装备武器后，给北方航运造成了严重的损失。

更重要的是亚拉巴马号，在船坞里已经有了这个命名，但仅记录为第290号船，它于1862年5月出海。在竣工阶段，美国公使查尔斯·弗朗西斯·亚当斯就不断向英国外交部递交相关证据，但英国外交部采取了拖沓敷衍的办法，有时则将这些证据文件转交给利物浦的港口当局，无耻地偏向南方。亚当斯出示了更多证据，著名律师罗伯特·科利尔爵士宣布那些绝对可信，罗素后来承认他应该接受这些证据并停止建造这艘船，但王国政府司法官员持不同意见。

最后有一个新证据呈交给王室首席法律顾问约翰·哈丁爵士，一位对海军事务特别有见识的法律官员。不幸的是他刚好精神失常了，但只有哈丁太太知道，并将这件事，以及不幸地还有那些文件，保密了五天。一旦这些文件到罗素手中，他和其他内阁成员立即意识到证据确凿，军舰必须立即扣押。虽然有人提醒，但亚拉巴马号在未完工的情况下出航，还是给北方造成了不可估量的损失，据估计，直接损失超过三百万英镑，我们后面会了解到此事。亚当斯后来免除了对罗素和英国政府有意放走这艘军舰的追责，但这个事件，撇开哈丁的精神失常和哈丁太太的疏忽不谈，自始至终被一再拖延且手法拙劣，而且在最后关头，当果决和保密至关重要时，一定是有人泄了密。

就在亚拉巴马号出航的同一周，莱尔德造船厂的同一批工匠已经开始为另外两艘船安装撞角，它们将是海上最强大的舰艇。这两艘军舰非常危险，因为斯莱德尔已证明这两艘已移交给一家法国银行的军舰，是为埃及帕夏建造的。我们不能深入交易的复杂细节以及亚当斯与罗素和英国政府的谈判细节。最后，一艘撞角船出海了，另一艘即将完工。亚当斯最后绝望地向罗素发送了一份简短的照会，重申他的要求，这两艘撞角船必须扣押，并补充说，如果它们出海，“无需我对阁下赘言，这就是战争”。

这份照会也许不是政府决策的决定因素。罗素已经在亚拉巴马号事件上吃了苦头，这次真的不想再引火烧身。他可能对亚当斯承认这些证据是确凿的，但不能够成为法律依据，而且如果这些军舰不属于南部邦联，英国政府逮住它们，将很容易使自己招致巨大损失。然而北方终于开始赢得一些重要的胜利，而一场叛乱趁势在波兰发生，它可能导致欧洲列强的关系重组。此时，罗素决定撇开法律证据，英国政府从莱尔德造船厂以22.5万英镑买下这两艘撞角军舰。事实上在收到亚当斯照会的四天前，罗素已经下令扣押这两艘军舰，他在等待更多的证据，但没有下文。基于权宜之计而不是法律渠道，与美国内战有关的最严重危机因此过去了。如果没有罗素所采取的行动，几乎毫无疑问，从亚当斯的照会看来，就会有第三次英美战争。

相反，和平得到维持，为北方赢得战争和合众国得以保存开通了途径。如果一场战争就决定了美国分裂为两个国家，并使和平分离的理论合法化，毫无疑问解体过程很有可能会走得更远，北美大陆将分裂成若干个敌对国家。无论如何，就不会有300万平方英里以及1.3亿人口——这两个因素对于建立美国的权力和财富发挥了最大作用——的庞大的自由贸易区。只有斟酌一下协约国在美国加入世界大战前后利用了多少美国的财富和资源储备，以及现在美国与加拿大的关系，才能认识到美国内战问题，以及合众国的再确认而非北美大陆的巴尔干化，对英帝国和美国有多么重要。

德国的崛起

北方的胜利不经意地阻遏了法兰西帝国再次在新世界扩张的可能。比起英国政治家们，拿破仑三世对南部邦联友好得多，而英国已然在1861年加入法国和西班牙的远征，去墨西哥争取该国对外国债权人的赔偿。直接目标实现后，法国单独留下，而帕默斯顿不反对拿破仑三世在墨西哥建立一个由不幸的奥地利大公马克西米利安（Archduke Maximilian）担任皇帝的帝国，相信拿破仑三世在美洲的冒险会分散他在欧洲的力量和注意力。美国重新成为一个强国，这导致法国从墨西哥撤出，拿破仑三世只好重新策划在旧大陆折冲樽俎的阴谋。

与此同时，艾伯特亲王于1861年底去世，帕默斯顿预见到女王会比以前更难对付，艾伯特在世时还能偶尔运用他的智谋影响女王，例如就特伦特号事件递交美国的照会。对一个男人而言，充当女王的丈夫这一角色总是最不容易的，艾伯特的情况更为特殊。女王一直深爱着他，相信他对每一个问题的意见是唯一明智和正确的，虽然在内阁团结一致的时候，她没有通过反对来给宪法施压。女王的丈夫是个严谨的人，对体育运动和社会没有多少兴趣，却对国家的科学和商业生活的进步十分关注。虽然从本质上说艾伯特是个自由主义者，但作为德意志人，他比帕默斯顿更理解德国的统一方式和自由主义在大陆的困难，而帕默斯顿作为英国外交大臣或首相，不得不顶着女王和亲王的压力坚持自己的观点。亲王对外交事务有特别的兴趣，并坚持阅读所有快件。出于对已故丈夫的敬慕，在这些事务上女王的观点显然停留在艾伯特身前所定下的立场。

帕默斯顿不理解俾斯麦及其政策，加上女王对一切涉及德意志的事都抱有同情，英国遂没有干预普鲁士对丹麦的战争以及与奥地利的石勒苏益格－荷尔斯泰因问题。英国没有盟友，拿破仑三世和俄国正被帕默斯顿和罗素日益疏远，也拒绝加入普鲁士和奥地利之间的角逐，把这个战场留给了俾斯麦。这是帕默斯顿时期英国干涉——通常站在大陆的自由主义一边——的结束，而帕默斯顿本人于1865年撒手人寰。

与此同时，财政大臣格莱斯顿已经完成了连续三年降低税收的非凡业绩，并越来越受欢迎，虽然他的冲动受到猜疑。据说帕默斯顿临死时这样评论道："格莱斯顿将很快一意孤行，一旦他坐上我这个位置 [首相]，我们将有不同凡响的举动。"这的确是一个时代的终结，但不同凡响的举动作却发生在大陆，帕默斯顿的对德政策无意中大大帮助了俾斯麦创建他的铁血帝国，使其在几年中压倒法国，并为1914年创造了条件。

1876 年改革：最大的一步

在国内，尽管有1857年和1866年的金融危机以及由美国内战引起的"棉荒"，帝国的财富正迅速增加。英国很快从这两次恐慌中恢复过来，但有一段时间，兰开夏的纺织工人陷入困境，原因是从美国南部邦联运输棉花的船运几乎完全中断了，而那里是英格兰最大行业之一的唯一原材料来源。在1861 ~ 1862年冬季，据说有50万人正受到公共和私人慈善的援助，到1863年，有必要开办公共事业了，政府贷款150万英镑，私人捐款达到近200万英镑。然而，就像往常一样，稀缺和高价催生新货源，当棉花从埃及和东方输入之后，情况开始好转。两年危机中困苦的工人应该还是老样子，总体上，合众国最坚定的英国支持者大谈他们理解大问题的能力和对民主的信仰。我们完全可以将他们的态度与新的《改革法案》的通过联系起来，我们现在就对其进行讨论。

到1860年，皮尔发展自由贸易的工作已经由格莱斯顿完成。所有的出口关税和几乎所有的进口壁垒都被废除了。英国不仅引领工业革命和机器时代，而且是第一个把迅速扩张的世界市场的贸易开放给其贸易伙伴的国家。印度迫切需要棉织品，快速成长的美国需要钢铁和其他制成品，帝国的海外地区也需要大量的钢铁和其他制成品，它们的发展远远超出了其国内满足自身生产需求的能力。英国工厂开足马力，英国的船运和商贸也大幅攀升，直到1870年所有领域都达到顶峰。在这一年以后，英国才失去对比所有其他国家的领先地位。

历史学家很少注意到一个有趣的问题，那就是两年前的一项发现最后将机器时代转变成今天的化学时代，给所有国家带来了深远的影响。1868年，茜素作为一种新材料，一种用于染色的合成化合物，被投入商业化生产。这被证明是世界历史上最重大的事件之一，因为它是首次用人造化合物替代自然产物。几乎在公众不知不觉的情况下，新的化学物质一个接一个地被发现，直到这一过程达到极点——1913年在德国，哈伯[1]和博施[2]完成了大气中氮元素的人工固化，这被一些化学家认为是整个人类历史上最伟大的发现。这一发现让德国摆脱了对智利硝石的依赖，助推世界大战的发生，并开辟了一个全新的时代。虽然那时还没有人意识到，但这个旧式的政治、旧式的战争以及在机器时代条件下获得商业成功机会的世界，其命运已由1868年的发现及其后续事件所注定。

与此同时，世界在不知不觉中继续向前发展。1849年、1851年相继在加利福尼亚和澳大利亚发现了金矿，导致物价快速上涨。世界黄金供给的巨额增加引起了通常的通胀效应，只有16世纪西班牙

1 弗里茨·哈伯（1868~1934），德国化学家，1918年诺贝尔化学奖得主。
2 卡尔·博施（1874~1940），德国工业化学家。1931年诺贝尔化学奖得主之一。

征服墨西哥和秘鲁后从南美洲大量进口黄金可与之匹敌。几乎更加重要的是1850年代支票的采用，它与增加货币具有相同的效应。

在同一时期，贝塞麦炼钢法的发明导致该产业的整体转型，以及人口的大量变动。英国铁路由1833年的208英里增加到1873年的1.4万英里，钢铁和其他产品被出口到世界各地。伴随商品的大量出口，还有对外投资的增加，从1850年的大约3亿英镑增加到1875年的至少12亿英镑。英国不仅成为世界工场，而且是世界的银行家。

即使奉行自由贸易政策，农业还是持续繁荣到1875年，尽管由于耕种方法的改进和工资增长速度不及其他行业的工人而导致农业工人的数量有所下降。城市快速增长，发展制造业的城市的数量也迅速增多。收入和社会地位变化的最显著特征之一，是中产阶级和职业阶层的大幅增加。作为财富增长的一个证据，仆人的数量从1851年的90万增加到1871年的150万，虽然正如我们已经看到的，维持他们的费用已大大增加。

在那个时期，工会运动也呈现出了全新的面貌。年长的人大部分是宪章派和社会主义者，但年轻一代更为保守，正如木匠与细木工联合会宣布的，他们的目标是“尊敬他人和受人尊敬”。这句话典型地反映了工会运动的变化，虽然其中也有一些危及工会运动本身的骇人听闻的事件。实际上工会运动采取了一种新形式，这种形式持续了半个世纪左右，被劳工本身正式承认的第一届工会代表大会于1868年举行。这个时期也产生了大量合作社和合作商店，较之于工会，更受议会青睐。实用知识传播协会的宣传和工作在十年后开始产生重大影响了，因为它有数百万份的发行量，读者主要是工人阶级，虽然在1847年停止了。这些宣传不再激进，部分原因可能在于，普遍繁荣以及实际工资（即购买力）在那二十五年中增长近33%。

然而在改善工人阶级的条件方面，作为较少，无论是关于卫生、工作时间的立法还是其他事项，除了早期的《工厂法》被扩展到更多的行业。帕默斯顿对这种事情不感兴趣，只要他在公共生活中还是主导人物，就很难指望有什么国内改革。然而很明显，英国的情况正在迅速改变。1832年的《改革法案》在相当大的程度上给予了中产阶级选举权，但工人阶级根本就没有自己的政治代表。其间，英国已经变成一个工业化国家，工人阶级不仅数量大幅增加，而且受过更好的教育，也更加清醒和保守。作为“两个英国人”另一半的迪斯雷利，不可能永远被晾在一边。

议会对工会怀有敌意，因为很多工会把自己称为互助会（Friendly Societies），但王座法院裁定《互助会法》不适用于他们之后，工人们断定，出于这种或那种原因，让工联主义有效且安全的唯一办法就是获得立法过程中的发言权。进一步扩大选举权的问题，只要帕默斯顿在世就会一直原地踏步，但现在成为一个活跃的问题。甚至在帕默斯顿去世前，格莱斯顿已经宣布“只要不是出于某种个人不胜任或政治危险的考虑而可能被剥夺资格，每个人在道义上都拥有宪法赋予的权利”。由于这个建议支持广泛扩大选举权，他失去了在牛津大学选区的席位。

尽管有早期的《改革法案》、废除了《谷物法》，以及其他发生在此前大约二十五年的事情，英国仍然主要受土地利益的支配。不仅有旧时的富豪和望族，而且中产阶级的一些人和商业或制造业新富，在发财和产生社会政治抱负之后，会购买地产并试图使自己融入郡的社交界，这是在英国一直存在的一种上升之路，而不是通过伦敦。然而，单独由地主来统治一个工业大国，越来越显得太过有悖情理。

到1865年，罗素，现在应该称为罗素伯爵，成为英国首相，格莱斯顿任下议院领袖。格莱斯顿1864年的演讲给这个国家带来了震撼，他提出了一项法案，意在降低自治市和郡的选举权要求。虽然这项法案如此温和，以至于让改革派完全不满意，但下议院对此不感兴趣，结果内阁辞职。而在辩论中，保守党人罗伯特·劳引起了一场危机，他要求排除所有工人阶级的选举权，理由是他们在道德上和智力上都不适合。

约翰·布莱特立即带领工人阶级就他们认为所遭受到的侮辱进行愤怒的反抗。唯一发生的一次暴力事件是拆毁了海德公园的栏杆，原因是当局不允许在此集会。而在工业化的北部地区，和平集会和游行的人数多达二十万。布莱特在集会上发表演说，使得最反动的富人也认真加以考虑，如同他们在1832年庆幸地做出的反应一样。再一次，英国所有阶级证明了他们有能力通过妥协和让步防止大灾难的发生。

新内阁由保守党人组成，但他们不敢解散议会举行大选，尽管他们在下议院只占少数。首先必须采取措施平息罗伯特·劳给他们带来的风波，纵使他们可能不得不在这个过程中完全改变原来的政策。他们因反对了一个温和的改革法案而上台，现在他们必须制定一个更加激烈的法案。

考虑到国家的现状，作为内阁“移动大脑”的迪斯雷利没有犹豫多久，虽然德比勋爵才是首相。由他提出的法案，经过下议院的大幅修改，最终在上议院表决通过，这标志着迄今为止英国向民主迈出了最大的一步。在城镇中，居民投票制度已基本建立，甚至租住者如果连续在某地居住一定时间并每年支付十英镑的租金，也被允许投票。在自治市，所有纳税的男性公民都有选举权。在郡，这种选举权也明显地扩大了范围。不幸的是，农业劳动者仍然被排除在外。但工人终于获得直接代表权，在下一年，即1868年，这种变化也扩展到爱尔兰和苏格兰。

淡然的帝国主义：最低点

与此同时，海外帝国正在发生一些重要事件，但英国人对它们很少或根本没有关注，除非影响到贸易。1860年代的十年的确是英国人对殖民地、殖民和帝国主义关注的最低点。几乎每个人，包括不同党派和不同政见的政治家，如迪斯雷利、格莱斯顿、科布登、沙文主义者帕默斯顿、殖民事务部的常务次官布拉什福德勋爵等人，都相信殖民地迟早有一天都会像北美最初的十三个州一样独立出去。这是无需争论就被普遍接受和认为理所当然的事情之一。

同时，只要还维持着这种关系，各殖民地就真心接受英国的管理，以给双方带来尽可能多的利益和好处，它们也被允许走自己的路。这种态度会在未来几年里迅速变化，但没有什么比这一看法更远离事实，即在夺取任何偏远的、他们可以染指的土地上，英国政府或人民几个世纪以来一直追求一种一致稳定的政策。在这十年中，他们很愿意让帝国的大部分单元如其所愿地随时和平脱离。1863年，英国把爱奥尼亚群岛赠送给希腊，因为这是岛上的希腊人的愿望，其中没有任何压力。而且这一行动出自格莱斯顿的建议，是由帕默斯顿完成，后者是对英国海外权利最坚决的人。1862年希腊国王退位之际，希腊人曾请求英格兰的阿尔弗雷德王子继承王位，但被他拒绝了。王位最后由威尔士亲王的丹麦籍姐夫继承，但没有什么证据显示这七座多岛屿的赠送是政治交易的一部分。爱奥尼亚群岛的转让，显示了英国此时对海外属地的几乎麻木的冷漠。

自从实行自治以后，加拿大发展迅速，但形势是困难的。广阔的中部平原归哈德逊湾公司所有，除了零散的印第安人、混血儿和从事狩猎的白人外，几乎无人居住。中部平原以东是已经提到过的早期省份，在太平洋海岸是发展迅速的不列颠哥伦比亚殖民地。因此我们可以勾勒一幅目前这个自治领的地图，东部是一些独立的殖民地，然后向西是一望无际的荒原，最后是西海岸的新殖民地。没有交通线路穿过哈德逊湾公司的土地，被中间荒原隔着的加拿大的两个部分，越来越趋向于被吸入富裕得多、人口更加稠密的美国的经济轨道，甚至可能被吸入政治轨道，特别是1854年互惠协议签订后，只是之后被美国内战打乱。

美国内战，虽然摧毁了南部邦联，但使得合众国毗邻加拿大的工业繁忙起来，一些美国人希望合并加拿大，但美国政府没有这样的企图。然而，我们已经谈论过美国与英国之间的恶感，以及英国在特伦特号事件中不得不向加拿大派遣部队。虽然大多数美国人没有想象过强行吞并他们的北方小邻居，绝大多数加拿大人也更偏向于留在帝国内，但还是有威胁和危险。美国内战无疑大大加速了由达勒姆提出、但被长期搁置的建立加拿大联邦的进程。

此外，也有其他考虑。魁北克和安大略的联盟现在出现了新的问题，由于安大略的英国移民大量增加，这让种族问题再一次严峻起来，政党政治的运行也几乎不可能。一些英明的加拿大政治家越来越清晰地认识到，成立某种形式的联盟，最好是一个联邦，无论从什么角度——经济、政治，甚至军事方面——都是至关重要的。人们认为有两件事必须做：第一，收购哈德逊湾公司的土地；第二，特别是要修建一条横贯大陆的铁路，把所有殖民地连接起来。不过结果证明，这两个工程都在政治联盟之后而不是在之前。

如同美利坚合众国形成的情形，地方主义威胁要破坏整个计划，而事实上，纽芬兰从未加入联邦，新斯科舍是在最不情愿的基础上加入的。然而，1864年在所有东部殖民地参加的会议上拟订的这个计划，最终为它们的立法机关同意，纽芬兰除外。三年后，英国议会承认了加拿大联邦，并通过了《不列颠北美洲殖民地法》——帝国历史上的一个里程碑。一切障碍扫清了，加拿大自治领成立，虽然新成立的马尼托巴省直到1870年才加入，不列颠哥伦比亚和爱德华王子岛也分别于1871年和1873年加入。同时，1869年哈德逊湾公司被劝导出售土地，但保留其贸易权利，自治领也开始形成它最终的大体领土轮廓。

如果说美国内战的影响是加快联邦成立的一个重要因素，它或许在英联邦的发展上有着更加重要的后果。加拿大采用的联邦制政府形式后来被澳大利亚和南非效仿——虽然我们将充分注意到其中的差异——因此具有特殊的意义，而这种形式在一定程度上，是由在起草加拿大的政体时美国正在经历的一场重大危机所决定的。美国联邦已经受到威胁，几乎因其对成员州的主权的过度强调而陷入混乱。我们已经讨论过为美国体制而设计出的联邦类型，这里只需要补充一点，根据这种体制，联邦政府只是有限权力之一，不是所有权力都明确地授予它，而是部分被保留给各州或人民。认识到在很大程度上导致了美国内战的宪法问题是起因于这种权力配置方案，加拿大的方案将其予以倒转，给予作为联邦成员的“省”有限的权力，而由自治领政府保留其他权力。加拿大就不可能出现省退出联邦，或者省的权力高于或与中央政府权力平等的问题。

此外，由于加拿大没有北美叛乱殖民地那种让他们害怕行政权力的经历，加拿大人遵循英国传统，而不是模仿美国人在政府内部将行政部门与立法机构分离的创新。换句话说，他们采用的是议会制（Parliamentary form）而不是国会制（Congressional form），并让行政部门依赖于立法机构且直接对其负责。在许多方面，这种体制优越于美国体制，虽然就单个国家而言，各有值得肯定的方面。

然而，演进中的英联邦不是一个单一的国家，各自治领在本地采用的制度有一个很大的优势，即允许总理们在伦敦的帝国会议上代表它们，在获得各自立法机关多数授权的条件下代理表达意见。在美国的体制下，行政部门的首脑不可能这样做，因为他经常与立法部门多数人的意见对立。我们无意在这里讨论美国政体的优缺点，考虑到美国独特的条件，例如幅员辽阔、变化神速、庞大而混杂的人口，但毫无疑问，对于英联邦体系的自由运作以及各组成部分之间的相互理解而言，自治领采用英国制度这一点十分重要。

另一方面，美国提供了联邦制的经验教训，英国体制却不能，在其中最困难的代表制度问题上，加拿大部分地效仿了美国宪法中著名的“大妥协”（great compromise）。在美国，众议院议员由各州根据人口数量选举出来，而上议院，即参议院，则每个州各有两名议员，与人口数量无关。在加拿大，下议院就像美国国会的众议院，参议院成员由联邦政府指派。这两种情况下的设想都是让上议院成为一个更保守的、非选举的机构。最初的美国制度要求参议员不是由人民选举，而是由州议会选举。经过修正后有所改变，参议员现在也由民选，虽然任期比众议员更长，但在相当大的程度上，加拿大人担心他们会出现的弊病已经在美国发生。参议院的特点发生了很大变化，因为参议员，像众议员一样，现在必须经历大众选举运动的艰难和混战。

然而，这种体制看起来在加拿大运行顺利，在建立这种制度后，自治领进步很快。1870年，在哈德逊湾公司新获得的领地上发生了一次叛乱，领导人是法国的混血儿路易斯·里埃尔，他要求在叛乱被镇压之前伦敦派兵过去。在著名的、世界上最精锐的部队之一西北骑警的帮助下叛乱最后失败，在从哈德逊湾公司收购的辽阔旷野上维护了法律和秩序，结果兴起了一些定居点把东加拿大和西加拿大连接起来，虽然横跨东西的铁路直到1880年代才出现。

尽管美国在1866年废除了互惠条约，但这个国家仍然是加拿大最大的买家，其次是英国，这两个国家总共占加拿大对外贸易的将近九成。与英国的自由贸易政策相比，加拿大走上了一条保护本国产业的道路，希望借渔业纠纷之机吸引美国重新签订互惠协议，但是英国政府与美国政府之间直接解决了这一问题，而加拿大人认为这对他们明显不利。历史上北美大陆上的这两个邻居之间自然出现过许多纠纷，大多数情况下，当双方都认为对方在交易中获得了最大好处，这或许是最终协议对双方都公平合理的最好证据。

然而在这次事件中，加拿大极其愤怒。很明显，随着将来的诸自治领变得更强大和更独立，他们会向英国要求分享对他们的国际事务的管理、最终组建起自己的外交部门，以及承认他们独自缔结条约和解决争端的权利。英帝国一直有个最大的难题，就是如何平衡单元之间以及单元与作为一个整体的帝国之间的利益。在上次分析中我们得出，英帝国各个单元免受外来侵略的原因在于英国的军事力量，尤其是海军。帝国的中心必须富足而强大，否则外围部分就谈不上安全。当然，人们希望觉得自己也富有和强大，撇开人性天生的自私以及在早期议会立法中相比殖民地的局部利益更偏向于英国的利益不论，这个问题一直是一个现实问题。

不仅殖民地的贸易利益不时与宗主国的利益相冲突，殖民地之间也经常发生贸易利益冲突，如1730年，新英格兰的贸易利益就与种植甘蔗的西印度群岛的利益发生了直接对立，连同一些立法后果，一起导致了革命的爆发。在像英帝国这样一个帝国，贸易问题和共同防御问题是最棘手的问题，这在世界历史上是独一无二的。到我们目前谈到的这个时期，通过放手让较大的殖民地设定自己的贸易条件，贸易问题已经在很大程度上平息了。针对英国和外国进口产品，加拿大和澳大利亚都有保护性关税。然而，在美国内战期间加拿大拒绝采取军事措施让人印象很坏，帝国的联合防御仍然是个伤脑筋的问题。

我们已经讨论了这一时期澳大利亚的发展状况。新西兰的发展尤其显著，并且体现了英国人在帝国建设中的一些最佳品质。正如我们前面所指出的，土地问题一直是个难题，而且不明智的临时解决办法留下了后患的种子。土著毛利人大部分居住在北岛（North Island），这是白人最早定居的地方，一段时间也是绝大多数殖民者移居的地方。人口的增加和新殖民者不断向毛利人的土地推进，引发了两个种族之间的冲突，正如在美国拓殖的不断推进接连不断地引起了拓荒者与印第安人之间的土地问题。

毛利人拥有远远超过他们所能使用的土地，而且野蛮人与文明的农业和工业民族对于土地所有权的概念完全不同，这种差异总是造成问题，既是伦理的，也是法律的。道德家很可能会说一个野蛮部落占有（possession）了土地便“拥有”（own）之，对这种土地的任何掠夺都是不道德的。另一方面，以美国为例，目前的美国国家领土应该留给1600年还处于狩猎阶段、主要在这片土地上游荡的50万左右的野蛮人，还是应该成为1.3亿人的家园，他们现在正在使用这片土地，而且在从许多方面为文明和世界福祉作贡献，哪种情况更好呢？

在北岛，经过与毛利人从1860年到1871年这可怕的十年战争，这个问题获得了解决。如前所述，毛利人是一个了不起的民族，很可能是世界上处于野蛮状态中最好的民族。他们有着傲气，加上和他们签订的土地条约有许多确实对个人不公，在此刺激下，他们自己形成了一个联盟，与英国人英勇作战。战士们在战斗中的表现反映了两个种族相同的优点，正如最后协议那样，虽然由于立法机关1865年不明智地没收280万英亩土地作为惩罚，战争被延长，留下了种族怨恨的后遗症。然而，双方战士都很有骑士风度，土著人有时甚至冒着生命危险为战俘取水。虽然战争的成本主要由英国承担，但增加的地方债务足足有400万英镑，而且英格兰对没收政策的明智反对，在殖民地导致很多看法，甚至有人说要脱离帝国和申请美国的保护。

然而，从全局上看这个时期，我们得到一幅不同的图景。新西兰不仅成为今天最忠诚的自治领之一，而且是唯一一个各阶级与土著居民跨界通婚很常见而不被人反对的自治领。在战争中，土著人英勇战斗，通过自己的表现赢得了征服者的钦佩，最后政府不仅采取了一个明智的土地政策，而且同意殖民地的立法机构应该有四名毛利人代表。一些部落和酋长自始至终保持忠诚，并作出了引人注目的贡献，尤其是一个英武的酋长梅杰·坎普（Major Kemp）。事实上，英国人（大多数具有种族意识）与毛利人通婚的事实，是毛利人得到应享有的尊重的最好证明，而且据我所知，再也找不到被征服的本土人和外来种族在立法机构同时获得席位一起统治两族人民的案例。英国人在世纪末的南非战争后对布尔人的宽大处理是帝国历史上最明智、最引人注目的事件之一，而在经过长期的本土战争之后的新西兰可以找到一个小规模的先例。

与此同时，立宪政府正在迅速地以英国的方式推进。1856年，联邦分散的六个省分别获准实行责任自治。由于距离遥远、通讯缺乏，省政府比中央政府更重要，这种情况比加拿大还要严重，但是到了1876年，人口和通讯因铁路的开通而大幅增加，省政府被完全废除，新西兰成为一个单一制而非联邦制国家。就面积而言，新西兰群岛小于加拿大或澳大利亚，各定居点相互连接起来是一种必然的发展结果，也是英帝国如何在极其多样化的领地上让政治体制适应当地条件的一个例子。如果说第一帝国因为试图僵化统治而失败，第二国则因灵活性而得到了拯救和发展。

每个民族都有各自的特点。也许没有其他民族像英国人一样对执政的艺术有如此强烈的天赋，也没有哪个民族像英国人一样被召唤去治理如此庞大和多样的一个帝国。正如在美利坚合众国有四十八个单独的州起着政治实验室的作用，不列颠无可比拟的财产——要塞，港口，岛屿，大片陆地，甚至一个大陆本身——加上各种气候、种族、宗教、经济方面的所有条件，给英国人提供了一个世界实验室来进行实验和训练自己。他们已经处于人的这一幸福状态：具有一定先天能力，不得不使自己的能力适应不断变化的条件，从一个又一个的处境中获得了长期而丰富的人生经历，最终从环境中认识到自我。正是这一点，而不仅仅是罗曼司或历史细节，才使得英帝国的故事吸引了全世界的兴趣，而不仅限于英国人自身。

这个时期的南非，就像其他地方一样，我们发现有相同的力量正在发生作用。英国人同样缺乏扩展帝国的兴趣以及承担更多责任的愿望。此外，政府已经对英国人和荷兰人之间以及黑人与英荷之间的难题感到厌倦。然而，政府的体制照常发展，开普殖民地首先获准建立代议制政府，之后于1872年建立了完全的责任政府。不仅两个白人种族而且本地人都获得了选举权，只有少量的财产资格要求。在纳塔尔，四个欧洲南非邦中的第二个，情况则完全不同。境内的白人相比本地人而言只占很少的比例，境外则是强大好战的祖鲁人的地盘，他们在新酋长塞奇瓦约（Cetywayo）的带领下重新掌势。人们不确定当他做好准备以后是否会攻击德兰士瓦的英国人或布尔人，但在任何情况下，土著问题都是最重大的一个迫在眉睫的危险。甚至在纳塔尔，黑人与白人的比例超过二十比一，如果非洲这个大部落被动员起来，结果将是一场大规模的屠杀。

为此，纳塔尔仍然是一个英国直辖殖民地，直到1893年，才继加拿大、澳大利亚、新西兰和开普殖民地之后实现了自治。两个布尔共和国，两个英属殖民地，加上荷兰人与英国人的混杂，土著人问题似乎成了一个几乎无法解决的问题。但是要是英国没有反对帝国主义，也就不会到这种地步。曾经出现过那么一个时机，整个问题可以得到解决，后来布尔战争的悲剧和不幸的故事是可以避免的。

正如北美殖民地时期，殖民地的自私和互相嫉妒妨碍了采取任何共同政策应对印第安人的威胁，南非的四个殖民地或邦也达不成一致，尽管其中一个的所作所为可能威胁其他三个的存亡。1858年，富有远见且在澳大利亚和新西兰有过出色政绩的乔治·格雷爵士，建议这四个邦应该组成一个联邦。虽然众所周知，联邦制已蔚然成风，但对南部非洲提出联邦制还是一个大胆的实验，也即布尔共和国将不得不与英属殖民地结成联邦。然而，时机是有利的。纳塔尔愿意和开普殖民地组成联邦，而奥兰治自由邦由于受到在它与纳塔尔之间的野蛮的巴苏陀人部落的威胁，从未渴望过独立，也一定会紧随其后。那时，虽然在德兰士瓦存在强烈的反英情绪，这个邦可能也会同意加入。

不幸的是，英国政府认为殖民地没有用处；它想削减开支，不想承担合并布尔共和国势必会带来的更多的责任。所有问题获得圆满解决的时机就这样过去了。上帝很少赐予人类第二次这样的机会，南部非洲自然也不例外。1858年英国不承担责任的做法，最终必然在未来给英国造成远远超过这次的责任，也使英国不得不投入一场最不幸的战争。

几年后，奥兰治自由邦这个农业共和国与巴苏陀人爆发了第四次战争，后者向开普殖民地总督求助。巴苏陀兰曾经是英国的保护领，这次不顾布尔人的不满，英国与其签订了一项条约，缩小了领土范围，巴苏陀兰再次归属英国，土著人受英国的保护。这个安排证明对本地人大有好处，但是疏远了荷兰人。

接着在1867年，发生了历史上的致命事件之一，没有人能够预见到它的发生，其影响证明是无穷的。在瓦尔河下游山谷中发现了大量金刚石矿，这里位于奥兰治自由邦未明确定义的边界附近，靠近现在的金伯利市。随之而来的是各种各样的人物大量涌入这个新的财富之源。虽然这片土地是归属于奥兰治自由邦还是格里夸人（Griquas）土著部落还成问题，但奥兰治自由邦宣称对它的所有权，并试图维持一种表面上的秩序，结果失败了。布尔人政府管理通常的农业人口是能够胜任的，对这种新情况却力不从心。混乱随之产生。格里夸人的酋长希望和平，把他们的土地献给维多利亚女王，英国人接受了金刚石矿矿场和维持矿场秩序的责任。1871年，西格里夸兰德（Griqualand West）并入英属直辖殖民地，理由是，格里夸人而不是布尔人对它有有效的所有权。很难——如果说不是不可能——决定这块土地的归属权，五年后英国向奥兰治自由邦支付九万英镑表明，这个问题至少存在争议。

然而有两点值得考虑，其中一点让我们想起印度的故事。英国在过去几年显示它在非洲不想要更多的领地或承担更多的责任。事实上，格雷勋爵甚至曾经建议英国完全从非洲撤出，只在好望角保留一个海军基地。可是无论英国愿意与否，它都要承担责任。已经有大约二十万英国人和荷兰人和谐地生活在开普殖民地，在纳塔尔还有另外大约一万人生活在英国国旗下。此外还有土著人问题以及欧洲各国人涌向金刚石矿场的新问题。不管奥兰治自由邦是否拥有合法的所有权，他们不能维持秩序。数十万生活在南部非洲的白人，包括英国人、荷兰人和其他国家的人，与无数的黑人相比简直不值一提，后者可能从广阔的非洲内陆地区，如大海的波涛向南席卷而来。就像在印度，英国人一开始就没想成为“至高无上的权力”，但他们是唯一可以维持秩序的力量。

这一点更清楚地体现在德兰士瓦的情形之中。我们把它作为一个整体单元，然而，虽然他们经过艰苦跋涉走到了一起，也是最顽固、最倔强的布尔人，人数可能不超过一万，但在所谓的共和国里实际上有四个政府，派别之间的内战持续了多年。作为总统的马丁·比勒陀利乌斯与作为军事首领的保罗·克鲁格，即“保罗大叔”（Oom Paul），一起试图实现统一，但这个国家，如果可以称为国家的话，仍然处于一种或多或少的无政府、破产、无法征税或执行法律的状态。对他们自己不幸、也对周围各邦构成巨大威胁的是，布尔人不断与这个或那个土著部落开战，而又无法取胜。那里的土著人信任的只有一个势力，就是英国人。

随着问题的加剧，德兰士瓦布尔人在对土著人的袭击中实施了凶残的暴行，许多部落首领向英国政府寻求保护。当最后布尔人试图夺取祖鲁人主张的领土时，显然到了必须采取措施的时候了，因为如果强大的祖鲁人也被迫和白人交战，如果稍有想象力和政治才能，远在中非都能听见战鼓的隆隆声，不计其数的黑人会像海啸吞噬南部非洲的所有邦土。

为了保持这一时期英国在非洲的故事的完整性，我们必须延伸到接下来的几年。1874年，当时的迪斯雷利内阁寻求以建立联邦的计划解决问题，可是英国早在二十年前就拒绝了联邦方案，所以太晚了，巴特尔·弗里尔爵士这样有才干的谈判者和管理者也无法重新捕获失去的机会。然而，与此同时，甚至许多德兰士瓦布尔人本身也对他们的处境感到忧虑，对祖鲁人感到恐惧，他们也请求置于英国人的保护之下，就像之前许多土著酋长一样。其他人仍然反对，但1877年，德兰士瓦被宣布并入英属直辖殖民地，可视为朝可能的联邦迈进了一步，也是对土著人做出的一种姿态。不幸的是，政府迟来的动作既没有解决布尔人的问题，也没有解决祖鲁人的问题。随着本章的收尾，我们进入世界政治的一个全新的时期。

1850年代初期和万国博览会的美好愿望正在化为灰烬。这个时期见证了一个自由的意大利的联盟、德国的统一、美国联邦的巩固、奴隶解放，以及帝国重要组成部分朝统一和自由迈出了几大步。然而，理想主义的阶段已经过去，巨额融资取代了商业，限制性关税取代了日益增长的自由贸易，国际事务中强权政治取代了理智的自由主义，贪婪的新帝国主义取代了原来淡然的帝国主义。

由于在丈夫去世后长期隐居，女王已经失去了她的知名度。在约瑟夫·张伯伦、查尔斯·迪尔克、查尔斯·布拉德劳等人的领导下，向共和政体的趋势比以前或以后都更加强烈，如果我们不算克伦威尔时期。这个时期即将过去，虽然总体而言这是一个大繁荣、充满活力和虚假进步的时期，但是从1871年到1914年世界大战爆发，没有一个国家满意地解决了任何一个头等问题。一种机械的宇宙哲学，对传统宗教信仰和道德的破坏，基于权力、声望和种族的政策，以及一种完全唯物主义的发展观，所有因素的合力作用带来了改变世界并危及文明根基的大灾难。

第十章／新兴大国和新力量

帝国主义的竞赛：分割非洲

我们的故事现在已经讲述到我们时代的开端及其问题了。常言道，历史是一条连续不断的长河。它不能被切分为一定的时段，如古代、中世纪和现代，或者更短的某个君主的统治时期，但是就像河流在某个点一定会改变流向甚至特征一样，历史的长河也会偏转和改向，尽管当时可能没有认识到这个事实。我们已经谈到过一些在上一章和这一章重叠的十年里引人注目的决定性因素。

其中最强大、也最不祥的因素之一，是1870年的普法战争及其巨大的影响。其中一个影响是拿破仑一世战败后在维也纳组建的欧洲协调（concert of Europe）的终止。虽然丹麦问题表面上通过各大国在1852年签订的协议得到了解决，但当普鲁士和奥地利完全以赤裸裸的武力撕毁协议时，没有大国进行干预。普鲁士已经学到了一个经验：如果它发动的战争足够强大、迅速和冷酷，世界就会置之不理。四年后它进攻法国，再次为所欲为。法国早先向俾斯麦提出会允许普鲁士吞并比利时，这已经使英国感到不满。因此，当普鲁士迅速进攻法国时，英国并未支持法国，而只是适度干预，直到交战双方重新保证比利时的中立。

事实上，英国既害怕法国，又害怕崛起的德国。路易·拿破仑的对内对外政策都失败了，已经放弃了他的自由主义倾向。英国人看到了这一点，但极少有人能看到德国对未来越来越大的威胁。俾斯麦建立了一种新形式的专制，既不同于旧式绝对君主，也不像梅特涅那样的政治家。虽然依靠铁杖和压制自由及一切自由运动进行统治，但他同时通过利用大部分人对国家权力和声望的渴求而逐步赢得了压倒性的支持。这对我们战后世界的独裁者及其统治方法是一个险恶的提示。

拿破仑三世的倒台和法兰西第三共和国的覆灭，实实在在地促进了现代德国的统一，它取代了法国两百年来所占据的位置，成为欧洲大陆上最强大的国家。一个本质上自由和文明的国家转变成一个实行“铁血”政策的国家。如此迅速地大获全胜，以及作为战利品的阿尔萨斯 - 洛林和支付所有战争成本的赔款，也显示了现代战争作为一种政策工具的可能性。而且，它表明了大量征召而来的预备役军人，比少量职业军队有更快速获胜的优势，后者到那时为止还是欧洲的常备军事力量。这次战争标志着在大多数欧洲大国征兵制度的开始，也标志着现代军备竞赛的开始。德国的教师、历史学家，甚至哲学家，都极力向德国人民灌输俾斯麦的现实政治思想。一个新的德国的崛起，怀着成为欧洲领先大国的理想，结合我们随后将要讨论的新帝国主义，直接导致它从1870年的普法战争到1914年在西欧发起战争，再到后来希特勒的野蛮行径。

在世界的另一边也有一个新的大国出现。1853年一支美国舰队以武力结束了日本的封闭状态，日本转而学习西方文明。其他列强紧随而来，炮击它的港口，让日本感受了更多的教训。1868年日本做出了一个影响整个世界的决策。日本决定改变延续了两千年的文化，彻底改造自身。日本从美国、英国、法国、德国和其他国家招揽专家，来帮助它进行这次独特的转型。在接下来的二十五年里，改造完成了，可是它来得如此之快，以至于西方世界尚未意识到这个现实及其意义。

然而，世界各地新的力量格局正在形成，甚至地理状况也在改变。1869年12月苏伊士运河的开通改变了地球的贸易线路和地中海的意义，因为通过它就可以直达印度，而无需绕道非洲。然而，非洲大陆将要承担一种新的重要性。虽然几个世纪以来商船一直沿着非洲的海岸航行，其广阔的内陆地区却几乎不为人所知，而通过那种能使一个历史阶段发展到另一阶段的奇特的偶然，在1850年之后的大约二十五年中，一系列伟大的探险家，其中最著名的是英国探险家，揭开了这片黑暗、未知的大陆的秘密。这批英国探险家中领头的是利文斯顿、斯坦利（最早由一家美国报社派出）、斯皮克、卡梅伦、贝克和格兰特，他们带领其他人对整个腹地进行了勘探和测绘，穿越了撒哈拉沙漠，绘制了尼日尔河、赞比西河、刚果河等大河的地图，发现了尼亚萨湖、维多利亚湖、坦噶尼喀湖等大湖，将所有这些填写在到那时为止还是一片空白的地图上。

虽然这项活动或多或少与对澳大利亚内陆的勘探同时发生，使得这一时期成为整个历史上伟大的探险时代之一，但澳大利亚已经确定地属于英联邦了。而人口稠密且广袤富饶的非洲内陆还是无人区，没有任何国家宣称对其拥有所有权，到那时为止除了葡萄牙提出过模糊的要求，或许能够为当时由其他国家的人探明的土地的所有权提供依据。

这片土地现在开放给世界，对非欧洲所有的资源的发现，来到了一个关键时刻。马上我们应该注意到，其他国家是如何以英国的利益为代价提升自身工业和贸易的相对地位。其他“世界工场”正在崛起，结果导致对原材料和市场的争夺。 种全新的帝国主义正在形成。在过去几百年中，西班牙是一个伟大的帝国，还有法国，但西班牙已经衰落了，法国也失去了印度和北美，输给了英国人。而英国人自己，如我们已经看到的，虽然拥有辽阔的帝国，却认为大部分都只有微不足道的价值。

然而，各国间新型的产业竞争，引起了对剩余空间所有权的一种新态度，这里所说的空间指的是没有明确被欧洲大国控制的地区。甚至在1866年，查尔斯·迪尔克爵士出版了《更大的不列颠》，为帝国属地的价值作辩护。几年后，福斯特（W. E. Forster）鼓吹一种不可能实现却一时流行的帝国联邦（imperial federation）思想，因为未来自治领的重要性会上升。即使嘲笑过英帝国、现在进入了职业生涯重要时期的迪斯雷利，态度发生了一百八十度的大转弯，也叫嚣起帝国主义来。

发生在英国身上的事也在其他国家发生，部分由于它们在变成工业国，部分由于在对非文明世界有价值部分的冲抢中，声望现在被牵涉进来。要被当作“强国”，不再意味着在欧洲是一个强国，还要整体而言在全球是一个帝国主义强国。这场竞逐是如此迅速，在随后的二十五年里，几乎所有可居住的地方，未被低等文明种族所占据的或者被这样的种族所占据的，都成为欧洲列强中六个互相依存的大帝国的一部分。

新勘探的、广袤富饶的非洲大陆，第一个感受到激发着帝国主义国家的新力量和新理想的冲击。埃及问题我们将稍后讨论，因为英国没有打算永久占领埃及，事实也是如此，所以它被归于与非洲大陆剩余部分不同的范畴里。此外，非洲北岸从早期开始，包括罗马帝国时期，已经处于欧洲关系和政策的正常范围，尽管它是各国争斗的源头。地中海沿岸地区以南是撒哈拉大沙漠的巨大屏障，但是从这里到非洲最南端的英国人和布尔人聚居地之间的广阔内陆，直到1870年代早期，除野蛮的原住民外，无人宣称对它的所有权。在争夺开始时，的确有一些港口被不同的国家宣称所有权，葡萄牙也模糊而空泛地宣称对整个大陆大部分地区的所有权。

曾经有两次有序地解决这个问题的机会，然而，如同打开潘多拉盒子一样，所有疾病被释放出来，即使盒子被及时盖上留下了“希望”(Hope)。1876年，比利时国王利奥波德，召集了一次会议讨论分割非洲，但与会各国的野心阻止了任何通过国际合作公平地解决非洲问题的努力。法国、意大利和德国都积极与当地酋长签订“条约”，宣布它们对大片土地的所有权。比利时自己成立了所谓的“刚果自由邦”；意大利在红海沿岸设立了一个小殖民地，后来成为厄立特里亚；法国也正在试图建立它所声称的横贯整个大陆的一个可能的帝国；德国在西南海岸靠近开普殖民地的地盘上宣布成立一个保护领；为了保护本国贸易，英国也于1886年宣布对尼日利亚的保护。

由一个非欧洲问题引发一场欧洲大战似乎是可能的。1884年第二次会议在柏林召开，十四个国家参加。这次会议确实在当时成功地避免了战争的发生，但只是制定了争夺非洲的游戏规则，除此之外无所作为。通过规定对一个“保护领”的占有必须是实际的

(effective)才是有效的(valid),[1]这次会议不仅使葡萄牙含糊其辞的主张无效，而且更重要的是，开始了一场通过实际占有所选择的土地而急匆匆宣布所有权的运动。

非洲大陆幅员辽阔，而现在开放给世界上已知的最大国际土地热潮(land rush)的这一部分，含有巨大的财富，可以发展贸易，也充斥着数百万黑人对当地奴隶贸易、战乱频仍、活人献祭和同类相食的恐惧。柏林会议忽视了本土的问题。虽然英国对帝国主义的态度有所改变，但英国人一直偏向于“白种人国家”的定居地，而不愿获取热带属地，承担治理国外低等种族的责任。即使对领土的争夺明显已经开始了，英国人最初没有表现出多少急迫。

正如我们所指出的，英国的人民和政治家们没有把握新的俾斯麦德国的意图，而且可能英国对这个国家的友好和信任超过了其他任何国家。英国允许德国占领后来成为德属西南非洲的所有地区，尽管它自己可以轻易地在德国之前夺取它。英国不顾这一地区所有贸易都掌控在英国商人手中以及桑给巴尔(Zanzibar)苏丹强烈反对德国并请求获得英国保护这一事实，还允许德国人在桑给巴尔苏丹的整个领地上建立一个保护领。当德国为了强化它的所有权而派遣了一支舰队到非洲西南海岸时，英国不仅没有反对，反而赞扬了这种行为。

然而，英国商人变得焦躁不安，担心他们建立的贸易可能被切断，于是开始与更北边的肯尼亚酋长们签订协议。即使那样，英国政府也拒绝为他们提供支持，直到得到了德国的认可。在这个阶段，我们可以肯定地说，德国在争取其“有利地位”方面，被允许

1 effective 和 valid 都有“有效的”的意思，但前者是事实上的，后者是法律上的。

完全的自行决定权，因为根据1886年协议，英国完全同意德国应该拥有四大地区，即东非、喀麦隆、西南非洲和多哥兰，虽然是英国人开辟了在这些地区的贸易，而且完全占据主导地位。在索尔兹伯里内阁产生后，英国的行动更主动进取，这一新阶段属于下一章讨论的内容。

目光向前扫掠片刻，我们可以注意到在从1875年到1900年的二十五年间，德国将自己的努力主要限定于只在非洲获取殖民地，在那里它把大约100万平方英里的土地和1700万属民置于自己的统治之下。然而，帝国属地的大幅扩张在世界的各个角落都能感受到，其中英帝国遥遥领先，增加了近500万平方英里的领土和9000万人口。在这个时期发生了多大的变化还可以由其他国家的行动反映出来。法国攫取了大约350万平方英里的土地和4000万人口，还不计算撒哈拉大沙漠；比利时，100万平方英里的土地和3000万人口；葡萄牙，80万平方英里的土地和900万人口；而俄国开发了西伯利亚的巨大资源，并征服了多个亚洲小国。

如同在前几个世纪文艺复兴和宗教改革释放出的活力导致了对美洲大陆的勘探和征服一样，人口的超常增长和19世纪的工业革命导致了要求扩张或者爆发的力量的第二次突然发作。在早先的两次情形中，要么是真空地带，要么是无法与持有先进武器的欧洲人相匹敌的土著人所占据的地区，提供了必要的安全阀。今天，整个世界都被宣称所有和占有，唯一可能的安全阀存在于人的智慧之中。潘多拉盒子里可能仍有“希望”，也可能没有。然而，当我们看到非欧洲和美洲世界被完全瓜分、扩张机会的结束、人口的增长、无数新的摩擦热点，以及欧洲对世界其他地区暂时的压倒性优势（虽然美国也染指其中），我们可以如同在一部希腊戏剧中，查探出命运之线的编织。

被掩盖的真相：英国落在后面

与此同时，我们可以转向这个时期英国正在发生的事情。我们已经说过，1870年标志着英国的贸易优势近乎达到顶点，而拿破仑战争结束后的这段时期，人口也显示出惊人的变化。始于1870年的二十年的比较贸易数据如下，单位为百万英镑：

国家 / 年份	1870	1880	1889
联合王国	547	698	740
法国	227	339	311
德国	212	294	367
美国	165	308	320
比利时和荷兰	136	237	310
英属殖民地	128	203	298
意大利	68	91	94*

＊表格摘自马尔霍尔（Mulhall），转引自恩索（R. C. K. Ensor）《英格兰：1870—1914》，牛津大学出版社1936年。

联合王国正在迅速输掉比赛，尤其是相对于德国、比利时、荷兰和美国时更明显。这在当时的英国是没有被认识到的。各种因素结合起来掩盖了真相。直到1870年的这段时期，英国贸易非常有利可图，仍然遥遥领先于任何竞争对手，虽然优势相对在下降。此外，英国还进行了大量的国外投资，1885年估计约为65亿英镑。尽管有判断失误和损失，大量收入从世界各地滚滚而来，进入英国的保险箱，给人一种富甲天下的感觉。于是，现在对我们来说很明显的事实，当时并没有引起英国人的不安，他们认为英国会像往常一样继续引领全世界稳步前进。

人口数据的变化也是显示实力序列变化的一个重要方面。下表中的数据采取四舍五入法以整数出现，不足50万不计入，超过50万计100万。

表 一

法国（1821）	3000万
德国（后来的德意志帝国的土地，1815）	2100万
联合王国（1821）	100万
美国（1820）	1000万

表 二

德国（1871）	4100万
美国（1870）	3800万
法国（1872）	3600万
联合王国（1871）	3200万

表 三

美国（1880）	5000万
德国（1880）	4500万
法国（1881）	3800万
联合王国（1881）	3500万
意大利（1881）	2800万 *

*参见恩索《英格兰：1870—1914》，牛津大学出版社1936年，第102页。

在最后一张表时的英国，当然包括爱尔兰——其心生叛意的人口已经下降到不超过500万人，只算大不列颠的话，人口只比意大利多出150万。此外，也许是由于布拉德劳和贝赞特夫人（Annie Besant）1877年发起的节育运动，英国人口出生率开始下降，就像法国人因为德国已经多年出生率不高一样。这一事实一时被英国较低的人口死亡率所遮蔽，但其影响终究会体现出来。

虽然通过各种教育立法，人们普遍比上一代有更好的教育设施，但英国高等教育落后于其他国家，特别是德国，尤其是在科学领域。世界正进入新的电化学时代，在事关要想在这样一个时代取得成功的所有方面，德国和美国都领先于英国。在19世纪早期，英国是新思想的市场，但现在情况不同了。发明家和科学家移居国外，英国失去了领先地位。

这绝不意味着英帝国没有希望了，不管是那时还是现在。我个人显然相信事实与此相反，但从容、乐观的时代即将结束。在本章所涉的时段内，即1870年至1886年，英国发生了两次严重的经济危机和工业萧条。这在过去也发生过，但是情况已经改变了。我们已经提到过，工厂生产制的迅速兴起带来了雇主与雇员之间的新型关系，但是在第一次严重的断层发生以及一些大商行被传给同一家族的下一代或下两代人手里后，在一定程度上，农业作为财富主要来源时代的那种家长式关系又恢复了。所有权与经营权统一在同一个人或家族，在很多情况下培育了对于工人的个人责任感和个人利益观。

然而，在19世纪后期，股份有限公司迅速推广，名义上的所有权分散到成千上万个股东手里，他们从未亲自见过工厂或了解工人，却要求投资回报，这就带来了一种新型的、更糟糕的劳资关系，在不同地区和行业表现各异。“失业的”一词最早于1882年作为一个名词使用，带有一种更不祥的含义。公司的发展也使一个全新的少数食利者阶级应运而生，他们不是凭劳动获取收入，也不承担地主或商人的责任，无所事事，却过着惬意宜人的生活，大部分住在郊区别墅或为他们修建的新城镇里，如伯恩茅斯和伊斯特本，这两个城镇都可以追溯到1870年左右。

在相当程度上，这个相当大的社会群体的成员没什么野心，除了保持他们自鸣得意的维多利亚式的体面地位。他们几乎没有为文化或经济进步作出什么贡献，对英国的进步，他们起到的作用更像是一种累赘而不是推动。我们还注意到，私人银行营业点合并为大型有限责任法人机构，虽然在某些方面很有用，但也不利于银行家与客户之间基于人格而不是抵押品的传统人际关系。这使得缺乏资源而又雄心勃勃的人创业起步更加艰难，就像今天的美国一样。

工业领域的这些减缓趋势和其他问题很明显，而农业则正走向毁灭，几乎在全然改变着英国在和平和战争时期的地位。在前几个世纪，英国在食物供给方面基本能做到自给自足。19世纪英国制造业和贸易的巨大增长，部分原因在于交通的改善和运费的下降，但这一因素给农民造成了不利影响，他们在1870年代被大量廉价的美国小麦所掩埋。美国西部有大量土地供人们前往定居，在南北战争的军队解散后以及1873年后的大萧条时期，大量人口汇入了西进运动。此外，农业机械的大发展降低了生产成本，铁路里程的增加促进了市场供给，海运成本也因蒸汽船的改良而降低。结果出现了世界小麦供应的大量而突然的增加——这无论如何都应该造成小麦价格下降——以及一种出乎意料而且灾难性的差别运价，这对美国农业生产者大为有利：从芝加哥到利物浦的运费从1873年的每吨三十七英镑下降到了1884年的每吨十四英镑。

在十年时间里，英格兰和威尔士农场工人数量减少了9.2万多，小麦种植面积减少了100万英亩。从1830年到1840年，英国所有的粮食中进口仅占2%；到了1880年代这十年间，英国被迫进口45%，65%的小麦依赖从国外进口。自然随着农业生产整体的下降，国内肉类供应也随之下降。

这在许多方面都产生了深远的影响。显然，当一个国家必要的食物供给很大一部分依赖于数千英里的海上航线从美国、阿根廷、新西兰、澳大利亚和其他地方进口时，一旦发生战争，它的处境将比这个岛国曾经基本自给自足时更为脆弱。此外，随着就业和人口从乡村向城市转移，英国完成了城市化，但英国人还基本上保持着对乡村和自然的热爱。尽管发生了工业革命，直到这个命运攸关的时期，农业一直是这个岛国的主导产业，农业的下降势必带来英国生活的真正革命。

土地不仅一直是国家收入的主要来源，而且拥有土地意味着政治权力和社会声望。随着工资和就业下降，更充满活力和抱负的年轻人转移到城市，土地的租金和利润随之下降。对富人来说，土地仍然是一种昂贵、炫富的奢侈品，一种社会地位的标志，但家世（blood）已经从持续了好几个世纪的英格兰传统生活中抽干了。一份大的乡村地产变成了某种类似于头衔的东西，作为一种荣耀的标志而保留在手，但已经没有实际价值，留下的只是影子。地产大亨的时代已经过去，例如特罗洛普笔下的奥尼姆公爵，其经济力量的崩溃只是时间问题，随之而来的将是他们政治控制的瓦解。金融家和工商巨头的时代已经为期不远。

迪斯雷利：改革与帝国

旧秩序在本杰明·迪斯雷利这里找到了自身的捍卫者，在三十多年中他是保守党的领袖，尽管他最早是个激进分子，如我们在前一章所见，曾为《1867年改革法案》的通过出过力。他是一个西班牙犹太人家庭的后裔，这家人从西班牙逃到威尼斯，1748移居英国。他似乎最不可能成为领导一个土地贵族政党的人。很难想象一个人物比这个希伯来人更不像英国人，因为英国人看重血统，而他几乎没有一样来源于英国的土壤：异国的容貌，奇异的穿着，一头卷发，浪漫的想象力和东方人的气质。

作为保守党人的领袖和自由党人（这个词在其现代意义第一次被使用是在1868年）的对立面，他必定对改革持否定态度，而把增强君主制和帝国作为奋斗的事业。这两者都对他的东方人性格有吸引力。然而，1870年后王权的实际权力在不断下降，而其符号价值增加。迪斯雷利心智的最大特质之一就是具有讽刺意味，而他一生中的一个讽刺就是帮助通过《改革法案》而削弱了王权的政治影响力。不过很大程度上也正是由于他的想象力和行为，到19世纪末，维多利亚几乎被神化，帝国主义变得嚣张起来。

1868年，迪斯雷利与自由党领袖格莱斯顿之间长期的政治角逐拉开了序幕。德比勋爵辞去首相一职，迪斯雷利继任，同时，罗素勋爵退休，把自由党领导人的位置让给了格莱斯顿。没有比这两人之间的对立更引人注目，他们将长期主导英国政局。两人都有巨大的勇气，也能做出最大胆的政治行动，但是，如果说迪斯雷利是一个最狡猾的精算师，那么格莱斯顿一旦根据目标下定决心，就会像公牛一样疯狂地奔向它。两人之间的差别可以从长相中看得出来：

格莱斯顿大头，方下巴；迪斯雷利长脸，瘦削，鹰钩鼻。迪斯雷利为帝国成就了许多辉煌，但人们能够感觉到他身上有一种强烈的冒险家的气质。几乎所有的政治领袖个人都是雄心勃勃的，这也是合理的，但就格莱斯顿而言，虽然他身上存在很多前后矛盾的地方，我们却能感觉到一种异乎寻常的政治品格的统一。约翰·莫利（John Morley）这样写到，他“不仅是一种政治力量，而且是一股道德力量”。在他一生中，他更像是从道德和宗教的立场看待事物，而不是透过政治眼镜。这样一个在财政和演讲领域有着完美能力的人，在长期的维多利亚统治时期担任首相的时间总计超过任何人，使那个时代在历史中熠熠生辉。

当迪斯雷利1868年2月就任首相时，自由党人很清楚地意识到应该采取切实措施来缓和爱尔兰的动乱了。爱尔兰问题还是那个老样子，一直没有得到解决，一系列暴行又将它再次带到了舞台中央。一个秘密社团已经形成，成员被称为芬尼亚（Fenians），主要从美国的爱尔兰移民中招募，他们在美国内战期间曾在军队服役，在军队被解散后又回到爱尔兰，利用他们的军事经验为英国当局制造麻烦。

爱尔兰人对英国的诸多不满之一，就是爱尔兰人必须向英国教会缴纳什一税。在迪斯雷利短暂的内阁期间[1]，格莱斯顿提出了一份在爱尔兰废除英国国教制的法案，虽然没有其他忠实的国教会成员支持他。然而，他认为把在英格兰合理正确的东西放到天主教徒占

1　1868年2月，德比伯爵因病去职，迪斯雷利接替首相职位，1868年末大选中保守党失败。

绝大多数的爱尔兰并不合理。迪斯雷利解散了议会，因为根据最近的《改革法案》的条款，他无论如何也必须这样做，结果在大选中自由党人赢得了明显多数，格莱斯顿任首相。他在1868年12月组建了自己的内阁，并成功在1869年会期在爱尔兰完全废除了国教制，并没收了那里英国国教会超过半数的基金。他的这一举动几乎没有遇到反对，甚至在包括数位主教的上议院。全国，包括根据《1867年改革法案》新增的选民，对这个选举的主要问题进行了公决，结果证明扩大民主之后的第一次行动是一个正义行动。一代人以前，这样的法案注定会被否决。现在年近花甲的格莱斯顿能力正盛，虽然在他传奇的政治生涯中，他还将以八十四岁高龄再次成为首相。

虽说英格兰一般民众和教会的既得利益者支持格莱斯顿消除爱尔兰的宗教不满，但这两个岛上的土地利益如此强大，以至于不能允许他对土地问题施展拳脚。爱尔兰地主自然不希望被打搅，而英国不理解为什么只隔着一个海峡，地主和佃农间的关系就迥然有别，他们担心如果政府消除了爱尔兰农民正当的不满，自己可能失去一些权利和特权。格莱斯顿可以通过立法略微改善一下情况，但根本上的不义还将持续到下一代人。《1870年土地法》要求，如果农民自付成本提高收成，以及不是由于不支付租金而土地被驱逐，地主需支付佃农一定的补偿金。然而，由于地主们能够发挥的影响力，即使往前的这一小步，都没有取得预期的实效。

除了在爱尔兰废除圣公会的国教地位，首届格莱斯顿政府还有其他引人注目的、值得称赞的改革。首先是由W. E. 福斯特提出的著名的《教育法》。在英格兰，国教会始终坚持着对教育的控制，但整个教育系统，部分属于教会，部分属于国家，杂乱无章。全国只有大约一半的儿童接受了教育，极不充分。《1867年改革法案》广泛地扩大了工人阶级和下层阶级的选举权，但又提出了新的问题，似乎开始出现了一个异常现象，那就是，拒绝给予一个人学习读写的机会，却授予他选择帝国统治者的权力！此外，新的自由党的支持者，很大一部分来自这两个阶级以及那些一直反对教会严格控制中小学和大学的不从国教者。这不仅是一个征税和教育理论问题，而且掺杂着所有由来已久的既得利益和宗教冲突的怨仇。

1870年通过的《福斯特法案》旨在取悦于双方，如同大多数两面讨好的法案，结果让双方都不满意，但它是英国教育史上一个伟大的进步和里程碑。对教会的拨款增加了一倍，因此它被明显地确保成为国民教育体系中一个永久的组成部分，同时这个体系中的空白部分，例如地理和其他科目，则由一个非宗教学校的教育体系补充，它们由地方税收拨款并由民选的地方董事会管理。直到1880年，每个英国儿童才必须接受义务教育，十年后义务教育才完全免费，但19世纪早期不体面的状况至少正在改善，从1870年到1890年，小学入学率超过了三倍。

虽然英国将在科学教育上远远落后于德国和美国，然而在1850年到1882年之间，牛津大学和剑桥大学在一定程度上打破了18世纪的冷漠。通过1871年格莱斯顿政府颁布的新《大学学位考试条例》，学术职位对所有学者开放，不管他们信仰何种宗教。十几年后，在议会而不是教会的指导下，英国大学都建成了现代形式的大学，但英国已经付出代价，而且还要付出高昂的代价，因为在一个迅速变化的时代，它迟迟未能满足教育的需求。

高等教育，包括女子大学和面向地方的大学推广运动，加上与教会无关的新地方大学，都对英国生活的许多领域产生了深远的影响。我们已经提到印度文官队伍的改进，但英国国内的文官队伍，与美国今天的情况大体相似，仍然存在家族保护和政治上的任人唯亲。然而1870年，喜欢砍树的格莱斯顿砍倒了恩庇（patronage）这棵巨大的见血封喉毒树，几乎所有公职都必须通过考试竞争上岗。这就是说，在现在的英国，政府的更替导致差不多一百名官员失去公职。任何务实的政治家都会看出这种情况与美国的差别。在美国，各种部门、各种级别的数十万公职人员依赖于执政党才有这份工作，一旦大选中政党轮替，他们肯定会被人取代。也许经过两代人的时间适应了自己的制度之后，美国人比英国人更明白这个措施对公共生活的惊人效应。不仅是公共服务的质量大大提高，而且使得政治生活最为贬值的因素之一被消除了。

与前面提到的改革同时出台的另一项改革是1871年废除了陆军中的职衔购买制度。任何级别的职衔都是一笔资产，除非支付职衔的先前拥有者开出的价格，一个军官才能获得委任或晋衔，虽然这些价格都是标准化的。这一制度的影响所及是显而易见的，不仅军官当然地反对任何改变，那将剥夺他们的财产，即使女王和她的堂弟，担任陆军总司令的剑桥公爵，也同样反对。

在这个典型地体现18世纪对公共服务的态度的制度里，有一个奇怪而危险的例外。只有活着的军官才能出售他的职衔。如果他死了或在行动中丧生，他的“投资”就变得一文不值，他的家人也一无所获。无论是出于军队挑选和提拔军官的效率，还是为了战争中的表现，都不可能设计出比这个更差的制度。只有通过让那个无能的公爵继续担任总司令直到1895年，这个制度才能被废除，这一事实表明该有多少18世纪的东西延续到了19世纪末。

格莱斯顿，由于在爱尔兰废除国教制，以及《土地法案》《教育法》和《陆军法》，失去了许多支持者的同情，但自由党的大多数成员支持他的另一项改革。选举权扩大到工人阶级引发了自由投票的问题。这个阶级的成员大多依赖他们的雇主，而只要雇主知道一个人如何投票，选举就不可能自由！1872年格莱斯顿政府通过了《投票法》，建立了不记名投票制度，标志着向自由选举又迈出了一大步。

政府另一项值得称赞的行动对英美关系和世界历史都有重大意义，那就是英国决定同意对美国就南北战争期间英国建造的船只——主要是亚拉巴马号——对美国造成损失的赔偿要求的仲裁。一些美国政治家和官员提出的索赔总额显然是荒谬的，但罗素政府明确表示，的确需要进行合理数额的赔偿。两个说英语的国家，曾长期关系不和，如果都同意遵守仲裁委员会的决定，标志着双边关系进入了一个愉快的新阶段。日内瓦的仲裁委员会判给美国大约一千五百万美元，英国虽然嘀咕不公平，还是平静地接受并支付了这笔赔偿金。

正如经常发生的那样，改革的快速推进引起了反弹，上面提到的种种问题削弱了格莱斯顿和自由主义的声誉。在1874年1月的大选中，民意逆转，保守党以明显优势获胜，结果迪斯雷利取代格莱斯顿担任首相。

迪斯雷利的1874～1880年任期，大部分时间处于1870年代的世界经济大萧条中，但在内政和外交方面都有诸多建树，其中好几个最引人注目的、影响深远的事件，是与迪斯雷利个人的独特素质分不开的。在国内事务上，在野期间他奚落自由党人没有完成改革的承诺；现在掌权了，随着国内日益严重的萧条和不安，保守党人在他的带领下，不得不在1875年议会会期，特意推出一系列本该为他们的对手赢得赞誉的法案。

《工会法》显著地提高了工会和劳动人民的法律地位；《工匠住宅法》是住房立法历史上一个重要的里程碑；《食品药品法》不仅是该领域的第一部综合立法，直到1928年仍然是最重要的法律依据。更重要的是《公共卫生法》，它是目前为止英国卫生法的真实基准。当我们在这些成就里再加上公债偿债基金（Sinking Fund）的建立时，这一年作为议会年鉴长卷中最非凡的一年十分夺目。从18世纪后期以来占主导地位的自由放任已经无人理会。普通人的日常生活再次成为立法者关注的问题。

议员资格也发生了显著变化，没有被充分识别出来，是因为这样的改变很少被发现。尽管1867年法案扩大了选举权，议会没有立即尝试恢复今天我们所称的工党议员席位，但在1874年两名矿工被选进来，这是未来的工党的预兆。也有五十八名爱尔兰人进入议会，他们拒绝被称为保守党或自由党，唯一目的是通过阻碍政党制度的运作而维护爱尔兰的地方自治。

尽管迪斯雷利内阁早期在社会改革而不是政治重建方面取得了一些成就，但他的天才更在于对帝国更宏伟的构想以及帕默斯顿式的信念，认为英国的声音对国际事务是决定性的。他成为新帝国主义的鼓吹者已有好些年，甚至说过英国更要成为一个亚洲强国而不仅仅是一个欧洲强国。我们说过，他的思维方式在很多方面是东方式而不是英式的，他想象的帝国不是后来实现的自由国家的联邦，而是一个高度统一的帝国，具有通行帝国关税、一部军事法典，通过某种代表会议集权于伦敦。这是一种在19世纪后半期非常时髦的理论。

在海外，迪斯雷利从格莱斯顿手中接过与阿散蒂人的战争，他们是一个好战、残忍、实行人殉的黑人部落，居住在黄金海岸后面备受热病困扰的丛林里。1871年，荷兰人为了交换整个英国人声称拥有的苏门答腊岛，把他们手中的黄金海岸要塞转让给英国人，从而加强了英国对这片领土的控制，并允许英国从内地结束奴隶贸易。作为英国无数的“小战争”之一，基于土著人异常低下而残忍的品质、远征军必须经受的恶劣物质条件、参战人群的特征以及结果取得的进步，这场战争特别引人注目。这是一场仅有约两千四百名白人士兵参加的战争，但其中的军官包括：加内特·沃尔斯利爵士、陆军元帅伊夫林·伍德爵士、陆军元帅梅休因勋爵、将军雷德弗斯·布勒爵士、J.弗雷德里克·莫里斯将军。随行战地记者包括《人类的殉道》的作者温伍德·里德以及亨利·M.斯坦利。仅从人员上看这场战争就值得注意，但它的胜利也将不受欢迎的黄金海岸保留在英帝国之内，同时废除了奴隶制。在地球的另一边，英国将无主的斐济群岛兼并，为了维护土著人的秩序，也作为进入澳大利亚和新西兰的跳板。

也许迪斯雷利这些年最有名和最富戏剧性的举动，是从埃及赫迪夫（Khedive）手中购买苏伊士运河的股份，当时赫迪夫正陷入严重的财政困境。虽然以前也有机会这样做，但格莱斯顿和其他政治家持反对意见。这份勇气、胆量和成功只属于迪斯雷利。在接下来的半个世纪里，不仅所支付的成本获得了近八倍的回报，而且虽然获得的利益不具有约束，但很大部分是苏伊士运河带来的好处，赋予英国一种对于埃及的新地位，并最终导致为这个国家承担责任。这条运河也是通往印度的航线，而正是帝国的这一部分最吸引迪斯雷利的想象力。

1875年，迪斯雷利买下了赫迪夫的所有股份，这一行为后来震惊了整个欧洲。同年冬天，他计划让威尔士亲王出访印度，旨在让那些小国君主们和其他统治者们可以与未来的宗主亲自接触，这证明非常成功。亲王出行的壮观和魅力证明了首相认知的东方式思维，就像他的下一个举动是强行通过议会把“印度女皇”的头衔添加到英国女王的众多头衔之中（1876），虽然议会有点不情愿。大多数英国人，虽然会提到“英帝国”，但他们不喜欢帝国的称谓。这种称谓对他们来说有着不好的内涵——法兰西皇帝，墨西哥不幸的马克西米利安皇帝——被认为是非英国式的、炫耀的、俗丽的表现。但迪斯雷利这么一个如此非英国式的人，更领悟东方思维，并且意识到，印度的统治者对“印度女皇”比对“大不列颠女王”会有一种不同的、更忠诚的感觉。

从心理上说，这一举动有两个效应。在印度，它有助于培养忠诚和国家认同；在英国，反对维多利亚女王接受这一头衔的声音让她非常恼怒，这是导致她在以后的生活中反对自由主义的原因之一。然而，王权再一次越来越受到欢迎，部分原因在于亲王的印度之行取得成功，部分原因在于亲王的病情严重，危及他的生命。民众为他的康复松了一口气，越来越认识到，王权在帝国发展过程中的象征意义而非权力，是迅速促成它获得现代地位的因素之一。

与此同时，迪斯雷利（1876年成为比肯斯菲尔德伯爵）利用当时没有其他英国人会用的谄媚奉承来取悦女王，这更适合荣耀的伊丽莎白女王，而不是19世纪的立宪君主。迪斯雷利受到年事已高的女王的欣赏，格莱斯顿对此感到强烈厌恶，如果君主还掌握着几代人之前的权力，他可能永远不会再有上台的机会。女王不喜欢格莱斯顿以恭恭敬敬、全神贯注和直言不讳的态度与她交谈，“好像她是在一个公开的会议上”。

东方问题：下错了赌注

在迪斯雷利任期的最后几年，“东方问题”又一次凸显出来。像帕默斯顿一样，两人的态度和政策在很多方面相似，迪斯雷利，现在我们称他比肯斯菲尔德伯爵，害怕俄国的实力和影响力有任何增长。土耳其政府早已臭名昭著，因为它虐待其统治下的基督教少数民族。俄土战争以土耳其1878年战败和签订《圣斯蒂法诺条约》而结束，比肯斯菲尔德伯爵虽说对土耳其缺乏同情，但对俄国是一直完全反对，他要求召开一次欧洲全体大会来解决争论中的问题。

条约将土耳其在欧洲的领土面积和实力减到了近乎今天的程度。毫无疑问这份条约包含了一些不公正的内容，但不是比肯斯菲尔德伯爵认为的那种不公正。对待如此复杂的一个问题可能有不同的意见，局势的转变经常出乎最精明的政治家的预料，但根据一些后续事件来看，似乎迪斯雷利在会议上争取而来的条约修订是错误的。整个巴尔干问题一直以来不仅是一个谜团，而且对欧洲和平构成了长期的威胁，比肯斯菲尔德伯爵的解决方案为将来的麻烦埋下了种子。他延续了对土耳其不该有的信任和对古老的俄国可能同样错误的恐惧，通过归还大约四千平方英里的土地及其居民而恢复了土耳其的实力。马其顿被归还给土耳其，但是保加利亚获得了解放。波斯尼亚和黑塞哥维那从土耳其转归奥匈帝国的统治，这预示着奥匈帝国与作为南斯拉夫守卫者的塞尔维亚之间最终的冲突。这些地区在1908年被那个二元君主制国家完全且专横地兼并，是直接导致世界大战的事件之一，比肯斯菲尔德1878年的政策为整个奥匈帝国和德国东进（Drang nach Osten）提供了极大的动力。甚至随同首相前往柏林的索尔兹伯里也在后来承认，他们"下错了赌注"。无意之中，作为谈判的一个副产品，英国获得了塞浦路斯岛。

比肯斯菲尔德回国后声称他荣耀地带来了和平，人民也为避免被拖入一场全面欧洲战争而松了一口气，虽然1878年的局势远不如1914年更具灾难性。

然而与此同时，有一个引起激烈的公众辩论和意见冲突的根本问题。比肯斯菲尔德对土耳其暴政的残暴罪行和惊天影响漠不关心。对他来说，"荣耀的和平"意味着英国通过追求他认为正确的俄土政策来发号施令和增加其国际实力。另一方面，格莱斯顿对奥斯曼宫廷背叛其基督徒臣民的行径满怀怒火和义愤，在宣布退休后又重返政坛。他从道德而不是政治的立场出发，反对任何一个国家在欧洲公会议上为自己谋求主导地位，认为英国的分量应该倾向弱者和被压迫者一边，而不是习惯于强迫已经获得自由解放的人民重新在脖子上套上专制暴虐的枷锁。

那时，和平，任何形式的和平都依赖于政府，但内阁正在迅速失去人心。格莱斯顿气旋般的道德力量在当时可能比表面上显示的有更深的影响力，而比肯斯菲尔德反俄的外交政策使英国卷入了另一次阿富汗战争，这让他越来越不得人心，这点我们随后再叙。与祖鲁人的战争和农业的进一步萧条也是使他降低声望的原因，时代正在以一种他没有意识到的方式改变。

旅行竞选、周末与大众化

约瑟夫·张伯伦在伯明翰组织了全国自由联盟，由一些当地小型组织构成。在1867年被授予潜在权力的工人阶级成为这些组织的新生力量，他们现在被赋予在党的委员会上发表意见和表达愿望的机会，在某种程度上，这在贵族控制的早期时代被认为是不可能的和革命性的。格莱斯顿懂得政治氛围的变化，在1879年中洛锡安竞选运动[1]旋风般的巡回演讲中，他在民众中获得的欢呼称赞超过了以往任何其他政治家。他们不仅为他喝彩而且给他投票，1880年的新议会中自由党占有可观的多数。与迪斯雷利的政治决斗画上了句号，格莱斯顿再次成为政府首脑，一年后迪斯雷利去世了。这次运动中，新的民主力量被动员起来，民主机制以一种现代方式得到展示，这次运动使女王甚至许多老资格的政治家都倍感震惊。

实际上，到1880年代，我们发现许多事情正开始让政治和政治家领域之外的保守人士感到震惊。如果说女王不喜欢格莱斯顿先生的举止，他把火车车厢的一个开放的窗口作为不合时宜的论坛对一大群人发表演讲，这实际上在一定程度上使她烦恼，那么她也不喜欢自己的儿子威尔士亲王的举止。由于被女王排除了对国家事务的任何真正参与，作为一个能力十足的人又不喜欢思想文化或审美情趣，他只有通过其他途径让自己获得满足，成为伦敦社会奢靡放荡生活部分的大佬。虽然他早期不受人欢迎，关于他的性丑闻和赌博丑闻广泛流传，但现在他受到了各个阶级的欢迎，这也许是

1　这是世界首例旅行竞选，由后来在1894～1895年任首相的第五代罗斯伯里伯爵（1847～1929）策划。中洛锡安为格莱斯顿的选区。

对维多利亚时代中期过于严谨的家庭生活的普遍反动的一部分。亲王发明的在马尔博罗大厦举办的礼拜日晚宴是对英国周末社会习俗的首次违反，稍后不久就兴起了八十年代乡间别墅的周末聚会。“周末”一直被认为是独特的英国产物，但如果了解到它的历史多么晚时许多人会大吃一惊，显然，周末和传统的严守安息日主义（Sabbatarianism）不能混淆。

1880年也见证了另一个预兆。报刊仍然主要由庄重的日报、几份严肃的周刊和令人敬畏且非常能干的季刊组成。但1880年乔治·纽恩斯创办了一个小型周刊杂志《趣闻》，里面是各种各样的八卦消息，服务于那些有读写能力又不想过于专注而影响精力的人。它预示着一个大众思想的新时代。

还有其他因素的干扰。激进派现在被认为是自由党的一翼，约瑟夫·张伯伦、迪尔克和其他人正在提出一些令人不安的建议。事实上，张伯伦马上就要提出，私有财产因为已经取代公有制和公共管理，应该为所有人的利益以“赎金”的形式征税。如果回忆我们这个世纪里劳合·乔治先生早期演讲所引起的振奋，就不难理解张伯伦先生在新创的周末聚会上造成的震撼了。

似乎一切都在变化，甚至房屋的建筑风格，至少规模小一些的乡村房屋是如此。英国是一个小国，在伊丽莎白时代人们把它称为“半个岛屿”，但乘兴而来的外国游客总是对其异常丰富多样感到惊奇，不仅是它的风景，还有它的老式乡村建筑。各种各样的砖、不同的当地石材、抹灰墙以及诸如此类的东西，都是早期时代不富裕的人建造房屋要用到的，换句话说，为了方便和成本。当建筑材料的运输费用昂贵，即使完全可能，建筑商会求助于当地附近的材料。随着公路、运河和铁路时代的到来，许多标准化的材料，即使运输成本增加，也变得比当地的建材便宜。而乡村建筑越来越低劣的巨大变化，可能更在于经济原因而不是维多利亚时代精神的原罪，与我们这个时代世界大战之后波纹铁的泛滥极为相似。

在建筑领域发生的变化同样发生在家具上，家具生产由机械加工替代了手工制作，便宜的彩色印制图案批量生产。机器推动了经济，却未被控制来创造美，如果说机器可悲地影响了品味，这是可以理解的。社会财富也发生了大转移，正如一个新阶级已经学会了阅读而未能聚精会神，不经过任何培训就知道如何购买各种舒适用品和小装饰物的新阶级也已经形成。

另一方面，这些年在一批艺术家诸如威廉·莫里斯、罗塞蒂、伯恩-琼斯和沃茨等的带领下，已经有了一种反应，而已经在伦敦定居的美国人惠斯勒带头进行了为反对早期摄影术对绘画艺术造成的不良影响的斗争。

基本上已经垮掉的文学在1870年有了一个全新的开始，虽然诗歌明显缺乏，大部分是新时代崭露头角的小说家，例如美国人亨利·詹姆斯、乔治·梅瑞狄斯以及托马斯·哈代，但他们的读者非常有限——虽然1886年罗伯特·路易斯·史蒂文森出版了《金银岛》和《绑架》。所有维多利亚时代早期的小说家——狄更斯、萨克雷、乔治·艾略特和其他人，曾经是畅销书的作者，但是那种名衔现在只能落在已经被遗忘的平庸甚至更差的作者头上。女王读过玛丽·科雷利（Marie Corelli），而王位继承人什么也没读过。

第十一章 / 1880年代

格莱斯顿内阁的困难

从1880年到1902年这段发生巨大变化同时孕育新力量的时期，除了从1894年3月到1895年6月罗斯伯里内阁短暂的插曲外，只有两位首相——格莱斯顿和索尔兹伯里勋爵，他们轮流主政，很像晴雨表上的两个数字经常出现或消失在它们的盒子里。在这一章和下一章，我们将只考虑往下到1892年的这段时期。在这一章我们主要讨论国内事务，以及埃及——从未被看作是帝国的永久部分——和爱尔兰的事务。

在比肯斯菲尔德担任首相期间，格兰维尔勋爵已经成为上议院中自由党的领袖，哈廷顿勋爵成为下议院中自由党的领袖。1879年自由党在大选中上台后，极度讨厌格莱斯顿的女王分别授命他们两人组建政府，但他们都拒绝了。格莱斯顿拒绝加入任何不是由他领导的内阁，而显然没有他的内阁是不可能组建起来的。女王因此不得不克服个人情感去请他出山。

在上文提到的预示未来的中洛锡安竞选运动中，新的选民总体上是激进的，这是第一次。议会已经分裂成三个而不是两个党派——保守党、自由党和爱尔兰自治党（Home Rulers），但实际上自由党也正分裂为辉格派和激进派。格莱斯顿本人现在已经年过七十，并开始显露出他素质中不足的一面。他更属于辉格派，在组建内阁时选择了八个辉格派成员和三个激进派成员，虽然是激进派为自由党的选举获胜作出了主要贡献。这种分裂——将来还会扩大——妨碍了自由党执政的成功，并最终使它沦为在野近二十年。

新政府随即在开局中表现不佳。无神论者查尔斯·布拉德劳当选为代表北安普敦的议员，但在完成他所要求的效忠确认，或者他同意常规的议会宣誓之后，却不允许就任。对这个案件的处理十分拙劣，虽然他在这个选区的选民的支持下又三次当选，但直到1886年才被允许就任。与此同时，宗教情感又一次被激发起来，政客们利用这一情势，而政府自身已然卷入的麻烦持续成为其弱点。一些不光彩的行动和频繁的违规操作开始了降低议会威信的过程。

虽然这一时期的大部分帝国历史将在随后讨论，我们可以在这里提到两个简单的事件，它们使得政府不得人心。格莱斯顿从前任那里接过了德兰士瓦的问题。在野期间和在竞选演说中，这位现在的首相一直支持恢复德兰士瓦布尔人的独立，这是一项受整个南非的大多数布尔人欢迎的政策。一个成立联邦的计划被来自德兰士瓦的代表克鲁格和茹贝尔拒绝了，后者是一名优秀的士兵。德兰士瓦的布尔人已经成立一支颇有战斗力的部队，这超出了纳塔尔的英军司令官乔治·科利爵士的预料。最终布尔人爆发了武装叛乱，围攻德兰士瓦的四支小股英军守备部队。科利将军带领一千五百人前去增援，但在朗峡受到顽强阻击，并于1881年2月在马尤巴山最终被击败，科利将军本人为国捐躯。

格莱斯顿可以选择采取更大的行动，强行继续他公开反对过的兼并政策，从而也许带来开普布尔人的一场大反叛；或者承认失败，让英国声誉受损，允许德兰士瓦独立，那里的居民将感觉自己高人一等，同时留下一种心灵的伤痛。他选择了第二种处理方式，1881年的《比勒陀利亚公约》承认德兰士瓦（后来成为南非共和国）的独立，英国保持其对外关系的控制权和保留对它的“宗主权”（suzerainty）——这个词在三年之后的《伦敦公约》中被首次提出来。

顽强的克鲁格现在成了英国人难以制服的对手，他成为这个新国家的总统，而且只要他的国家保持独立，他就将保持这一职位。格莱斯顿要做出选择可能是很困难的，但是对事情的处理一直欠妥再加上有些延误，英国只得向武力屈服，交出它本可以心甘情愿地授予的东西。许多未来麻烦的种子已经播下，新政府的声誉从一开始就再次受损。

阿富汗是格莱斯顿从迪斯雷利内阁接手的另一个问题。新的印度副王里彭侯爵，受命立即安排英国从该国撤军。一位阿富汗人阿卜杜拉赫曼（Abdurrahman）宣称自己是埃米尔（Amir）[1]，获得英国承认并立即在喀布尔正式就职，但是另一个自称埃米尔的人出现了，并开始攻击还在坎大哈的英国军队。那里的指挥官伯罗斯将军，带领二千五百人的部队出城阻击，但在迈万德遭受重创，只得退回坎大哈，陷入阿富汗人的围困之中。幸运的是，他被罗伯茨将军率领的一万人部队和八千名随军平民解围。援军在二十三天的时间里完成了超过三百英里的急行军。英国人取得了完胜，最终按计划撤

1 阿拉伯穆斯林国家的酋长、王公或统帅的称号，或者对穆罕默德后裔的尊称。

出，但最终统制了这个国家的阿卜杜拉赫曼，同意英国控制其对外关系；作为回报，英国对其支付一定补偿，并保证其免遭其他大国入侵。

从德兰士瓦和阿富汗的这两次撤军是格莱斯顿明显不喜欢帝国主义的证据。他对帝国主义几乎没什么支持，就像对年轻一代人的新社会主义思想或张伯伦的激进主义一样。实际上，这个“元老”（grand old man）和整个自由党正逐渐与当时一些主流思想相脱离。他仍然对社会改革和首要的爱尔兰问题很感兴趣，但几乎不关心殖民地问题，因此倾向于拖延对相关问题的决定。

我们还能从埃及找到另一个例子，虽然在该世纪的最后二十年，英国在那个国家的行政管理堪称世界的楷模，也取得了英国海外统治历史上最好的成就之一。具有讽刺意味的是，是格莱斯顿实现了英国对这个尼罗河古老国家的占领，尽管在中洛锡安竞选运动中，他强烈地谴责了比肯斯菲尔德冒进的帝国主义政策。

埃及危机

埃及理论上服从土耳其苏丹的统治，但实际上已经长时间半独立化，由本国统治者赫迪夫实行专制统治。在该世纪初，赫迪夫穆罕默德·阿里花费巨资并使用专制的方式试图使这个国家根据自己的想法实现西化。他也进行了一些代价高昂的军事行动，包括征服苏丹的大部分领土。他的继任者赛义德帕夏继续推进昂贵的西化工程，正是他批准开凿苏伊士运河。下一任赫迪夫伊斯梅尔帕夏更是雄心勃勃，包括对苏丹广大地区的大幅扩张，而这片土地上到处都是剽悍的、不安分的野蛮部落。在这项工作中他得到了两个英国人的援助，其中一个是查理·戈登（Charles Gordon）或被戏称为“中国人”戈登[1]，他为废除奴隶贸易和给当地无政府状态的混乱带来一定程度的秩序作出了巨大贡献。

英国人一直以来在领导和管理野蛮或原始种族上特别成功，远胜于治理文明程度高的外国人。在这方面中不曾有谁像戈登这么伟大，他有着圣徒的品格，笃信宗教，虽然有些古怪，很难被更高的权威操纵。

伊斯梅尔在个人和国家的开销上表现出令人不可思议的轻率，在十三年中，埃及国债从三百万英镑增加到了大约一亿英镑。这笔钱大多数来自主要出售给法国和英国投资人的债券。他还用一个无能的埃及人取代了戈登，导致苏丹和埃及迅速瓦解，结果给普通民众带来巨大苦难。1876年赫迪夫暂停偿还债务，英国政府本想保持克制，而法国更加积极，坚持要求成立一个专门委员会，即所谓的公共债务委员会，直接从国民收入中提出一部分以保障公债持有者的利益，而无需通过腐败的政府官员之手。仅仅两年后，英国人动摇了，站到法国人一边，并派出两名代表到开罗，即查尔斯·里弗斯·威尔逊爵士和少校伊夫林·巴林爵士，后者以克罗默勋爵更知名，也将证明是世界上已知的最伟大的行政管理者之一。

如果要拯救埃及，特别是埃及穷人，显然必须整顿埃及财政。为此目的，任命了两名总会计师，一个法国人和一个英国人，但伊斯梅尔却在密谋和煽动革命。结果土耳其苏丹在臣下劝说下，罢

1 1860年第二次鸦片战争爆发，戈登随英军来到中国，并于1863年3月成为洋枪队统领，在镇压太平天国中获得名声。

黜了伊斯梅尔，把自己的儿子陶菲克（Tewfik）扶上埃及王位。埃及已经发生了一些密谋和叛乱，主要由一个埃及本土人阿拉比帕夏领导。在苏丹干预之后，他领导了一场直接针对土耳其人和外国人的民族主义运动，煽动宗教仇恨和种族仇恨的火焰。最后阿拉比和他的军队包围了王宫，迫使赫迪夫将军队人数从四千增加到了一万八，归阿拉比亲自指挥。赫迪夫现在无可奈何，法英专员们也处境危急。后来到1882年，阿拉比实际上已使自己成为埃及的统治者。

接下来法国人和英国人就如何应对这种局势进行了数月的磋商。阿拉比及其追随者表现出没有能力治理国家，暴民和不满的军人也开始失控，该国正走向无政府状态。虽然极不情愿，但格莱斯顿同意法国总理的建议，两个国家应该派出一支联合舰队保护在埃及的外国人。联合舰队抵达亚历山大里亚维持秩序，但埃及人的回应是屠杀了包括英国领事在内的大约五十名欧洲人。阿拉比现在是埃及占统治地位的力量，已开始修建海岸炮台威胁舰队的安全。联合舰队警告他停止这一举动，但他拒绝了，英国舰队开火，在大约十小时内摧毁了新建的炮台。与此同时，法国发生了政府更替，法国舰队奉命撤退，把英国舰队独自留在埃及。法国一直是干预埃及的主谋且强烈要求英国加盟，现在却溜之大吉，除了协助保卫苏伊士运河，停止在埃及事务中发挥任何作用。

在法国发生了另一次内阁危机后，即使协助的轻微承诺也被收回了，之后土耳其苏丹也拒绝采取任何行动以维持他的藩国的秩序。于是英国宣布它将独自承担这项任务，但无任何兼并埃及的意图，并将在赫迪夫恢复权威之后撤出。格莱斯顿政府现在迅速地行动起来。

大约在1870年，英国军队连同其费用已经大幅增加了。更重要的是，它的品质和士气已经在爱德华·卡德韦尔的努力下大为改观，他在1868年被任命为陆军大臣。通过他的改革，包括废除鞭打这一有辱人格的习惯，除非在战时，他使参军服役成为男人体面的事业，而不是社会最低层的最后避难所。他还鼓励殖民地组建自己的军队用于提高当地防御，而且从这些殖民地武装力量中带回了很多正规军，用这种和其他方式将英国本土的军队增加到大约两万人。所有这些举措都是在违背威灵顿的传统教导和大多数军官的意愿的情况下进行的。卡德韦尔改革的效果现在是显而易见的。在实践检验中，英国能够在加内特·沃尔斯利爵士的率领下毫不拖延地投送一万三千名士兵到埃及。在1882年9月，他在泰勒凯比尔（Tel-el-Kebir）彻底击溃阿拉比的军队，结束了在开罗的行动，阿拉比和他的残余追随者被俘虏。阿拉比本人被放逐到锡兰。

从海上航线将如此大规模的军力快速转运到近二千五百英里外的地方并且取得了迅速彻底的胜利，这使英国的声望达到了一个高峰，并持续到布尔战争。法国面对在埃及将近七十年经营的成果处于危急关头时完全撤出了。英国用了两个月左右的时间独自平息了叛乱，但仍然有很多工作要做。作为阿拉比叛乱和几代赫迪夫管理不善的结果，埃及已经没有政府了。

法国尽管此后将在埃及扮演狗占马槽的角色，这会儿却吵吵嚷嚷地要求英国人撤出。可能没有什么比这更合格莱斯顿这样一个具有反扩张主义思想的人的心意了，但形势太复杂。英国军队进入埃及，现在是抵御无政府状态洪流的唯一堤坝。除了国际债券持有者的利益外，还有其他利益处于危险之中，例如法国人拒绝防御的苏伊士运河，以及埃及人民自己的利益。

欧洲需要一个稳定的埃及，除了法国以外的欧洲国家都很愿意让英国承担恢复埃及秩序的任务。实际上他们本可能愿意让英国兼并这个国家或宣布它为一个保护国。这两种选择英国政府都没有做，这使它自身处于一种异常的处境，将在未来造成很多困难。伊夫林·巴林自从1880年就一直在印度，他被征调回国并加封爵位，然后作为英国代理人被派遣回开罗执行一项最艰巨的任务。在埃及，他除了英国专员外没有其他官方身份；英国除了有一支占领军外没有任何不同于其他外国的地位；苏丹除了偶尔进行干预制造麻烦外无所作为；赫迪夫除了发生同样的情况外不能或不愿有所作为。公共债务委员会仍然存在，控制着这个国家一半的财政收入，而且在制造麻烦，就像法国人一样。名义上只能提供建议的巴林，在这个国家一直服务了二十三年，克服了一个个障碍，逐步使它恢复正常状态。

与此同时，格莱斯顿内阁犯了一个致命错误。埃及政府自从免除戈登职务以来一直对苏丹施行残暴的统治，以致一场严重的叛乱在一个自称“马赫迪”（Mahdi）或“弥赛亚”的当地人的领导下熊熊燃烧起来。两支军队被派去镇压，但都被打败了。埃及人显然无法重新征服这片广袤的土地，叛乱只能由英国人来收拾。这可能需要几年的时间，而且延迟英国撤军。唯一的选择就是放弃苏丹。结果选择了第二种路线，但还是保留了零散的埃及守备部队，在某些情况下由英国军官指挥，不能任由当地人摆布，问题是如何让他们撤出。英国政府不听巴林的建议，委派在伦敦的戈登去执行这项任务并立即出发。

戈登到达了苏丹的政治中心喀土穆，但是正如巴林所担心的那样，他没有遵从命令。就政策而论，他没有立即撤出驻军，相反给巴林发送大量矛盾性的电报进行拖延。与此同时，“马赫迪”的军队正在集结，戈登无望地被包围了。现在新的问题是如何解救被围困的部队。在伦敦，内阁对替代方案犹豫不决，从4月1日迁延到8月。等沃尔斯利奉命前往埃及进行解救戈登的远征，为时已太晚。

由于几乎没做任何准备，尽管英勇拼搏，穿越了沙漠，远征军直到1885年1月28日才到达喀土穆。这个地方已经在“马赫迪”军队的猛攻下沦陷，戈登也在两天前阵亡了。虽然这个不幸的领导者因为自己的拖延才招致灾难，但主要责任必须归于内阁，是他们选择了戈登，之后又拖延了几个月才施以救援。这个责任被踏踏实实地算在格莱斯顿的头上。他一心扑在英国国内问题上，而对苏丹事件漫不经心，这件事对他的名望和影响造成的损害超过了他的其他行为。现在的问题是，是否放弃整个苏丹。这个问题立刻得到解决，因为俄国人在阿富汗的行动使得英俄可能发生战争。苏丹被留给了“马赫迪”和他的继承者，后者据说在十几年中使当地人口减少了数百万人。

虽然这一年标志着格莱斯顿第二任期的结束，但我们可以把目光向后延伸十年，以便完整地叙述这一阶段的埃及问题。巴林和英国行政官员及军官团队把埃及从破产的边缘拯救出来，重振了本土军队的素质和士气。通过灌溉，他们打下了繁荣的基础，恢复了长期遭受压迫的农夫的基本生存条件。到1888年国家预算真正实现了平衡，为继续进行大规模的公共建设工程提供了可能。所有行政部门，包括税务部门和司法部门，都被清理整顿过一遍，变得廉洁高效。学校、医院和铁路被兴建起来。几代人以来，埃及一直是邪恶和痛苦的污水坑，在被英国控制不到二十年的时间里，它成为一个繁荣幸福的国家，这个表现在历史上是无与伦比的。故事的其余部分属于下一个时期。

我们还可以提一下格莱斯顿内阁处理埃及问题带来的长期国际影响。它已然毫无预见、也不情愿地卷入这个问题之中。法国将在二十年时间里保持疏离，严重影响英国在欧洲外交中的作用。当1885年埃及提出一项九百万英镑的贷款时，英国内阁拒绝为之提供担保，结果是大多数列强为其提供国际担保，其中六个是公共债务委员会的成员国。其中，俄国和法国长期反对英国，将英国推向三国同盟的怀抱，使它与德国交好尤其重要。俾斯麦在他的赌局中大获全胜。

地方自治："政治就是爱尔兰"

这些年压倒了一切的问题是老生常谈的爱尔兰问题。我们已经谈到过美国小麦的大量进口。它的效应是将大面积耕地转变为牧场，从而导致英格兰和爱尔兰发生农业危机，尤其是在爱尔兰有大规模的佃农被驱逐。虽然有1870年法案，但土地问题仍然没有得到解决。而迈克尔·达维特领导的爱尔兰土地同盟，则接受了来自美国和澳大利亚的大量基金资助，采用恐怖主义策略对抗爱尔兰地主。其中充满了暴力，更重要的是它决定性地影响了英国人对爱尔兰的看法。干草堆被焚毁，牲畜遭到摧残，虽然没有谋害人命，直到后来才残忍地谋杀了芒特莫里斯勋爵。"月光队长"（Captain Moonlight）[1]大步穿过爱尔兰岛的大部分地区，执行着散

1　秘密绿带会对大地主等人提出警告时通常用的化名。

布恐怖的使命。

在一定程度上，帕内尔（Parnell）加入了这次运动，甚至成为土地同盟的领导人，因为他意识到必须尽可能争取所有党派的支持，以实现他从此以后终生为之奋斗的目标。1880年，即格莱斯顿内阁成立之初，帕内尔开始了他作为下议院主导角色之一的职业生涯。他是一个具有钢铁般意志的人，但有一个弱点；他是一个狂热者，极其藐视面对的任何阻力；他没有卓越的建设性能力，而只有一个目标——爱尔兰自治。他不在乎用什么手段可以达到目的，无论和平的还是暴力的，或者破坏议会制政府，或者授予地方自治或完全独立。作为一个地主阶级的新教徒，他拥有对天主教农民的绝对支配地位。

在1880年的议会开幕式上，新政府的政策能从女王致辞的声明中看出来：由保守党提议通过的《暂停行使宪法保障法令》将被允许在期限截止后失效。只有这个更不幸的爱尔兰岛上的普遍状况立即得到缓解，用英国治理更大的不列颠群岛的通常手段，来治理爱尔兰才可能取得成功。那里一切问题的根源在于“十足的悲惨”，这种悲惨对滞后的改革是等不及的。在同一年，超过一万名爱尔兰农民被从自己的家里驱逐出去，结果招致大约二万五千起暴力泄愤事件。据说有十万佃农严重欠下租金，根据1870年法案，他们的土地很可能被剥夺。一项旨在补偿那些被逐佃农的法案被上议院否决。愈演愈烈的风暴导致第二年通过了两项法案：一项是废除公民自由的《暂停行使宪法保障法令》，另一项是《土地法》，旨在保障租金的公平、（土地）使用权的稳定性以及承租人出售他在租期内所得的权利。

然而，泄愤事件还在持续，帕内尔被内阁的爱尔兰事务大臣福斯特缉拿入狱，虽然帕内尔预见到随着他的影响消失，局势会恶化。事实证明的确如此，1882年格莱斯顿踢开福斯特，释放了帕内尔。一度似乎出现了可能解决问题的机会，但两天后发生了一次致命的灾难，这种灾难似乎总是困扰着爱尔兰与英格兰之间的关系。作为福斯特的继任者，弗雷德里克·卡文迪什勋爵被格莱斯顿派遣到爱尔兰，英国人民对此人有着与戈登一样的爱慕之情。但他几乎刚落脚都柏林，与次官伯克一起在凤凰公园行走时就被刺杀在光天化日之下。

这次刺杀是由一个小组织实施的，叫作“常胜军”（Invincibles）或者更通俗地说就是谋杀组。据说他们只打算刺杀伯克，但他们反对帕内尔更保守的政策；也有人说他们希望通过一种使得和解绝对不可能的行动来阻止这一政策。如果说后者是他们的目标，那么他们成功了。事实上，德文郡公爵的儿子弗雷德里克勋爵，是一个具有高尚品格的人，并且一心为着调解爱尔兰问题的差事而来，这两者都让刺杀他的人感到一种特别的恐惧。英国人群情激奋，觉得不管他们试图做什么，都不可能使爱尔兰人满意。

帕内尔已经与极端主义者决裂，以全国联盟取代了爱尔兰土地同盟，这个组织的唯一目标是实现爱尔兰自治，他现在也被恐吓要求主动辞去议员职位。他告诉达维特，感觉自己好像被人从背后捅了一刀，实际上谋杀组暂时毁掉了他的事业。显然必须出台一部新的《刑事罪行法》，其中规定警察应该有当场逮捕的权利，甚至严重的犯罪行为可以不设陪审团而由三名法官直接审判。另一方面，英国政府仍然在追求安抚政策，而且通过了一系列免除拖欠租金的法案。帕内尔希望有一段和平时期，所以在一定程度上暂缓了通过爱尔兰籍议员阻挠议会运作的策略。但暴力仍在肆虐，包括在爱尔兰发生的多起谋杀以及在伦敦的爆炸袭击。

除了上述挫折之外，内阁做出的一些重要国内改革值得称道，例如规定雇主对员工的工伤事故承担赔偿责任的法案，以及在陆军和海军中最终废除鞭刑的法案。1882年通过的《已婚妇女财产法》，第一次赋予已婚妇女与中老年未婚妇女一样对自己财产的控制权，这是女权运动的一个里程碑。

然而，内阁了不起的法令是第三部《改革法案》(1884)，它让更多的公民获得了选举权，超过了前两部《改革法案》的总和。第一部《改革法案》使中产阶级的大部分人拥有选举权；第二部《改革法案》使大部分城镇工人和商贸从业者拥有选举权，但农村人口被忽视了。与1832年的群情振奋形成鲜明对比的是，这次法案没有引起多少普遍的兴趣，虽然G. O.特里维廉(G. O. Trevelyan)先生一直在下议院推动这一事业。当法案在下议院被提出时没有人反对，但如常在上议院受到阻挠，然而在格莱斯顿与索尔兹伯里举行了数次会谈和女王的影响下，上议院达成了一个妥协方案，要求再提出一个法案，以重新分配议会席位，并在第二年获得通过。

总的来说，《1884年改革法案》带来了除女性投票权之外相当完备的民主制度。它使得几乎每个家庭的男性户主都具有投票权，并通过给农场工人提供一定程度的政治权力，从而大大提高了他们的地位，而此前他们通过组建工会取得优势的努力并不成功。这种权力的价值在未来二十年得到体现：地主和较大的农场主改变了对农民的态度，也对这种劳动形式有了更深刻的思考。《选区再分配法案》将英国分成近似相等的选区，每个选区在议会有一个代表。它改变了代表制度的历史性质，通过人为划分而不是根据自然或历史确定选区，趋于增加政党制度的重要性。

另外还有两个重要影响。爱尔兰也像英格兰一样扩大了选举权的范围，这意味着帕内尔将是至高无上的，并控制一个远比爱尔兰选民数量所能保证的更有分量的党派。还有英格兰自身代表制度的历史模式的改变，意味着辉格党势力的终结。这两个影响皆非通过法案时能深思熟虑到的。

虽然这些法案在一定程度上恢复了自由党的声望，但喀土穆的悲剧几乎紧随而来，格莱斯顿也在预算上落空。议会没有解散，但无论如何，下一轮大选将在七个月后进行。格莱斯顿辞职，以索尔兹伯里勋爵为首的新政府成立。

新首相索尔兹伯里勋爵，其连续的任期将是第一次改革法案以来所有首相中最长的，比格莱斯顿在位时间还要多一年，他是一个守旧派贵族，毫不在意民众怎么看他，发自内心地鄙视现代宣传方式。他为人严肃且思维清晰，有着自己的个性和原则，但缺少宽广的建设性视野，对民主改革也没有多少兴趣。他在后来各国分割非洲的过程中才有大的作为，第一次内阁只持续到下次选举，除了将上缅甸并入英帝国以及通过一项方便爱尔兰佃户购买地主土地的法案，别无亮点。

我们已经讨论过爱尔兰议员在下议院表决中的坚实阻力和帕内尔的支配性影响力。在保守党掌权的几个月里，他们给人留下了支持爱尔兰事业的印象。在保守党的卡那封勋爵当选为爱尔兰总督之前，结合对索尔兹伯里的了解，帕内尔的印象是，如果保守党当选，这个党将会支持爱尔兰某种形式的地方自治。格莱斯顿也在向同样的解决办法努力，但他没有正式发表声明，帕内尔因此表示支持保守党。格莱斯顿请求选民帮助自由党赢得优势，以便使他们能够撇开爱尔兰议员集团而控制议会，但结果是，虽然选民让自由党以86

票的优势超过保守党，但同时使帕内尔从爱尔兰的103个席位中争取到86人保证支持自治。这让保守党和帕内尔派联合起来超过自由党4票，并使帕内尔成为英国两党之间的决定因素。事实上，除阿尔斯特之外的爱尔兰人投票结果显示，有86人承诺地方自治，只有17人反对，这清楚地表明了一个统一民族的愿望。格莱斯顿现在相信，如果想要和平统治爱尔兰，某种形式的地方自治是无法避免的。

格莱斯顿一心想实现这一目标，以至于只要保守党针对这一目标提出某种法案，他就愿意向索尔兹伯里提供帮助，但首相拒绝了他的殷勤。在确信必须采取行动而且保守党不会接受它之后，他与理想幻灭的帕内尔联合起来，在爱尔兰人的帮助下击败了政府并让内阁辞职。格莱斯顿现在第三次出任首相，立即提出了一项《地方自治法案》，包括设立一个独立的爱尔兰议会和一个用五千万英镑从爱尔兰地主手中购买土地以解决土地问题的宏大计划。与此同时，他已经被自由党中的大部分辉格派成员和张伯伦领导的激进派抛弃，该项法案以30票的多数被否决。他本来期望以政治手段和民族的方式解决爱尔兰问题，但他低估或忽视了阿尔斯特的新教徒问题。

他现在不得不决定是辞职还是请求在九个月内举行第二次大选。他选择了后者，在七十七岁高龄，他全身心地投入竞选这项神圣的事业。通过这一举动，他把自己的党明确地分裂为自由党人（Liberals）和自由党统一派（Liberal-Unionists）。他自己被指责为了个人权力破坏本党，而英国选民对此不感兴趣。这个老人虽然和以前一样滔滔雄辩，却因缺乏圆通、缺乏对时代新生力量尤其是对帝国主义的理解，而失去了追随者。他的更为保守的追随者开始把他当作一个蛊惑人心的政客，就像保守的美国人对待1896年大选中的布莱恩（Bryan）一样。成为一个格莱斯顿派，几乎就等于让自己不受人待见。

另一方面，工党和激进派正追随帝国主义者张伯伦。关于卡文迪什刺杀案，关于“月光队长”，关于无数的农民泄愤事件，关于新教徒占多数的阿尔斯特，英国人的想法是，爱尔兰是任凭天主教徒占多数的爱尔兰议会摆布。在一般的政治背景中，则是马尤巴山的阴影和戈登不必要的死亡。人们投票反对格莱斯顿，结果保守党和自由党统一派以118票的优势胜过另外的自由党人和帕内尔派的联合阵线。爱尔兰地方自治似乎被扼杀了，但它有一个更加戏剧性的结局，至少在19世纪，在这个眼下显然是失败了的老人的有生之年。

选举的结果是，1886年7月，索尔兹伯里勋爵再次成为首相，任期六年，直到再次被格莱斯顿取代。关于索尔兹伯里内阁的帝国主义一面，我们将在下一章讨论。在英国，索尔兹伯里内阁颁布了一些有用的法案，例如1891年的《教育法》，至少让所有小学教育免费；一项新的《工厂法》，减少了女性工人的劳动时间并禁止雇佣十一岁以下的童工，表明这种情况在穷人中仍然很普遍；一些改进地方政府职能的法令，以及几年后的一项为下一代的一些改革铺路的法令。城市，尤其是伦敦，已经杂乱无章地发展起来，司法权的重叠和低效造成的混乱，使得任何改进的努力都陷于瘫痪，而这种混乱现在已由1886～1892年的内阁扫清。

但是，正如索尔兹伯里勋爵1887年所说，目前的形势仍然是“政治就是爱尔兰”。帕内尔希望结束暴力主宰政治的局面，因为他认为这只会妨碍他的唯一目标——地方自治；只要这个目标实现了，土地和其他问题才能够解决。但别的爱尔兰人有不同的看法，他们把后两个问题置于优先考虑的地位。土地问题的鼓动者们提出的“行动计划”，包括不支付租金和其他一些违法活动。这一举动引起了一部新的《刑事罪行法》的颁布，而且虽然内阁一方面试图以土地立法的方式进行安抚，而另一方面仍然采取铁腕手段。英国的补选开始表明更多选民的立场正在转向支持地方自治，但帕内尔生命的最后四年中，某些事件完全改变了这种可能性。正如在我们的故事中经常所见，尽管有些过错，我们也可以说是犯罪，标志着英国在爱尔兰不可否认的失败，但英爱关系因为偶然事件和个人原因一次又一次地偏离方向，责任不在英国。

1892年再次成为首相的格莱斯顿，现在只有一个想法：争取实现爱尔兰地方自治。这也是帕内尔的唯一想法，他为之奋斗多年，而现在他本人将使所有希望破灭。1887年伦敦《泰晤士报》，当时最有影响力的日报，刊登了一封明显是帕内尔笔迹的信件摹本，在某种程度上赞同凤凰公园谋杀事件。经过两年时间的调查，证明这份文件是由另一个爱尔兰人伪造的，而《泰晤士报》未对其真实性进行适当调查，就几乎难以置信地接收和发表了。公众对这一事件深恶痛绝，帕内尔几乎成了英雄。在下一届选举中，地方自治的前景比以往都更加光明。接下来就是最后一击了。

帕内尔，他那个时代的伟大人物之一，沉默少语，颇有隐士风范，在英国度过了孤独却不放纵的岁月。在他遭受爆炸袭击的十年前，他与一个叫奥谢夫人的女人一见钟情，她的丈夫是一个挥霍无度的爱尔兰轻骑兵上尉，父亲是一个英国准男爵，哥哥是后来成为陆军元帅的伊夫林·伍德爵士，除此以外还有显赫的社会关系。几年前奥谢与他的妻子终止了一切婚姻关系。由于他不给她提供生活保障，她目前和将来都完全依赖一个年迈姑妈的悉心照顾。姑妈每年给她大约三千英镑，也许在遗嘱中还将给她留下一笔丰厚的财产。姑妈的确是这样做的，在她出人意料地长寿之后，给她的侄女留下了十四万八千英镑。

与此同时，奥谢夫人与帕内尔作为夫妻生活了十年。她完全了解自己的丈夫，这个人对她和帕内尔实施敲诈勒索，不时住在家里，只为了在一无所知的姑妈眼中保持一副婚姻生活的样子。姑妈去世后，奥谢提出离婚并索要两万英镑，但伍德家族包括伊夫林爵士，对姑妈的遗嘱提出异议，而这对夫妇又不可能筹集到足够的资金来打发奥谢，之后奥谢又向法庭提起诉讼要求与妻子离婚，声称他被欺骗了九年。作为共同被告，帕内尔不能也不肯为自己辩护。结果这起案件成为当时最轰动的丑闻，它深深地影响了英格兰与爱尔兰之间的关系。我们不仅要考虑维多利亚时代很大程度上虚伪的道德，而且还要考虑这个案件中确定无疑的肮脏的方面。

格莱斯顿觉察到了公众舆论，并认为如果帕内尔继续充当爱尔兰地方自治团体领袖，这个理想就不可能实现，而且自己已时日不多，他坚持帕内尔应该隐退。这个爱尔兰政治家在其漫长的政治生涯中一直表现出一种冷静精明，任何情绪影响都不能使他偏离近乎数学式的政治逻辑，但现在他勃然大怒，也失去了理智。他不会屈服于英国对他私生活的偏见，虽然在其早期这种偏见被他认为是头等重要的政治因素。他拒绝辞去领导职位，即使多数致力于地方自治的同党人士抛弃了他，爱尔兰天主教会要追捕他。他的行为把整个爱尔兰分裂为相互敌对的帕内尔派和反帕内尔派，他为之奋斗终生的事业也被自己毁灭了。虽然他在下一年的去世引起了对他有利的反响，但派系之间的仇恨已经深得不能化解了。

在1892年的大选中，格莱斯顿自由党和爱尔兰地方自治党获得微弱多数，格莱斯顿第四次担任首相。由下议院通过的《地方自治法案》却在上议院遭到否决。这个时年八十三岁的不屈不挠的老人，本想再次解散议会举行大选，但自由党的领袖们知道这是无用的。1894年，格莱斯顿从他做了六十三年主导人物的公共生活中退休。从那时起直到1895年竞选失败，四分五裂的自由党在罗斯伯里勋爵的领导下，完成了一些改革，例如废除威尔士国教会，但是自由党的时代结束了，它的内部只有纷争，没有力量。

索尔兹伯里联合了保守党和自由党统一派再次出任首相。历史学家们可以拒绝考虑个人的影响力而只相信社会力量，但似乎有充分的理由相信，如果没有帕内尔在奥谢夫人一事上的弱点，如果没有她无能的丈夫这么个人，没有不幸的家庭诉讼，英国和爱尔兰的关系可能最终会实现突破性的好转，下个世纪的危机也将得以避免或最小化。无论是自由党还是地方自治党都没有终结，但都在未来十年被排挤出实际政治领域。诚然，索尔兹伯里的第三届内阁最终吸收了一些自由党统一派，也做出了努力来安抚爱尔兰和“仁慈地扼杀地方自治”。地方上的郡政府大为改善，霍勒斯·普伦基特爵士的合作企业和其他解决土地问题的办法，为恢复一定程度的繁荣作出了很大贡献，但地方自治的愿望仍然存在。正如以后我们会看到，在世纪之交以后，它将引起邪恶的新芬党运动。

劳工的崛起："我们都是社会主义者"

我们已经讨论过辉格派和激进派是自由党内的不和谐元素，在转到这个时期海外帝国的故事之前，我们可以简要回顾一下激进主义和劳工的状况。从1880年到1885年，即使在内阁中执政党的两翼之间，也一直摩擦不断。约瑟夫·张伯伦是政府内部激进派的主要领导人。作为一个精明的伯明翰商人、一个狂热的帝国主义者，后来又于1895年担任索尔兹伯里保守党政府的殖民事务大臣，张伯伦在1880年代早期被认为是一个鼓动家和危险人物。虽然是格莱斯顿内阁成员之一，但他毫不犹豫地在1885年的选举中提出一个他个人的"未经授权的政纲"，也即这个政纲几乎没有得到其首领的任何支持，其中包括全面的免费教育、英国教会政教分离、控告上议院阻碍社会进步、对富人征收高额累进所得税，以及一场巨大的农业改革，以使农村劳动者拥有自己的土地。运动的口号"三英亩地和一头奶牛"，让美国人想起早先南北战争之后向解放的奴隶喊出的"四十英亩土地和一头骡子"的口号。

在宪章运动失败后，社会主义思想几乎消失，但在这一时期又复苏了。卡尔·马克思和弗里德里希·恩格斯，这两个对欧洲大陆社会主义运动的发展具有如此巨大影响的人，长期生活在英国，但部分由于马克思与这个时期英国社会主义运动领袖亨利·海因德曼（H. M. Hyndman）的个人意见不合，英国社会主义者受马克思主义理论的影响微乎其微。实际上，这一时期的社会主义是温和的，更意味着政府社会服务的扩展，如教育、工厂立法等事项，而不是纯粹的马克思主义学说中不可避免的阶级斗争。

张伯伦自己打出的招牌是"煤气和水"的供给多样化，即某些公共事业归市政府所有，而不是所有资源国有化。海因德曼的确尝试过向工人阶级灌输马克思的思想，但收效甚微。如果我们能成功地阐明英国人的性格，答案是不难找到的——阶级斗争和暴力不是英国的传统。另一个社会主义团体，其成员包括威廉·莫里斯，简直是乌托邦式的空想家，他们对未来美好社会秩序的憧憬描绘在莫里斯至今仍然令人喜爱的作品《乌有乡消息》(1890)之中。1883年另一种社会主义思潮随着费边社的成立而产生了，这个团体以一个罗马将军费边·马克西姆(Fabius Maximus)的名字命名，他的策略是“缓进而确保制胜”。他们在悉尼·韦布夫妇的指导下，力争以无可否认的集体主义方向实现社会的渐进改良，而不诉诸革命手段。美国人亨利·乔治远比马克思更具影响力，他的演讲和著作《进步与贫困》产生了深远的影响。然而到那时为止，尽管人们就更公平的财富分配议论纷纷，但更理所当然地认为目前财富的来源及其获取方式应该永远保持下去。

经过七十年代工联主义的成功之后，这个运动已经或多或少地衰落了，而且它的兴趣主要转向为病人和老人争取福利，甚于与雇主作斗争。1888年威廉·哈考特爵士，一位格莱斯顿派的自由党人，开玩笑地说“我们如今都是社会主义者了”，但事实上即使是在我们上面所描述的方面，政府仍然动作迟缓。另一方面，真正的马克思式社会主义在独裁统治的德国已经取得了快速进展，俾斯麦试图通过政府措施为疾病(1883)、事故(1884)和养老(1891)提供保险来抵销社会主义的影响。英国在此类立法上远远滞后，而美国联邦政府直到半个世纪后才着手这种课目。

英国政府行动的失败可能加速了现在发生的变化，开启了所谓的“新工联主义”运动。在对缺乏联合行动感到不满的工联主义分子中，有汤姆·曼和约翰·巴恩斯，两人都是工程师联合会的成员。后者宣称“不计后果地承担只有国家或整个社会才能履行的责任和义务，例如应中产阶级的请求实施疾病和养老补贴，正在让它们的成员承担无法忍受的重税而榨干更大的联盟，……这样做的结果是，它们都不再是维护工人权益的工会，而已经退化成了纯粹的中产阶级和上层阶级的缓冲机构”。[1]与旧的工联主义相比，新工联主义不仅有一个听起来更加激进的语调，而且特别指向组织较弱的行业和一盘散沙的体力劳动者。

公众舆论总体上是同情，而不是敌意。经过七十年代的贸易萧条之后，1881年到1883年间，英国迎来了短暂的温和繁荣时期，但随后又陷入困境。引用一个指数，每年建造的船只吨位从前几年的125万吨下降到1886年的仅仅47.3万吨。工人阶级的苦难是深重的，并开始被那些比他们经济条件更好的阶层认识到。皇家委员会的系列报告展现了令人震惊的状况。阿诺德·汤因比希望了解到这些情况的第一手资料，于1883年搬离在牛津的办公点，到伦敦东区的贫民窟住下来，在最贫穷的人群中建立了第一个“定居点”。四年后，威廉·布思（William Booth），一个伟大的组织者和世界著名的宗教领袖，创立了“救世军”组织，以社会最底层为服务对象，并在几年内唤起人们投入救助穷人、消灭贫民窟以及减少罪恶的工作之中，如他在《最最黑暗的英格兰及其出路》一书中所描写的那样。吹毛求疵地说，“救世军”采取的一些粗鲁的、感情用事的做法是不足取的，但他们的后续工作，成功地拯救了数以百万计的人的更好的生活和希望，这次运动被证明是基督教历史上最伟大的事

1 J.F. 里斯：《1815—1918年英国社会和工业史》，伦敦，1932年，第134页。——原注

件之一。

政府仍然没有做出多少举措来改善穷人的处境，1888年新工联主义运动积极行动起来。贝赞特夫人发现伦敦贫穷的火柴女工在恶劣条件下被迫劳动和生存而深感震惊，写下一篇言辞犀利的文章，认为她们已经无力自救了。令她吃惊的是，一些火柴女工读到了她的文章，有七百人参加了罢工。她们显然是这个大城市里最无助的和没有任何机会的人，却在贝赞特夫人和其他人的经济援助下战胜了她们的雇主。几个月后新组织的煤气工人为八小时工作制举行了罢工，并取得了胜利，但最大的斗争发生在1889年8月。

作为伦敦劳动时间最长、报酬最低的群体，码头工人被汤姆·曼、约翰·巴恩斯和本·蒂利特等人组织起来并举行了罢工。他们仅仅要求临时工每小时六便士的工钱以及一些小小的改革，但雇主们甚至不愿意与他们商谈，认为这些工人完全处于他们的掌控之中，因为他们生活在饥饿的边缘。他们一天天地在街道上和平游行，通常在海德公园结束，还把他们每天不得不吃的劣质食物样品插在尖头杖上进行展示。两周后，他们走投无路，孤注一掷地要求举行总罢工，虽然他们的请求几乎不可能被采纳。

然后帝国劳动史上最戏剧性的事件发生了。远在澳大利亚布里斯班的码头工人集会商讨如何声援他们在伦敦的工友。虽然伦敦港不得不自1797年以来第一次关闭，但雇主们仍然态度坚决，指望着工人们因为饥饿而停止罢工。随后澳大利亚传来惊人的反应。英伦三岛爆发出一片同情之声，各种渠道的捐款总计达到惊人的三万英镑，并电告给罢工工人。绝望的雇主们使出浑身解数，如贿赂、胁迫或者在罢工者之间制造冲突而拒绝调解，直到9月他们才不得不屈服。这次胜利不仅仅属于伦敦的码头工人，还极大地推动了全国的工会运动。它也标志着工会和妇女运动联合的开始，这一联合将在未来开花结果。

此外，这场胜利没有导致革命运动的增加，革命在劳动队伍中从未强劲过，而是起到了相反的效果。贸易的复苏和工会力量的增强，导致工人阶级寄望于在议会里增加代表权，争取最终控制国家的宪政机制，以实现他们的目标。1892年二个社会主义者当选，代表水手的约翰·巴恩斯，哈夫洛克·威尔逊以及凯尔·哈迪。哈迪是在铜管乐队的护送下，头戴布帽、系着红色领带到达议会的最后一人。新的一天显然已经破晓，蓓尔美尔街[1]发出一阵震颤。

三名新成员都是社会主义者，但不是马克思主义者或革命者。然而他们意识到，只靠他们少数几个人渗入议会可能不会带来影响几代人的结果。哈迪决心组建一个新的政党仅致力于工人阶级的利益，并成立了“苏格兰工党”，它是英国的第一个工党。然而，经过讨论决定，要建立一个全英国的工党。1893年1月，来自工会、费边社、苏格兰工党和其他组织的代表在布拉德福德召开会议。费边社成员和其他一些人退出，但在哈迪的领导下，独立工党（Independent Labour Party）应运而生。两年后的1895年选举中，它推出二十八名候选人，但悉数落选，即使是哈迪本人也一度失去席位，直到1898年作为威尔士梅瑟选区的议员重返议会，并将这个席位保持终身。

然而，现在这场运动中领潮的是菲利普·斯诺登和拉姆塞·麦克唐纳这样的人。但由于工人阶级总体上对社会主义及其手段重

1　蓓尔美尔街在18世纪以高级商店闻名，到19世纪则以绅士们的俱乐部闻名。作为英国君主正式王宫的圣詹姆斯宫，也在这条街上。

新表现出冷漠，这个党距离它梦想实现的控制力还任重道远。实际上，“独立工党”那时还几乎不能算是一个政党，它真正成立于1900年，但此前已经奠定了基础，主要归功于哈迪。他是一个有闲阶级完全不能理解的怪物，七岁时被安排到格拉斯哥工作，从十岁到二十岁一直在煤矿辛苦劳作。上面提到的他到议会就职的方式并非有意安排的一种示威或冒犯，但新闻界和上层阶级却理解为这个意思。他以其敏感的天性深深地感受到本阶级的苦难，在自己的第一会期提出了对女王致答辞的修正案，请求关注当时一百三十万人的失业问题，再次引发了保守党人的反对声浪。

次年，即1894年，在约克公爵夫人生下未来的温莎公爵的同一天，二百六十名矿工在事故中丧命。接着法国总统被人暗杀。当议会被请求通过一项决议向法国表示同情时，哈迪请求议会对遇难矿工的家属也颁布一项慰问决议，他太了解矿工的生活状况和危险了。哈考特未经考虑便拒绝和回避了这个请求。哈迪认为议会麻木不仁而甚感愤怒，于是反对祝贺公爵夫人生下未来王位继承人的贺电。当时他心中爆发的怒火表明，英国的统治阶级仍然对他们治下的人民以及将要重塑他们世界的新力量多么无知。

第十二章／新帝国主义

新的感情："把地图涂成红色"

19世纪的最后二十五年，欧洲爆发了一股帝国热，只有17世纪的可与之相提并论。正如早期英格兰、法国、西班牙曾争夺帝国，现在另一群国家，英国、法国、意大利、德国等国，似乎还是热衷于对能找到的剩余地盘宣布所有权。在这场侵占由落后民族居住的世界上剩余土地的国际热潮中，许多因素都在起作用。其中一个就是人口的巨大增长，它是自工业革命以来的一个世纪中欧洲发展的最显著最重要的特征。另一个是控制原材料来源和产品市场的日益增长的渴求。其他的还有一些心理因素，如自拿破仑时代以来一直在增长的新民族主义引起的自豪感。如同一个富人给自己修了一栋豪宅并大手花钱摆阔一样，新的，甚至老的国家都有一种冲动，即通过炫耀拥有多少帝国属地来显示自己有多么强大。

至少对英国来说，历史和诗情都发挥了自己的作用。1884年西利（Seeley）出版了《英格兰的扩张》一书，回顾了三百年来帝国的成长历程，通过颂扬英国的帝国事业和成就来激发民族自豪感。它比近二十年前迪尔克的《更大的不列颠》篇幅更短，叙述风格更通俗，激发了公众的想象力，产生了巨大的影响。后来成为上将的美国海军上尉马汉的《海权在历史上的影响》一书，首次展示了英国海军在全球历史中所扮演的绝对主导角色，则提供了另一个激励，让英国人可以自豪于自己的国际地位。

马汉的书是一部以政治家和学者为阅读对象的著作，而广大的公众读者欣然接受鲁德亚德·吉卜林的散文和诗歌中表达的新帝国主义情感诉求。他的作品特别受欢迎，激起了去远洋航行和帝国主义竞逐的脉搏，如对丛林中的野蛮人敲击战鼓一样。

如果说在“把地图涂成红色”[1]的竞逐中有很多的粗鲁、露骨和唯利是图，我们不可忘记在伊丽莎白的辉煌年代也是这样。然而与当前类似，在早期的扩张中有一些良好的动机，这与新的扩张运动有很多共同点。在长期不重视海外帝国之后，英国人突然感觉到旧的情感在心中波澜起伏。富于冒险甚至海盗精神的英国人对此深深着迷，如吉卜林吟道：

> 你曾经听过这首歌——长之又长！
> 再次扬帆启程吧，沿着航迹！
> ……
> 上帝知道我们可以找到什么，亲爱的姑娘，
> 魔鬼知道我们会干些什么——

1 这里指的是英国领土的扩张。由于在地图上常把英国领土染成红色，red也有“英国的”意思。

但我们又回到古老的航迹，我们自己的航迹，远去的航迹。

我们沿着漫长的航迹下行，消失到地平线下——而航迹常新。

如伊丽莎白女王时代那样，有一种新的感情，就是去探险，去获取财富，去烤焦某人的胡须，尽管现在不是西班牙国王的，以及去炫耀帝国的战利品。就像美国的“命定扩张论”使它横扫北美大陆直到太平洋岸，英国发现了它的帝国天命，就是比任何其他民族统治更多的世界领土。

索尔兹伯里领导下的保守党，形成了一个进步党（party of advance），而自由党仍然处于分裂状态，其中的激进派正在迅速复兴帝国主义信条，特别是在某种形式的帝国联邦问题上。这注定要失败，因为它带有太多的教条主义和“顶层设计思维”（blue print mind）的性质，这与英国人的性格是格格不入的。事实上，管理一群殖民地的确有很多问题，它们大小不一，散布在世界各地，更不用说印度的独特性了。一方面，即使那些获得了地方自治和责任政府的殖民地，既不是独立的国家，也没有对帝国外交政策的发言权，尽管深受其政策的影响。此外，我们将会看到，有些殖民地具有自己的抱负，与伦敦中枢权威的需求背道而驰，或者就帝国整体而言被认为是不明智的。

殖民地与宗主国之间，甚至殖民地与附庸国之间的利益冲突之类的问题，令人历历在目地回想起许多同样的困难，涉及政策、地方利益、对地方和帝国防卫的分担额等，正是它们在北美独立战争期间葬送了第一个帝国。这些问题在很大程度上仍然没有变，改变的是更为一般的精神，根据这个精神，上述问题现在在威斯敏斯特议会和殖民地内部予以处理。“帝国联邦”只不过是一个类似于1776年北美殖民地所拥有的小型议会制代表机构。虽然这个运动不会成功，但它确实在吸引人们对帝国的关注方面起了很大作用。它使人们认识到这样一个事实，即英帝国不再只是由大不列颠和许多分散的附属地组成的一个互不相连的群体，而是比这个伟大得多的一个庞大的帝国统一体，其领土、人口、资源和权力都超过了世界曾经梦想的任何帝国，甚至罗马帝国比起来也相形见绌。在英国历史上这个“第三帝国”的形成中，正如拉姆塞·缪尔（Ramsay Muir）教授所言，“所有的遗产和影响力，包括突袭丹麦人和挪威人、打击诺曼人和封建主义、日益增长的海权和贸易、近千年的政治锤炼、顽强的性格及其利弊，以及英国悠久历史中的所有其他事件和因素”都发挥了作用。

禧年庆典与帝国会议

1886年在伦敦举办的“殖民地与印度博览会”，以其资源、产品以及规模吸引了帝国民众的兴趣，但是一件事情产生了无法估量的影响，那就是次年女王的第一次禧年庆典。五十年前，作为一个少女，她到威斯敏斯特大教堂举行加冕仪式，那只是英国本土的一件大事，虽然自然也在各殖民地举行了庆祝活动。她登基五十年的庆典显示了民心的变化。1837年人们不怎么考虑殖民地的事情，而且就公众的尊重和兴趣而言，王权本身已经沉没到它有史以来的最低点。但是到1887年，王权不仅几乎成为大不列颠人民宗教膜拜的中心，而且成为这个人们已经意识到的伟大帝国统一的象征。对我们来说，席卷所有社会阶层的激动心绪几乎是不可能的。仅仅从她的年龄来看，人们不会想到她还会长寿多年，而且虽然未来尚属未知，她本人似乎总结了半个世纪的辉煌成就，包括物质上的和精神上的。

庆典也使民众生动地认识到帝国当时达到的顶峰。在从白金汉宫到威斯敏斯特大教堂的游行队伍中，有世界上几乎每个民族的代表，一路安排了感恩活动。女王庄重地驾临而来，她身后的游行队伍是历史上最壮观的。绝大多数欧洲王室的成员、从世界各地远道而来的使节、帝国各个部分的军人代表，以及最重要的是印度王公的随从，构成了一幅壮丽的景观，超过了罗马时代任何一个凯旋仪式。那些亲睹或读到庆典的群众对帝国的实力、壮观和威严留下了生动的印象。大不列颠的每个小村庄通过举办地方庆祝活动分享了喜悦，从设得兰群岛到兰兹角，夜晚的篝火在山顶闪耀。人们看到火焰首先在莫尔文丘陵点亮，从一个山头传向另一个山头，遍及英伦大地。两三周后，除了陆军阅兵式，还在斯皮特黑德举行了盛大的海军阅兵式，尽管舰艇的数量和吨位在今天看来不大，却令全世界极为震撼。

在那些对女王致敬的人中，有来自各自治殖民地来的代表，正好提供了一个举行商讨的机会，结果导致第一届“殖民地会议”的诞生。事实证明它对于未来极为重要，意味着殖民地的负责人应该不是以下属的身份或仅仅作为殖民地的代理人会见英国首相，而是以平等的身份。这个场面本身赋予英国人和殖民地人民关于帝国是什么和意味着什么一种新的理解。没有完成什么实在的重大事项，但它在英国历史和政府中确立了一个无比重要的先例，单单这件事就可以使“殖民地会议”成为我们帝国故事中的一个里程碑。

议事日程是事先精心策划好的，对于现阶段什么可以讨论和什么不可以讨论更有利理解很到位。“帝国联邦”话题不会提及。会议是在殖民地代表怀有担忧的阴影下举行的，他们担心其他更有侵略野心的欧洲列强竞逐海外属地。而正如索尔兹伯里勋爵告诉与会成员的，目标不是建立一个“联盟”或“关税同盟”（Zollverein），而是一个“战争俱乐部”（Kriegsverein），即一个帝国防卫的联合体。当时唯一确定的结果就是澳大利亚的殖民地同意提供部分额外的船只，驻扎在澳大利亚水域内。索尔兹伯里的进一步声明不仅被证明是正确的，而且在对可能的重大政治变革的处理上具有典型的英国风格。当谈到联邦和帝国的未来发展时，他说两者都是“宏伟的志向”，“与其说是现在的事，不如说是未来的事”，而且尽管它们“无疑前景不明，但在时代的进程中——时间不会太长——混沌将冷凝成质料，许多实用有效的解决之道很可能从中产生”。不像干净利索的联邦计划，英国讲究的是一步步的渐进，以及为当前的问题——随着它们接续出现——寻求解决方案，这将改变帝国的结构，就像以往对英国自身的政治结构的改变。当时，以这种“帝国会议”的理念建立起一个新的帝国统治机构已经足够，现在首先要付诸实施。

七年后又进了一步。一场自治殖民地会议在其中最大的加拿大自治领的首都渥太华举行，伦敦只派了一位帝国的代表与会，以示宗主国的支持和提供信息。会议讨论的主要是贸易事务，包括关税和可能的帝国特惠制度。当然在老牌的制造业国家英国与渴望培育本土制造业的殖民地之间存在一些利益差别，但第二次会议最重要的方面是其主导精神。宗主国现在承认她的孩子已经成年，能够讨论自己的事务了，而另一方面，殖民地对面临的困难和英国的立场表现出了一种公正的理解。想实施贸易保护的殖民地政治家承认，如果他们在英国，会希望自由贸易。

1887年的帝国会议向那些对海外帝国缺乏一手知识的闭关自守的政治家展示，在帝国偏远的国家中，有一些与他们旗鼓相当的人。老练、自行决定权和人际交往正在迅速地促进相互尊重的加深、相互依赖的意识、对英国更广阔的视野，以及殖民地越来越多的忠诚，在几年之后的布尔战争和后来的世界大战中，它们将受到最危急的考验。相互依赖可能非常重要，但也必须承认，虽然喜爱可能只是一种情感，国旗和王冠只是象征符号，但它们将会证明是比贸易优势或成文的帝国宪法重要得多的凝聚力量。

争夺白热化：失去安全阀

我们已经谈到过格莱斯顿和他的自由党人一方的坚定信念，即不再从事新的冒险，事实上是要缩紧帝国的边界。在这方面他们对人民变化的情绪不以为然，那么根据新的精神氛围调整国家政策，并大大增进英国的帝国属地的使命，只能留给保守党的索尔兹伯里勋爵来承担了。上文讲述了这些年的帝国主义与伊丽莎白女王时代的帝国主义的相似之处。相当奇怪的是，在英国的第二次伟大扩张时期，维多利亚女王由两个服侍过伊丽莎白女王的塞西尔——包括第一任索尔兹伯里伯爵[1]——的一个后代作为首相为她效力，而且又完全无意识地重新启用特许商业公司，它们今天在帝国扩张中发挥着与它们的前身在大约三个世纪之前的都铎王朝时代极其相似的作用。重要的有上文提到的东非公司、皇家尼日尔公司和南非公司。罗得斯公司的具体工作我们下文再叙，但这里可以概略地交代列强之间对非洲的大分割。它也许是索尔兹伯里最大的成就，因为他经过努力使得这一过程和平地进行。

对非洲领土的争夺热始于1870年。到1890年代末实际上所有非洲大陆，主要是阿比西尼亚和摩洛哥除外，都被欧洲列强的这个或那个占有。解决领土主张纠纷的最早尝试发生在格莱斯顿担任首相时期，当时外交部政务次官迪尔克与葡萄牙起草了一份协定，获得了政府的批准。葡萄牙的领土主张面积最大，可以说也是最重要的。自然，法国、德国、比利时反对不经过协商而对广袤的刚果地区的命运做出任何决定。格莱斯顿政府，此时因为埃及的局势正在逢迎德国，1884年6月不得不有失体面地废除了英葡协议。这年秋天，十五个国家在柏林召开大会，由俾斯麦主持，最紧迫的刚果问题获得解决，但是随后五年的争夺最为激烈，其中索尔兹伯里和俾斯麦作为政治家中的领军人物，在避免战争方面贡献最大，直到后者下台。

虽然在白热化的竞逐中，1890年签订的各种协议是一个伟大的成就，但也包含了未来麻烦的种子，在很大程度上是由于俾斯麦对非洲殖民地的价值目光短浅所致。勘探黑色大陆的大部分工作以及

1　两个塞西尔即指威廉·塞西尔（1520～1598）及其子罗伯特·塞西尔（1563?　～1612），后者1605年被封为索尔兹伯里伯爵。

开辟商贸关系是由英国完成的，但是法国是所有列强中第一个看到未来的国家。在解决方案中，它获得了最大的份额，包括最大的岛屿马达加斯加，而英国对这个岛屿的主张有充分得多的依据。

实际上法国无所作为，除了在格莱斯顿主政的数年中一直驱逐英国商人，并靠武力建立了一个保护领地。格莱斯顿政府之所以放纵法国，部分原因在于自由党人对扩张缺乏兴趣，部分原因在于不希望在陷入埃及焦头烂额之时过于惹恼法国；埃及的局面对当时英国的国际政策影响很大。虽然刚果的大部分已经落入比利时之手，法国也在这个地区争取到了一块富饶的土地，面积大于所有德国非洲殖民地的总和。

葡萄牙浮夸的以历史为依据的主张，最终以最后通牒的形式获得解决。它获得了一块比它所主张的面积更大的沿海地段，但对马绍纳兰和尼亚萨兰的含糊的所有权让出给英国。英国还在1890年的一揽子方案中获得了桑给巴尔、肯尼亚和乌干达，肯尼亚与乌干达的边界被划定，以阻止德国向尼罗河上游地区推进。在这一点上，埃及再次成为一个决定性因素，它已然改变态度，允许俾斯麦政府在东非的扩展。在西边，德国几无所获，除了喀麦隆长条地带，以及西南非洲殖民地的小幅扩张——这样它就可以与赞比西河连接起来。然而英国取得了极其富饶的商贸地区尼日利亚的所有权，虽然后来英法之间对于这里的边界发生了纠纷。

如果德国在非洲争夺中被远远抛在后面，必须记住这主要归咎于它自己的政策。英国没有给它设置路障，而是正如我们已经指出的，与扩展殖民地相比，俾斯麦的兴趣更在于巩固他在欧洲所创建的这个新帝国的地位。德国军事领导人认为英国拥有一些东西，重要到足以交换在非洲的广阔属地，即使在俾斯麦被解职以后还持这种观点。把英国自1807年就占有的、几乎无人居住的北海小岛赫里戈兰与非洲正在易手的广阔领土相比，乍看似乎有些荒唐，但是通过加固要塞防御工事之后，它不仅控制易北河和威悉河的入海口，而且扼制德国正在修筑的基尔运河的西端。德国把它看作未来成为一个海军强国的关键。英国没有预见到其最终的重要性，同意把它割让给德国作为非洲殖民地谈判的一部分。这场交易大大增强了德国的军事地位，无论是防卫还是进攻，同时使得德国后来发出一种抱怨，声称它在对一个大陆和一块"阳光下的地盘"的分割中没有得到应当的份额。

奥匈帝国根本没有参与非洲殖民开拓事宜。意大利认为本该属于它的猎物被部分地拒绝。在英国的支持下，它获得了厄立特里亚殖民地，在索马里的大片领土上宣布了一个保护领地：前者的边界直达红海，后者突入亚丁湾，两者紧临英国到印度最短的航线。这两者之间及背后是阿比西尼亚，非洲唯一的本土信基督教和部分开化的国家。经过几年战争后，意大利与该国皇帝签订了一项条约，根据意大利的解释，是赋予皇帝的国家一个保护国的地位，但是随后皇帝宣告废约，两国重新爆发战争。1896年意大利军队在阿杜瓦受到重创，于是放弃了征服努力。后来意大利和英国担保阿比西尼亚的独立，但是早期的片段耐人寻味，不仅在于它导致墨索里尼的征服，而且因为在分割非洲的过程中阿比西尼亚人被证明是唯一能够打败掠夺者的民族。对它的征服需要等到飞机和毒气的时代，此乃下一个世纪欧洲文明的成果。

分割不仅仅是宣布所有权。每一次划分紧随而来的是占领、管理和在一些地区的开发。不同国家采用的方法差别甚大。比利时刚果的做法最糟糕，国王利奥波德本已经循着高尚的动机顺利推进，现在转向通过强制劳动和其他手段指望快速致富，提供了也许是现代历史上先进民族控制落后民族的最坏事例。比利时刚果在国际社会臭名昭著。法国人一直与野蛮人、异邦人相处很好，他们比利奥波德对待当地人好得多，虽然他们会把当地人当作炮灰。因为他们也把自己的殖民地看作法国贸易的封闭专属区域，努力通过高额关税排斥其他国家，所以这些殖民地发展缓慢。德国人从来没有从他们的殖民地获得回报，他们过分强调纪律和效率观念，对待黑人过于苛刻，结果暴乱频繁发生。

总体上说，虽然英国的记录远非没有污点或瑕疵，但我认为可以公平地说，英国的方式是最好的，非洲的大部分掌握在英国手中对非洲是好事。英国在管理处于各种条件下的臣服民族方面比其他国家经验丰富得多，虽然他们在社会关系和婚姻关系方面划出了红线，这点与法国人不同，但对于这些受到他们保护的落后种族，他们发展出了一种托管的理念，除了美国人没有别的国家仿效过这一做法。这句话远远不是意味着英法两方面都完美无缺，而只是相比而言。总体上，英国治下的数百万非洲人有理由感到满意，在继承他们的传统生活方面比在别的国家统治下有更大程度的自由。另外，英属非洲的市场比其他大国控制下的非洲部分，更加自由地向全世界开放。

相对而言尝试还是新的，但总的来说，对于早已沦为最低等、最残酷、最堕落野蛮状态的非洲人而言，被欧洲侵占也许可以被认为是一件幸事。土著冲突和奴隶贸易，过去夺去了数以百万计的生命，现在几乎完全停止了；许多可怕的习俗被废除；许多热带疾病被现代医药攻克；医院、学校、铁路和河流上的蒸汽船把文明带进丛林；当地人认识到财富可以通过和平的产业赚取，而不是依靠在野蛮的战争中劫掠。社会图景并非没有深色的阴影，但是如果我们能够从一个世纪前从开普到开罗的本土非洲人的生活往下看，再审视今天整个人类的场景，我认为，除了欧洲剥削者得到的任何收益，本土人自己也获得巨大的人道福祉。

如同早先16和17世纪伟大的勘探和开发时代，19世纪末欧洲血管里的狂热驱使男人去到世界各地。非洲，以其幅员辽阔、富饶以及估计达1.18亿的人口（1920），自然在一代人以前瓜分世界的场景中占据了中心。但是，远东和太平洋岛屿也是国际角逐的目标。英国宣布马来半岛为其保护领地，吞并了婆罗洲的整个东北部沿岸地区，以及一百多个太平洋岛屿，其中许多被交给新西兰管理，新西兰从而成为一个广阔的岛屿帝国。我们将在下文连同澳大利亚一起叙述新几内亚。其他国家也很忙碌，包括美国，它在1898年与西班牙的战争期间有过一阵短暂的帝国主义发作，尽管美国人作为一个民族从来不在乎海外属地和责任。

随着竞逐的结束，世界以及英帝国都进入了一个崭新的阶段。在英帝国内部，帝国主义的狂热几乎完全压倒了格莱斯顿自由党人对因殖民扩张而要承担责任和代价的犹豫。英国，已经习惯于一种世界主导地位而又几乎没有意识到这种地位，游离于某些高级圈子之外。它的世界贸易比较值正不断下降，还在对新领土的角逐中成功地竞争着。日本实力的前景难以理解，中国被认为是微不足道的。真正有分量的是欧洲列强和美国。

至于那时已经确立了地位的大国，到1899年只是其中五个，就占据了地球上一半的领土。英帝国遥遥领先，领土面积达1200万平方英里。依次排列：俄国850万；美国人口第三，却只有350万；法国450万；德国只有125万平方英里，但拥有7000万强健和受过良好训练的人口，而且正在生出一种强烈的怨恨，因为它早先没有提出主张，而现在世界几乎定格。帝国牺牲属地换来的赫里戈兰岛，眼下看起来还微不足道，无论是作为权力还是作为威望的象征。

与此同时，欧洲列强之间的一个新的和重要的同盟已经形成。为了简洁而连续地叙述英帝国，我们受到很多限制，如同一个传记作者在叙述某个人一生的故事时不可能交代各相关时代的历史。虽然外交政策和外国的政策对英帝国的发展当然是重要的，但我们对此只能轻描淡写。因此，我们不触及细节而满足于指出，只要俾斯麦继续掌权，他就是错综复杂的、通常是秘密的和不道德的条约和联盟体系的中心。

正如我们所见，埃及局势的发展和随之而来的法国的敌意，导致英国去讨好和支持这位德国宰相。他通过令人难以捉摸的秘密条约，构建了由德国、奥匈帝国和意大利组成的三国同盟，并通过其他秘密条约使俄国左右为难地卷入其中。巴尔干半岛的麻烦以及该地区政治版图的重划，使沙皇领悟到了一个事实，即在任何利益冲突中，德国都会站在奥匈帝国皇帝一边，而不是他这一边。在对黑海和达达尼尔海峡的依赖上，奥匈帝国与俄国发生了直接的利益冲突；英国担心俄国对印度有所图谋，虚与委蛇地跟在三国同盟后面。局势使得法国与俄国成为明显的盟友，在俾斯麦于1890年去职后，德皇威廉二世的政策使得法俄结盟愈加必要。1887年俾斯麦在一封其措辞今天听起来阴阳怪气的私人信件中向索尔兹伯里暗示，德国、奥匈帝国和英国现在都是心满意足的大国了，而法国和俄国会是侵略者。两年后他提议建立英德同盟，但只反对法国。他认为德国不能冒险立即在双线开战，因此必须与俄国保持良好关系，虽然他与那个国家订立的条约当时还不为人所知，该条约是与建立三国同盟的目标相抵触的。既然英国视俄国而不是法国为最大的潜在敌人，俾斯麦实在提供不了什么诱惑，索尔兹伯里拒绝加入三国同盟作为其中第四大国，尽管数年中在英国与意大利之间有一个防御条约。

虽然很难理解俾斯麦在外交上的捭阖，但他说德国满丁现状可能是发自内心的。在一代人的时间之内一个大国被紧密结为一体，而他本人在整个欧洲外交中也具有至高无上的地位。正如我们所言，比起世界扩张，他的兴趣更多在于看到他所缔造的德国成为欧洲大陆最强大的国家。他对英国的世界帝国地位极少有或者毫无嫉妒之心，也不曾有过年轻皇帝威廉二世在1896年的一份声明中表达的雄心壮志："德国的未来取决于海洋。"在他所巩固的柏林与维也纳之间的密切联系中，种下了泛日耳曼主义的种子，它将在我们这个时代绽放出希特勒的"纯正种族"之毒花。但是如果说索尔兹伯里不领会俾斯麦的所为，那么俾斯麦自己也不明白，在幼稚蛮干和缺乏经验的年轻皇帝的领导下，他所称的"来自大渊"的力量将把他的国家带向何方。可是，在我们这里简短的描述中，今天的人们可以看出，"未来事物的轮廓"已经形成。

不仅世界被瓜分完毕，以至于那些广阔的空地和未先占的富庶地区不再为新兴国家的野心提供一种安全阀，而且"欧洲协调"被拥有现代战争工具和庞大征兵制军队的两个军事阵营所取代，即三国同盟和两国同盟。这是一种新的世界形势，充满了可怕的危险。有一句美国俚语："穿戴整齐，无处可去。"这句话或多或少准确地描述了1894年至1914年的欧洲。在早期殖民时期，旧世界通过地球上的空地得到拯救而免于毁灭，具体而言就是美洲；在社稷已立的东方，如果有未占的和空闲的地盘，西方对于其中的不满和叛乱因素起到了一种安全阀的作用。

现在整个世界被分割一空，欧洲的五大国形成了两个相互嫉妒的联盟，它们全副武装却无处可去，除非彼此征服、征服别国的欧洲卫星国或海外属地。在世界的任何地方进行扩张，都意味着在欧洲的心脏发生冲突。英国隔着狭窄的海峡，一度保持“光荣孤立”，凭借其不可战胜的海军监管七大海域，但正如我们现在所知，也不能免于被拖入任何大规模的战争之中，这样的战争将会导致另外一个国家称霸欧洲和全球。在贸易方面，与德国相比英国正在迅速输掉竞争。日益壮大的德国海军、基尔运河、赫里戈兰岛的割让、上文引述的年轻皇帝关于国家未来命运的名言，很大程度上未引起注意。

印度成为统一国家

与此同时，我们有必要追踪帝国边远地区的发展状况。印度现在成为一个统一的国家，其统一程度前所未有。辽阔的三角形半岛，两面环海，英国海军力量在这两个海域无可匹敌；北方是世界上最高和最不可逾越的山脉，似乎坚不可摧，但是可以这么说，喜马拉雅山脉南部两端皆有漏洞。在东边，法国向印度支那推进，迫使英国发动缅甸战争，兼并上缅甸，这点上文有述。英法在缅甸的冲突，其实质在于法国觊觎英国一直以来在这个地区的贸易，只是这一时期在两国间引起恶感的冲突之一。缅甸新国王锡袍（Thebaw）在法国的影响下，不顾先前与英国订立的条约，对英国公民实施了监禁和处以巨额罚款，随后被迫辞去王位。我们已经说过，把一个先进民族的意志强加给一个后进民族的伦理问题通常是很难说清的，但是在英国接管后的第一个十年，缅甸的人口增长20%，土地开发增长50%，如果我们将之与锡袍的残暴和恶毒统治相比，似乎会得到一个“帝国主义”的实例。

西边的“漏洞”是阿富汗与印度之间的荒野领土，著名的开伯尔山口正好穿越其间，那里居住着世界上最无法无天的和最难征服的土著部落。在本章所涉的时期，英国在这里进行了一系列针对当地部落的小型战争，不得不雇佣四万多人的部队，但是未获成功。问题的解决，如果可以称为“解决”的话，归于后来的副王寇松勋爵（任期为1899～1905）。

里彭勋爵尤其值得注意，他的任期（1880～1884）涵盖了也许是印度现代史上最重要的转折点。在19世纪后期英国统治被认为存在两方面的主要缺陷：在英印政治关系上缺乏任何明确的目标；那种妨碍英国人聘任印度人担任政府公职（至少在高级职位上是这样）的种族感。罗伯茨勋爵可能正确地表达了在印度的绝大多数英国人的感受，他写道：“正是意识到欧洲人与生俱来的优越感，我们才赢得了印度。一个当地人，无论怎样聪明和受过良好教育，无论证明自己有多勇敢，我认为授予他的头衔都不能使他被英国长官视为平等的人。”

虽然一般而言军官和文官都持这一观点，但副王和宗主国政府不止一次建议过高级职位对本地人开放。这一倡议的失败，连同兵变的记忆和欧洲官僚制的发展，导致实际上在印度创立了一种新的种姓制度，居于塔顶的是“白人婆罗门”，即英国人，其影响对印度人和英国人都是恶劣的。受过教育的本地人，尽管只是不计其数的本土人中的一小部分，自然憎恨罗伯茨勋爵的那种态度，后者通常甚至更直言不讳地表示，在任何情况下都把他们排除在任何有价值的公共事业之外。另一方面，英国统治阶级的少数人培育了那些易于在掌权的或者自视比周围所有人优越的小团体之中显现的内生品质。从最坏的意义上说，他们倾向于变得心胸狭窄、势利，而且对印度来说，最糟糕的是，他们的政府管理工作陷入僵化。

然而，里彭意识到英国控制赖以发挥作用的东西到时一定会终结，多达三亿的人口不可能永远对不足十万的外来统治者臣服。他预见到最终需要某种形式的、遵循现代民主原则的本土责任政府。他正确地得出结论，总有一天会出现危机，他大胆地尝试为印度做些准备工作。无论他的改革是太仓促还是可能引起争议，唯一确定的是这样一些发展迟早不可避免。

里彭首先采取的行动之一就是扭转他的前任利顿勋爵的政策。鉴于印度语报刊对政府和英国总体控制进行的猛烈抨击，利顿强制使它们噤声。虽然受过教育的乃至识字的人数只占总人口的一小部分，但一家自由的印度语报刊对于推进发端于这个时期的现代民族主义运动具有巨大的影响力。里彭对于民主进程所采取的第二个措施就是在城市和乡村地区建立区委员会（District Boards）形式的地方自治，旨在让本地人接受行政管理的训练。然而，这些措施受到印度官僚制和宗主国政府或多或少的抵制阻碍达二十五年。

另一项提议的改革涉及司法行政。在印度，欧洲人有只受英国治安法官审判的权利，而1833年里彭提议废除这项特权，并取消英国治安法官与印度治安法官之间的区别。社会的情绪是如此强烈，以至于提交到立法机关的法案不得不被撤回，但是争论的结果大大加剧了种族对立。英国人对于将他们置于本地人的司法支配之下的建议感到十分愤怒，而本地人认为该计划的撤销是对他们自身的一种侮辱。

更重要的是里彭勋爵的教育计划。迄今为止印度教育几乎全部掌握在政府或传教士手中，然而新的制度颁布后，学生人数增加了，中小学和大学都主要由本地人掌管。诚然，相对于每十年增长大约一千万人的人口总数来说，接下来的二十年识字人数的百分比可能没有增加，但是大学生的人数将近翻了一番。在本土的影响之下受教育的领导者的人数剧增，加上方言报刊的作用，对于民族主义运动将产生深远的影响。而且尽管使用当地语言，对英语日益增长的知识第一次为全国各地的受教育阶层提供了一个公共交流媒介。日报和周报现在发挥了重大作用，如《印度爱国者》《孟加拉人》《马拉塔人》等。

广大群众按理说是感到满意的，但一个外来的统治阶级必定迟早不可避免地激起被统治阶级的反对和民族主义理想，而且在印度有多个憎恨英国统治的群体，其成员在为自己寻求与外来人同等的职业生涯。到了1880年代，认为受过教育的高种姓应有权利获得一份“白领工作”，且被英国人表现出的优越感激怒的具有政治头脑的中产阶级，开始组织反对行动。起初，在戈卡勒（Gokhale）等人的领导下，他们主要忙于温和的改革，满足于逐步改变，很像英国的自由党人。1885年召开的第一届印度国民大会主要是一次温和派的会议，它将在后来产生巨大的影响。参会人员不是从各地区经过政治方式选出的代表，而是代表多个不同立场的地方组织的自愿参与者。年度会议进展缓慢，早期通过的决议和提出的要求都是温和的，主要是比如呼吁获得类似于授予自治殖民地的那些权利。

这些计划虽然主要是受西方思想激发，但也伴随着宗教和种族的强大思潮，随着时间推移，西化和反西化相互碰撞，激起汹涌澎湃的漩涡。斯瓦米·维韦卡南达（Swami Vivekananda）和达耶南陀·萨拉斯瓦蒂（Dayananda Saraswati）等领袖讲授印度文明之于欧洲文明的优越性，要求回归原始的印度思想和生活方式。大多数印度民众对这个运动不为所动，在了解这场运动的受教育者中，立场远非统一。有人相信西方，有人谴责西方；有人忠于英国，有人希望把可恨的外国人赶出去。除了对外部世界的态度，就像在使印度之为印度的种族和宗教的乱局之中经常看到的，还有内部分歧。

然而随着民族主义愈演愈烈，温和派失去控制权，国民大会越来越代表更加暴力的反西方元素。一些本土期刊散布着最恶劣的宣传和极端民族主义意识，影响着越来越多的人的头脑。在孟买，一个名叫蒂拉克的印度人创立了一份报纸《狮报》，他说出了许多人的想法，即这场斗争中的宣传是战时的宣传，所作的声明不必是真实的。不出意外，结果导致大量错误信息的传播和非理性仇恨的滋长。1896年既有的社会动荡被旱灾、饥荒和一场严重的流行病鼠疫加重了。在浦那（Poona）抗击鼠疫的两名英国青年被暗杀，标志着排外运动开始进入一个新阶段。

英国人憎恨暴力，尤其是秘密的和胆怯的暴力行为，那些相信“恐怖政策”能奏效的人似乎从未能考虑这一点。它不仅丝毫没有恐吓到英国人，而且只会使他们挺直脊背，并伤害那些采用恐怖手段的人可能在为之奋斗的事业。政治暗杀的增加是在今后一个时期，但是印度显然处在大变革的前夜，虽然如同在日本一样，派别之间的矛盾——希望走西方发展路线的一派，与希望保持传统的生活方式和文化的一派——在对外来影响和控制的共同反对中一时被遮蔽。

1892年英国人承认立法议会中一定数量的本地人代表，试图把印度引向一条别的殖民地已经经历的向自治发展的道路，但是，就如早期北美殖民地和关于“帝国联邦”的讨论所表明的那样，仅仅在一个机构中获得代表权——其中属于少数派的代表可以随时被投票否决——解决不了问题。我认为，这样一种安排被和平地接受的唯一案例是美国的大陆准州，它们在国会中有一个不具有投票权的代表，但是那种情况下，准州的地位具有自身的缺陷，在宪法上只是被认作向完整的州身份过渡的阶段，当一定的条件比如人口等符合要求时，才能获得完全的州地位。

加拿大的稳定发展

现在我们转向世界的另一边，帝国的第一个自治领加拿大。每一个伟大的自治殖民地——一个应用于它们而将在该世纪结束后消失的术语——都培育出了自己的个性。在加拿大几乎没有社会主义和激进的社会实验，而这是澳大利亚和新西兰的特色。实际上，加拿大已经呈现出显著的稳定性与进步，这一点部分地由它的政治史所表明。不仅在自治领政府内，而且在那些众多的省政府内，部长的任期都极不寻常地长。作为保守党的领袖，约翰·麦克唐纳爵士从1878年到他去世的1891年在位，而该党继续执政超过五年。在威尔弗里德·劳里埃的领导下，自由党人于1896年取得执政地位，保持到1911年。

加拿大凭借广袤的领土和丰富的资源，专心致力于自己的发展；以小农户为主的人口结构，使得财富的分配相当均衡。古典自由主义者与保守党之间的主要意见分歧是经济上的：保守党赞成保护主义，而自由党倾向于自由贸易和低关税；还有其他的经济事务，例如有关修筑铁路的问题。但是没有劳工党，并且几乎没有劳资分裂，而这种分裂在英国开始出现，在澳大利亚和新西兰已经相当突出。

自治领成立后，1871年不列颠哥伦比亚获得承诺，一条横贯大陆的铁路将在十年内建成，但是由于麦肯齐政府的怠惰，在规定的时限结束后只完成了三百英里。1880年麦克唐纳和他的几个合作者来到英国招商并获得了成功。一个辛迪加被组建起来，后来被称为加拿大太平洋铁路公司，它的主要股东是：乔治·史蒂芬，后来的芒特·史蒂芬勋爵；约翰·罗斯爵士；詹姆斯·J.希尔，一个加拿大人，后来成为伟大的铁路建筑师和美国实业巨头；唐纳德·A.史密斯，后来的斯特拉思科纳勋爵。如同在美国一样，政府对那些敢于冒险投资修筑横贯大陆的铁路——长达数千英里，大部分要穿过无人居住区——的人开出的条件，在时人和后人眼中，必得是非常大方的；这些人想到的是这个国家及其交通状况的后续发展，而不是数千万人不得不沉没在荒芜的原野上。

竞争对手产生了，另一家实力不那么令人放心的公司，提出更低的条件，但最后是加拿大太平洋辛迪加获准开工。不到五年之后的1885年，通往海岸的铁路竣工了，虽然政府不得不提供两笔额外的贷款，合计2750万美元。这些贷款都被如期偿还。麦克唐纳可以被认为是一个更强大的加拿大的缔造者之一，尽管事实上他首先是一个政客而不是一个政治家。一位评论家说他花费了很多时间来思考如何保住权力，却可能从未花哪怕五六个小时去思考如何建设西北地区或者阻止连续不断的逃美潮。这种说法似乎有失公正，因为从大西洋到太平洋的加拿大联邦主要依赖这条铁路，当这项工程出现危机之时，当它的命运取决于从不情愿的政府获得最后一笔500万美元的贷款时，麦克唐纳迫使他的下属同意这笔借款，拯救了这项事业。在一个年轻的国家，美国人可以作证，政治往往成为一种交易。没有社会地位或继承得来的财富，大多数人太忙于爬经济梯子而不太关注通常报酬微薄的政治职位。如果说麦克唐纳主要是一个政客，主要是因为他不得不围绕他所打交道的物质来从事政治活动，但他组织了一个伟大的党，挽救了加拿大太平洋铁路公司，而且是加拿大工业保护政策的发起者。今天的加拿大很大程度上是他的工作和政策的结果。

在这一时期，贸易保护特别重要，因为它直接针对美国的影响力。在大多数时间里，加拿大自由党人倾向于建立一个两国经济联盟，基于共同关税或者具有几乎一样效果的互惠协议。然而麦克唐纳觉察到了加拿大人的普遍情绪，他们不希望这样的结果，宁可在英联邦内保持本国的独立，此后也证明了这一选择既令他们自己满意，也令美国人满意。这种双重身份势必带来大量的难题，因为加拿大人和美国人分占了几乎整个北美大陆，他们之间的关系特别密切。正如我们所指出的，加拿大不仅有帝国提供的保护，而且有美国提供的保护，美国绝不会允许一个外部国家征服它的邻居而占领它所支配的大陆一半以上的领土。1890年代这个问题更加公开，在诸如白令海峡的海豹捕猎和东海岸的渔业等问题上，有一些略微激烈和持久的争执，存在新的分歧，直到世纪之交以后才获得解决。然而两国的普通公民，都越来越被吸引到各自的民族主义轨道上，越来越不倾向于通过和平或战争的手段建立一个联盟。加拿大正在迅速地生长出一种信念，如后来吉卜林写道：

在妈妈的屋里我是一个女儿，
在自己的屋里我则是一个女主人。

另一方面，美国一些小团体早期偶尔提出的兼并要求已经完全销声匿迹了。就国家而言，加拿大与美国将成为邻居，依照罕见的友好条款共处，并给全世界提供了一个典范，显示出这种国际关系包含的独特意义。无论这两个国家投资多少用于军备，没有哪一方花费一分钱去防御或进攻对方。

1885年麦克唐纳已经年过七旬且实现了他所有的愿望，当志得意满地从公众生活中退隐。但是第二次叛乱在加拿大西北地区爆发，带头人是早先的造反领导人路易斯·里埃尔。加拿大太平洋铁路的修建激起了印第安人和混血人种的忧虑，而政府在处理这一局势上缺乏谋略。里埃尔领导了这次运动，最后被逮捕且处以绞刑。叛乱本身没什么重要意义，但里埃尔有法国血统且是一个天主教徒，以爱德华·布莱克为首的自由党利用他的判决再次挑起种族和宗教问题。可能整个事件最重要的后果在于1887年的选举，自由党被击败，虽然不是惨败，布莱克辞去党魁，为加拿大一个最有政治才能的人威尔弗雷德·劳里埃打开了大门。虽然他是法籍人和天主教徒，但他将通过娴熟掌握的两种语言、清醒的头脑、卓越的能力、优雅的举止赢得两个民族和两个宗教的信任，它们被认为是这个目前发展中的新帝国的主导力量。1896年他成为自治领的总理，在可能是加拿大所有内阁中最能干的一个团队的支持下，在关键年代主政，我们将稍后再述。

或许他最热切的抱负就是把英国人和法国人两个民族统一在纯粹的加拿大爱国主义之中，使两者能和衷共济。在他的晚年，当形势在他的控制之外，新的裂痕又将产生，他站在本民族一边，但是只要他当政，加拿大就奇特地免于此前和此后的种族仇恨。法国人和英国人一直是两大族群，但是随着大草原被定居垦殖，与澳大利亚和新西兰相比，已经有相当程度的种族杂居，虽然加拿大永远不会成为美国那样的“熔炉”，也不会有南非那样的原住民问题。然而，犹太人从各地进来，还有瑞典人、挪威人、冰岛人、德国人、俄罗斯人、鲁塞尼亚人（Ruthenians）、匈牙利人以及许多其他人种。1897年以后的十四年中，在政府鼓励移民以填充广阔空白地带的政策下，每年抵达的新移民数量从开始时的大约2万稳步上升到1911年的3.2万，而出走美国的人数大幅地逆转过来了。

然而，美国资本继续大量向加拿大投资，随着两国商务的增长，加拿大成为美国与英帝国整体的理解链条上最重要的一环。如果说加拿大是英国所有自治领中的姐姐，在一定意义上也是同在一个大陆上比邻而居的美国的妹妹。1895年，美国国务卿奥尔尼先生就委内瑞拉与英属圭亚那之间的边界纠纷，给索尔兹伯里勋爵发出了一份意想不到的且完全缺乏技巧的照会，对大多数美国人来说，很显然奥尔尼使用的几乎令人费解的措辞不能应用于已经成为帝国一部分的属地，如加拿大。整个事件以及随之突然笼罩的战争阴云，结果被索尔兹伯里冷静的政治才能化解。这个问题通过仲裁解决而告终，在令人感叹地松了一口气之余，很可能还带来了一个后果，那就是使得美国孤立主义者对英帝国的含义有了更加深刻的理解。在增进的了解中，很大一部分来自我们的和平邻居对待我们的北部边界的近在咫尺的范例。如果说英国突然意识到由于两国间的密切关系与美国交战几乎是不可想象的，美国人也会意识到与加拿大交战的不可想象。

新西兰的大胆尝试

英帝国历史一个最引人入迷的方面，就是在其松散而又完全牢固的统一之中包容着极端多样性。从加拿大到新西兰，我们发现了一个惊人的对比。像她的大姐那样，新西兰实际上还是一个以从事耕作或放牧的小土地所有者为主的国家，相对而言工业和劳工问题可以忽略不计。然而新西兰历史，特别是在1895年之前大约二十年的萧条岁月之后的一个显著特点，就是其政治家的大胆尝试，其中首推理查德·塞登。他于1893~1906年任新西兰总理，推动了当时最先进的社会立法。当1891年自由党人上台后，工会开始推出工党候选人。在一个以农业为主的国家，塞登政府大力支持工会和劳动立法。

这一时期和随后几年的大多数尝试，其目的似乎在于利用国家机器为人民维持一个较高的生活水平、防止个人之间财富悬殊以及维护一个纯粹的民族。虽然工会获得支持，罢工却不受欢迎，产业纷争是通过由资方和劳方代表组成的调解委员会以非暴力方式解决。如果调解失败，案件呈送国家仲裁法庭，它能够裁决所有关于工时、薪酬和其他争议问题。双方必须接受裁定，如果不服从，将受到严厉的惩罚。这项有趣而大胆的尝试，在比固守本土的英国人具有更多英国式独立的人民中，并没有完全成功，只是在很大程度上做到了，而且作出的决定总体上对劳工非常有利。薪酬保持在较高水平，部分地得益于高关税，而高关税同样给其他需要课征重税的尝试提供了一些帮助。

这些尝试中，有些关系到防止巨额财富的积聚。五百英亩以下的小地主，不缴纳土地所得税，而超出这个面积，累进税将使得土地所有权成本高昂，特别是让它们闲置的话。此外，对城区未开发利用的财产征收专项市政税，对大型不动产征收累进所得税和高额的遗产税。

所有这一切和其他手段，比如出租而不是出售公有土地，铁路、煤矿及其他公共设施和资源的国有化，加上养老金，使得这一时期大胆尝试的新西兰与保守的加拿大、行动缓慢的宗主国形成了强烈对比。又一次，为了维持以快速发展为代价的生活水平，新西兰走了一条正好与加拿大相反的道路，不是鼓励移民，而是主要通过立法来阻止移民，甚至从英国本土来的移民。1899年亚洲人和波利尼西亚人遭到驱逐。我们已经谈到过与毛利人的通婚，相当奇怪的是，这群最煞费苦心地保持种族纯洁性的英国人，是唯一在社会平等的基础上接受土著人的英国人，哪怕考虑到他们遇到的原始野蛮人特别高等。

尽一切努力保持一种较高——如果差不多均等——的生活水平，要不是一项发明，依靠本土产业是无法做到的。冷藏技术的开发改变了整个环境，这项发明开发出了全新的产业，并使得衰退中的绵羊大牧场几乎焕然一新。长期的萧条之后迎来了1880年代后期和1890年代的快速发展，它使得社会立法成为可能。1882年第一艘满载冻肉的船只驶往英格兰。尽管许多尝试有待开展，许多偏见需要克服，但宗主国市场和外国市场对新西兰肉类和其他产品如黄油和奶酪的开放，使得这个岛屿上的生活发生了完全的转型。由此带来的重要结果就是乳业和小农终于占据支配地位，人口的扩散，大城市的缺乏，劳工运动的衰落，大、小土地所有者阶层之间壁垒分明和敌对的状况改变了，整个经济、政治制度和价值观与澳大利亚的完全不同。至于这些结果是否都对社会有益我们稍后再述，但是这里需要提请注意的是，不是小农而是富裕的地主在1880年代拥有资金和主动性，并且表现出勇气去进行冷冻技术试验，它后来使全部人口获得了较高的生活水准和总体财富的巨大增长。

澳大利亚的劳工运动

在这一时期，直到1900年成立联邦，澳大利亚只是一个地理概念，实际上是沿海六个各有特色的殖民地。在简要地讨论这些殖民地的故事之前，我们先说明它们与一些太平洋岛屿的关系，这种关系为帝国的成长提供了一段有趣的花絮。在澳洲大陆的东北边，隔着托雷斯海峡，就是新几内亚，世界第二大岛，如果我们认为格陵兰岛是世界第一大岛的话。它的面积、位置接近以及被认为蕴藏丰富的自然资源，使得它成为澳大利亚殖民地感兴趣的目标，尤其是那些东部海岸的殖民地。在1860年代和1870年代，几个澳大利亚殖民地曾经试图劝诱英国政府吞并这个岛屿，但未获成功。大致一千二百英里之外的新西兰，对该项计划兴味索然，把目光瞄准了自家门口的其他岛屿。对斐济群岛的经营使英国付出了超出预期的代价。当澳大利亚殖民地坦承自己无力支持、哪怕是分担新几内亚的经营，处于帝国主义收缩时期的英国政府，拒绝采取任何措施进一步扩张太平洋领地。与此同时，澳大利亚急切想为未来争取到自认为在自己的最终势力范围之内的一些其他群岛，例如新赫布里底群岛。

在冗长的讨论以及帝国在扩张太平洋领地所显示出来的延宕中，有大量有趣的地方需要注意。其中一个就是，尽管英国已经拥有了全球四分之一的土地，但它不是一个有时被说成的贪得无厌的土地掠夺者。帝国是从各种各样的地方性缘由、以各种各样的方式零敲碎打地成长起来的，有时乐意扩展，有时极不情愿。实际上，帝国已经有些处于一个大地主的地位，它可能不想望更多的土地，但是发现自己被这里或那里的一些情况所迫，不得不增加自己的财产来保护已经在手的东西。不仅这个因素，还有许多其他因素，例如对有些地方现有贸易的保护，这些土地如果被其他国家兼并，将会对开辟了商贸关系的英国人关上大门，每个情况都不相同，这些都是导致英帝国统治范围广阔的动力因。在扩展中，帝国有时不得不为一部分的利益牺牲另一部分的利益，北美殖民地的失去就是一个经典的例子。

另一个相关的点就是，正如帝国作为一个整体已经被迫扩大，它的组成部分也倾向于成为大帝国中的小帝国。新西兰和澳大利亚就是这种情况，它们培育出了远离帝国其他部分的英国文明，而且不得不以一种戒备的眼光看着外来国家占领了一些据点和殖民地，如果自己没有强大的军事资源，他们可能会遭受来自这些据点和殖民地的攻击。

澳大利亚和新几内亚的情况更是如此。澳大利亚和新西兰的英国人都担心习惯于使自己的属地靠近别国殖民地市场的法国，还有德国，但是宗主国政府并未严肃认真地对待这种威胁。平地一声雷，1884年12月俾斯麦通知英国政府，说德国人占领了新几内亚，很德国的风格。如果说格莱斯顿政府不应感到惊讶，澳大利亚人则是愤怒了。格莱斯顿枉然提醒俾斯麦，这个岛屿的北部一直是为太平洋问题总的解决方案而预留的。俾斯麦承认是有一个“误会”，但坚持保留他所占领的土地，最后英国不得不让步，同意德国人获得北部沿岸，而对于自己拥有与澳大利亚隔海相望的南部沿岸感到满意。

在埃及问题上，格莱斯顿再一次在帝国政策上受挫，而且出于同样的原因。他写信给格兰维尔说："清除埃及问题解决的障碍，其重要性无论怎么说都不为过。"作为对德国在埃及问题上的友好的回报，以及对抗法国敌意的一部分，德国在随后几年获得了新几内亚的一半领土和在太平洋其他地区可观的殖民扩张。新西兰曾坚持对萨摩亚群岛和汤加群岛的所有权，现在被要求放弃它们，并承认"一个友好大国的合理主张"。尽管有俾斯麦、德皇和希特勒这样的人物，英国历届政府还是天真地信任德国，这是过去两代人的大部分时间里贯穿于英国外交政策的最奇怪的一条主线。

尽管在六个澳大利亚殖民地之间存在地方差异，但是一致性要显著得多，特别是在人烟稀少的西澳大利亚的沙漠中发现了金矿以后，这个殖民地的人口增长如此迅速，以至于到1890年就实现了自治。大体而言，各个殖民地的发展进程基本相似，虽然直到1900年才实现统一。我们无需描述每个殖民地的事务进程，但可以谈及澳大利亚的一般特点。与加拿大和新西兰相比，澳大利亚的一个最显著的特点就是如下事实：一个新的国家，一个仍然以农业、放牧和采矿为主的国家，绝大部分人口聚集在诸如悉尼、墨尔本、布里斯班、阿德莱德等大城市。结果，就拿与新西兰相比，这个国家的政治生活由工业居民而不是由农业居民主导。工会很强大，但是一段时期，当1890年代的大萧条取代了1880年代有点虚假的繁荣之后，调解日益式微，罢工持续不断。我们已经提到过1899年澳大利亚工会声援伦敦码头工人的强烈热情，次年发生了一场几乎遍及全国的大罢工，甚至大牧场里剪羊毛的工人也参与其中。

这段澳大利亚历史上最糟糕的十年，虽然有一些额外的成绩，但总体上是不成功的。数年的干旱，几乎完全崩溃的信用，移民潮停止——部分归因于立法，部分归因于对澳大利亚的机会缺乏信心——在这样的背景下，可能得革命，罢工是没什么用的。忠于国家的天性，使得澳大利亚人自然而然地转向立法途径。到1891年，历来要来得更激进的新南威尔士出现了一个工党，紧接着其他殖民地也纷纷效法。从一开始工党就严格基于阶级划分来发展党组织。劳资冲突十分激烈。在南澳大利亚甚至由一个党员只能是体力劳动者的党来执政。在城市以外的地方，有熟练工人的松散组织。全国性的组织，如由流动的剪羊毛工人组成的“澳大利亚工人联盟”，强烈倾向于降低运动的智力标准，而在英国这种运动是由更理智的劳工派别所发起和控制的。工党最初也是这样组织，以防止成员对党的政策有任何自由讨论，所有成员必须预先保证由领导人来决策。虽然世纪之交，无论是在分散的州还是在后来新成立的联邦，劳动立法在一定程度上是模仿新西兰调解委员会，但澳大利亚的工党往往视野狭隘、拒绝妥协、充满怨恨。它的态度与外国人越来越不愿投资没有一点儿关系，也与1890年代金融和商业的崩溃没有一点儿关系。

联邦最终的故事将在下一章叙述，我们也要推迟讲述这一时期发生在南非的事件，因为它们构成了布尔战争的直接前奏，放在那一联系中也许可以得到更好的理解。然而，当维多利亚女王于1897年隆重庆祝她的钻石禧年时，詹森远征已经发生，人们意识到战争的乌云正在密集。同样的壮观盛典十年前出现过，但是早先狂热的帝国主义和乐观主义已经在某种程度上蒸发了。许多人开始感觉到帝国主义更肮脏的一面，体现在所有国家赤裸裸的争夺之中，一些英国人感觉到，比如在南非，帝国主义正在败坏英帝国的形象。女王已经统治六十年，年老体弱，在位的时日不多了。这个国家本能地感觉到一个时代和一个世纪正在接近尾声，预感到未来将发生什么。要是把下一代人的全部前景给予民众，焦虑会被恐惧所代替，而他们还在忠诚地欢呼憔悴而虚弱的老女王乘着马车缓缓从宫廷到威斯敏斯特大教堂，带领国家进行感恩祈祷。

甚至帝国也显得不如十年前那样统一。帝国会议再一次举行，利用十一个殖民地的总理出席庆典的机会，但是这十年表明，帝国的统一涉及显然不可解决的问题，而不仅是1887年的情感问题。增强联盟凝聚力的三个途径已经讨论了多年，在大会上，主持人殖民事务大臣张伯伦鼓吹他自己的方法，即具有某种形式的中央代表机构的帝国联邦，但殖民地已经变得越来越自豪于他们日益增长的自足和地方自治。他们担心要是建立帝国议会的话，这些会有所削减。这一方法被决议掩盖，决议只是声明“考虑到既有的条件，联合王国与自治殖民地之间目前的政治关系总体令人满意”。

其他统一的手段也一样不成功。第一种是政治手段。第二种是军事手段。从第一帝国的早期时代开始，如何分担帝国防御的成本及其他负担的问题一直悬而未决，今天还是如此。海军部强调有必要建立一支帝国舰队，统一指挥，但后勤保障一定程度上按比例由各殖民地和联合王国承担。只有开普殖民地答应提供一艘一流的战列舰，澳大利亚各殖民地提供一笔小额现金，地方主义和分离主义的情绪太强，没有殖民地答应致力于任何明确的计划。最后，经济手段也没有产生比前两种手段更多的结果。张伯伦关于建立一个帝国关税同盟的想法，多少基于德国的先例，未能激起各殖民地的兴趣，而他们自己的帝国特惠制计划，则引起了太多的困难而无法付诸实施。

然而，帝国会议绝不是失败的。仅仅就加拿大的劳里埃、新西兰的塞登、澳大利亚的里德等人的会晤本身而言，就是帝国发展中的一个重大事件。按照英国通常的行事风格，他们正在摸索自己的路，而不是试图通过决议来建立新制度。然而，一个使帝国会议在未来定期召开而不是凭借钻石禧年这样的特殊事件随机举行的决议，的确大大促进了一项帝国制度的建立；通过这项制度，逐渐地发展出一些手段，大大增进了宗主国政府与殖民地和自治领政府之间的理解。虽然他们拒绝接受任何现成的增强联盟凝聚力的方法，但帝国的统一还在增长，布尔战争和世界大战这样的事件毋庸置疑地证明了这一点。

第十三章／帝国主义引起的反应

在19世纪临近尾声时，英帝国发生了一次重大危机，甚至比印度兵变更危险，因为它在英国人没有一个盟友、孤立无援地处在一个充满敌意的世界中时，使得英国民族及其势力受到分裂的威胁。它的确引起了最清醒的英国人关于帝国主义的严重的意见分歧，仅仅十多年之后，他们就不得不作为一个统一的国家卷入世界大战的狂风暴雨之中。一段时间内，许多英国人，尤其是自由党人，一直在严肃地反躬自问由国际帝国热潮孕育的新型帝国主义的道德面。

我们随便地谈起英国人、法国人、德国人、美国人和其他国家的人时，仿佛他们都归于性格和思想的一种固定形象。当然不是。生物学分析和思维的不缜密误导了我们。从一个角度来看，个人是国家机体的细胞，但不像有机体的细胞，他们在观点和视野上存在巨大差异。生物有机体的细胞的确能形成固定的形式，但国家的细胞不能。今天的一只狮子酷似一个世纪以前的狮子，但今天基本上爱好和平的“法国”与拿破仑时代的“法国”颇有不同。在讲述任何一个国家的故事时，我们必须铭记这些差异。当詹森远征德兰士瓦的消息证实了英国社会有影响力的一部分人所持有的看法时，英国的帝国主义倾向已经遭受了一次严重挫折，它标志着国民思想的急剧变化。为了了解这个问题以及由它引发的一系列事件，我们必须追溯到上一章结尾的几年前。

布尔战争：罗得斯的败着

我们已经谈到保罗·克鲁格的性格和德兰士瓦的布尔人。年迈的"保罗大叔"是个独裁者，但是在他更进步的臣民中有大量反对的声音，虽然大体而言文明和文化水平依旧是17世纪的。然而，在1884年发现黄金以及1886年发现威特沃特斯兰德金矿后，整个局面已经改变；后者经过四十多年的开采后，仍然拥有世界上最大的金矿储量，据报道（1939）称，超过了美国拥有的巨大储量，占全球开采供应的一半以上。

淘金热立即为德兰士瓦带来了大量移民，主要是英国人和澳大利亚人。曾经濒于破产的德兰士瓦政府，突然变得富有起来，并且有能力进行现代战争。17世纪简朴的农民发现自己突然陷入19世纪晚期最肮脏的强权政治和帝国主义金融时代。简而言之，外国人在十年内建造出许多城市——约翰内斯堡从一个小村庄增长到1896年的十万人口——并威胁着所有旧时的生活方式，包括精明、狭隘和顽固的克鲁格的至上权威。布尔人本已在1893年的总统选举中击败他，但尽管相信存在故意计错票数的行为，他还是被宣布以微弱多数当选。他继续掌权并能推行他的政策。

这些政策包括不允许向任何外国人投票，即使是市政选举，虽然他们创造了国家的财富；不允许外国人在政府拥有发言权，尽管在他的授意下他们被课以重税。甚至他们的孩子，几乎全部是英国人，也被要求只能接受荷兰语教育，而那些学校是由英国工业和税收支持的。在几乎完全由英国人修建和英国人居住的城市约翰内斯堡的十万英国人以及在该国其他地方的数千英国人，完全处于这个老家伙的控制之中，他雇佣荷兰和德国代理人帮助他攫取英国人创造的大部分财富，即使他的本族人也希望推翻他。当更进步的布尔人感到恼怒，英国人自然无法忍受，他们基本上甚至不允许成为公民，只是作为奶牛被使用。

与此同时，在南非还有另一个与克鲁格一样顽固和意志坚强的人。在帝国历史上，塞西尔·罗得斯的形象将永远赫然耸立，尽管他犯过错误。如果说他把那个时代帝国建立的指导原则表述为“慈善事业加上5%”，那么他有时似乎一心想着获得来到他面前的巨大财富，可他不仅贪婪，而且是庞大帝国梦的梦想家。财富对他来说本身不是目的，而是权力的一个重要杠杆。也许他思想中的主要缺点就是认为有了这个杠杆他能完成任何事情，虽然他的野心是为了帝国而不是他自己。他以有点笨拙的方式怀揣着不列颠民族神圣使命的信念，并把自己的生命和财富奉献到它的推进之上。一段时间，他是金伯利钻石矿区和多个矿井的核心人物。作为英国南非公司的总经理和实际的独裁者，以及开普殖民地的总理，他塑造了这个广袤大陆的南部的命运。他梦想从地中海到开普的一片全红的[1]地带和从开普到开罗的铁路在英国的土地上修筑，为英国人所有。

对于尖锐的种族问题，罗得斯认为荷兰人和英国人之间的平

1　如前面的脚注所言，红色在地图上代表英国。

等是唯一解决办法，并与开普殖民地的阿非利卡人同盟（Afrikander Bund）[1]的领导人霍夫迈耶结成联盟。他也积极关注教育事业和本土问题的公平处理。在开普殖民地，不仅荷兰人和英国人享有平等的政治权利，而且黑人也有选举权。在他的任期内，该殖民地与纳塔尔和奥兰治自由邦以关税同盟的形式统一起来，且随着南非公司管辖下领土的发展，为纪念他而被命名为罗得西亚，对落后的德兰士瓦形成合围之势。

在那里的外国人——被布尔人称为“外国侨民”(Uitlanders)——已经变得绝望。罗得斯坚信，他心目中的南非帝国的未来只有通过荷兰人和英国人的诚恳联盟并在后者的领导下才能实现，而他自己是注定要实现这一目标的人。以他的干才不会有任何问题。他也具有伟大政治家的许多品质，但他缺乏一项必不可少的——耐心。他总是在立遗嘱，体现他的思想（罗德奖学金[2]的设立就是一例），而且时常因想到生命的短暂而倍感苦恼。

正是这种个性导致他犯下一生中最大的错误。他对克鲁格政权的不妥协失去耐心，这似乎阻碍了他的计划。外国侨民计划组织一次武装起义反抗布尔人的政府，以使他们遭受的不公得以纠正。不幸的是罗得斯支持这些计划，而他的朋友、罗得西亚的行政长官詹森博士，在边境做好了准备，打算在约翰内斯堡和比勒陀利亚的外国侨民举事时进入德兰士瓦支援他们。除了这个计划的疯狂之外，时机选择也完全出错，起义并未按计划发生。詹森不顾这些情况和罗得斯下达的取消行动的命令，率领小股部队越过边境，企图远征

1 Afrikander 为布尔人的自称，意为“非洲定居者”。

2 “罗德”即 Rhodes，此处遵循一般译法。

德兰士瓦。这只能被认为是英国人对一个名义上友好的国家进行牵强的和不正当的攻击。部队被不光彩地击溃和俘虏了，策划暴动的领导人也被逮捕。

牌现在都捏在年迈的克鲁格手里。罗得斯毫无疑问也受到了牵连，立即辞去了开普殖民地总理一职，结束了他的政治生涯以及种族联合的政治家之梦。德兰士瓦的布尔人再次团结在他们的总统周围，并获得了开普殖民地和奥兰治自由邦的同胞的支持。罗得斯去伦敦接受议会的调查，调查的方式又增加了荷兰人的怀疑。我们将在本章的后面部分讨论英德关系，但在这里可以提一下，德皇威廉二世给克鲁格发了一封电报，后者理解为电报暗示他可以指望德国的帮助。

詹森的部队在1896年1月2日被打败，随后三年局势迅速恶化。荷兰人现在已经很大程度上联合起来反对而不是支持英国人了。克鲁格通过对德兰士瓦境内的英国人和产业征税，获得了用现代武器大力加强军备的条件。1899年1月，这个国家大约2.1万名英国人向女王呈交了一份请愿书，请求纠正他们所受的不公待遇，包括缺少每一个英国殖民地的白人都享有的平等的政治权利。

《伦敦公约》措辞不严，之前已经提到，现在也能让人感觉得到。英国政府和克鲁格政府之间是什么样的关系，现在并不明确。英国内阁不认为它可以干涉德兰士瓦的内部事务，但又不愿意承认克鲁格的完全独立。局势陷入僵局。克鲁格对德国的帮助有信心，也基本肯定奥兰治自由邦会提供援助，于是确信自己比英国更强大，在最后通牒中要求英国人在四十八小时内撤走德兰士瓦附近的所有武装部队。英国意识到自己已经卷入了一场严重的战争，虽然严重程度还不得而知。英帝国历史上最灾难性的戏剧之一的第一幕已经上演，虽然在谢幕之前错误将被勇敢地挽回。

虽然举行了一系列的帝国会议，但帝国在危机中的真正实力还是个未知数。英帝国下面有联合王国、印度以及一群遍布全球的自治领和其他殖民地。除此以外，英帝国已经使自己处于一种完全孤立的地位了。它在世界上没有一个朋友或同盟国。散布在世界各地的松散的一团“属地”对它来说意味着什么呢？在当时勉强维持的模糊的宪法和情感关系中、在一个充满敌人的世界上，它们会被证明是帝国的资产还是负债呢？面对这种局势，英国人对这些问题也不能找到确定的答案。我们可以在这里暂时打住，来简要追溯英国孤立的原因。

英国的孤立：强大到没朋友

原因部分在于道德，如果我们在谈论国际关系时仍然能用这样一个词的话；部分在于政治。在新世界，英国无所忌惮。正如我们所见，美国自“奥尔尼－委内瑞拉事件”的短暂寒冬之后做出的引人注目的反应，大多得益于美西战争中英国表现出的明显友好的态度。自从18世纪两国分裂后，英美关系长期以来没这么好过。但必须指出，如果说英国人自己有相当一部分——詹森远征令他们十分不悦——认为布尔人战争是强加给一个白人小国的，只因为它阻挡了帝国主义前进的道路，其他国家的人民可能更容易得出同样的印象，他们认为英国总是更注重罗得斯所说的“5%”甚过“慈善事业”。美国人此时正在经历一个特定的自负阶段，因为他们将古巴交给了古巴人，而且以二千万美元从西班牙手里购买了菲律宾群岛和波多黎各群岛，尽管他们轻松战胜了这个衰败的国家。大西洋对岸有一种感觉，英国在玩一场相当肮脏的游戏，它对布尔人的战争是颓废的商业帝国主义几乎处于谷底的样本。但美国方面没什么让英国担心的。

而欧洲的情况不同。英国长期以来不得不艰难地扮演一种双重角色。从一个角度来看，它的政策必须基于一个以不列颠群岛为中心、领土遍布全球而在欧洲几乎没有属地的帝国这一国情而制定。从另一个角度看，由于距离欧洲大陆仅仅二十英里，它必然会受到欧洲列强和大国格局的影响，这些国家不仅觊觎它边远的属地，而且那些近邻有可能直插它的心脏——大不列颠本岛。目前这种威胁的程度可以从英国首相每天散步都在背上套一个防毒面具的事实中显示出来。在飞机和空投炸弹时代之前，海军可以扼守狭窄的海峡，但即使如此，欧洲大陆强国也能够对英国的政策施加巨大和威胁性的影响。

随着布尔人战争危机的逼近，欧洲五大强国分成两大集团：法国和俄国的两国同盟和德国、奥匈帝国、意大利的三国同盟。英国被完全孤立了。它或者可以尝试重建欧洲协调，即对欧洲问题感兴趣的六个大国以会议和和平解决争端的方式合作共事，或者与似乎更有前途的那个集团结盟。

这两种方法都失败了，剩下的唯一选择是在处于不利地位的情况下，试图就长期存在的争端和摩擦点进行谈判。亚美尼亚、克里特岛和其他地方的问题表明这个办法有多困难。俄国正在考虑向地中海推进，以获得一个“不冻”港；德国开始梦想制海权和“东进”，以控制近东地区。柏林－巴格达铁路计划是一个不祥的预兆。应该允许俄国控制君士坦丁堡或德国人控制波斯湾吗？这只是其中一些深深影响英国海上运输线的问题。

英国政策几乎唯一指望德国来保持它在埃及的地位，现在德国开始变得不安分起来。德皇正在考虑建设海军和海外帝国。1897年海军上将冯·提尔皮茨成为海洋部长后，就全身心地投入大幅扩建海军的事业中。在通往新德意志帝国的道路上获得的第一个殖民地就是中国的胶州半岛。俄国随后侵吞了中国东北的旅顺口。英国以严格的保密条款寻求与德国结盟，但德皇立即将谈判内容出卖给了俄国沙皇。

沙皇提议召开一次会议，时间定在1899年5月或6月，所有国家的政府获邀来商讨减少军备和修订战争规则的问题。也许除了俄国，欧洲没有一个国家真正想要限制军备，英国否决了美国提出的公海上的私人财产享有豁免权的议案。此次会议唯一的结果是成立了海牙国际仲裁法庭，这是朝和平解决国际争端的方向上迈出的真正一步，虽然后来证明它只是一小步。1940年“强权政治”对世界的统治甚至超过了1899年。在1898年夏季，一直在为与德国结盟忙碌的约瑟夫·张伯伦与该国达成了一个条约。这项条约规定，德国应该被允许获得大部分葡萄牙所主张的非洲领土，如果葡萄牙愿意处理掉它们的话，而英国则将宣布对德兰士瓦的任何主张。在第二年的11月，德皇来到温莎庆贺他的外祖母维多利亚女王的生日，张伯伦再度呼吁两国结盟，但德国首相比洛建议建立一个包括德国、英国和美国在内的三国联盟。这在英国是不得人心的，任何政治家只要理解美国对欧洲的孤立主义情绪，应该也能意识到这项提议在美国不可能被接受。张伯伦在讲话中支持这一提议，却被德国拒绝和冷落了。

提尔皮茨在国会为德皇争取到一项法案的通过，使海军规模比两年前增加了一倍。克鲁格访问了德国和法国，寻求在布尔战争问题上的支持，只是在中国发生了义和团事件，对此德国多少站在英国一边，妨碍了德国政府对克鲁格的怂恿。这个年迈的布尔人已经获得了法国总统的正式承认，但德皇拒绝提供同样的礼遇。与此同时，英国与法兰西共和国的其他事务也进行得并不顺利，而从这个世界上最大的帝国之一，一眼就能望见多佛的悬崖。

上文有述，这个国家在埃及问题的关键时刻抛弃了英国，对英国坐视不救，拒绝承担维持这个尼罗河国家的秩序的责任，而且自那时起扮演着狗占马槽的角色，一直反对英国在埃及的支配权。正是这一点迫使英国投入德国的怀抱。埃及，正如我们也知晓的，之前坚定地宣称对苏丹的所有权，但是由于财务状况和军队的失败不得不放弃。

克罗默勋爵非凡的政绩最终不仅让英国重新夺回埃及成为可能，而且在那里重新建立了秩序。这片广阔地区的重要性体现在，独自维系着埃及生命的尼罗河有超过一半流经这里。狂热的马赫迪派土著人导致当地陷入了无政府状态，并恢复了内陆边远地区残酷的奴隶贸易。经过最精心的准备之后，赫伯特·基奇纳爵士，即后来的喀土穆的基奇纳勋爵，埃及军队的司令官，发动了一场历时两年半的战役，最终在恩图曼（Omdurman）取得胜利，这里距离授予他头衔的城市不远。尽管英国独自再造了埃及，埃及的国际地位仍然是复杂和饱受争议的。苏丹的情况则非如此，它服从于英国和埃及的联合统制。然而，一些法国探险家已经渗透到法绍达（Fashoda），这个地方甚至在喀土穆所在的尼罗河位置的上游，而就在英法两国关系因英国公开声明对德雷福斯上尉的支持而陷入紧张之时，法国提出一项领土要求，但被拒绝。1898年的“法绍达事件”是布尔人战争的欧洲背景和当时英国孤立的一部分。

帝国得到检验：实质性的统一

我们的目光现在可以返回那场战争了，它始于1899年10月，是英帝国在海外卷入的最关键的战争之一。这一切都给了克鲁格可乘之机。正如经常发生的那样，英国完全措手不及，只是不知不觉地陷入一场冲突之中。布尔人侵入英国的领土并立即围攻马弗京（Mafeking）、金伯利和莱迪史密斯（Ladysmith）这三个城市。在一个月内，派去这三处的英国援军都被击败了。十年前帝国主义的乐观自信被现在深深的沮丧所取代。法国、德国和其他欧洲列强都持敌对态度。英帝国没有经受过考验，不列颠正在被他们所鄙视的布尔农民击败。这些人被视为危险的敌人，然而在本次战争的条件下，却是优秀的战斗人才。不过英国舰队仍然控制着海洋，而且帝国对宗主国需求的回应就像一阵嘹亮的军号，使英国和全世界都吃惊。加拿大和澳大利亚的军队首先响应号召集结起来。帝国关系的力量明显地表现出来。

值得注意的是，布尔人的推进也耗尽了自己的力量。在英国，人们期望一场轻松的胜利，男人们的脸色变得放松下来，英国人也安心下来工作。基奇纳和罗伯茨被上调至最高统帅部。英国当时有多焦虑可以从这一夜晚看出：当由贝登堡（Baden-Powell）——后来成为世界童子军运动的创始人——率领的一支部队解救了马弗京之围的消息传来，英国城市和乡镇的居民走上街头游行庆祝。

更重要的军事事件正在发生，但当马弗京被解围时，它已经成为一个标志，并带来情绪的剧变。由此我们的语言也多了一个新词，“mafficking”，用以表达群众在庆祝一个事件时的豪放和相当非英国式的行为，尽管更习惯于英国式矜持的《牛津词典》指出这个词已经不再使用了！

这场战争历时约两年半，其中的细节不是我们这里要关心的问题。布尔人进行了出色的抵抗。罗伯茨和基奇纳指挥着英国到那时为止投入战场最多的部队，横扫了这个布尔人国家。两国的首脑都请求讲和，但都不被允许。克鲁格最终逃亡到欧洲，英国人兼并了德兰士瓦和奥兰治自由邦。

然而，英国已经变得清醒了。1880年代和1890年代的原始帝国主义已经过去。布尔人真正被打败后，接下来还要经历一段游击战时期才能迎来最终的和平。罗得斯，一个行将入土之人，说道：“你们认为已经打败了荷兰人！并非如此！被打败的是克鲁格主义，一个腐败、邪恶的政府，实质上被打败的荷兰人并不比英国人更多，不！今天的荷兰人如以前一样充满活力、未被征服，这个国家依然既是他们的，也是你们的，今后你们将不得不同他们一起生活、一起工作，与往常一样。”[1]

最后在1902年5月31日，布尔人接受了《弗里尼欣和约》并成为英国的属民。很少有条约，如果有的话，曾经如此慷慨地对待被征服的一方，如果凡尔赛条约能够以同样的精神进行协商，世界就可能幸免这场几乎毁灭西方文明的劫难。新并入英帝国的人民不仅获得承诺充分保证他们的自由和公民权利、地方自治和财产安全，

1 转引自G. M. 特里维廉《19世纪英国史》，1922年版，第421页。——原注

而且获得三百万英镑重建他们的农场。在英帝国成长过程中可以指出很多污点，跟我们所有人类具有的污点一样，但我怀疑历史上是否还有别的国家，会在这样一场搏斗之后给出这样的条件。

从此以后两个种族都拥有平等的权利，这就是英国所有的收获，虽然未来几年的政治手腕也使它赢得了这个最近的敌人的忠诚。南非联邦属于下一章的内容，但我们在这里应该注意两位布尔人的领袖，博塔（Botha）和史末资（Smuts），正是他们挺身而出，促成了一种发自内心的真正而持久的和平，而不是仅仅靠武力得来的和平。南非长长的故事注定要留下一些苦涩心酸。然而最终道路得以开辟，那里的各个政府统一起来，成为英联邦——构成了今天的英帝国——的一个强大的自治领，并且，由于英国人明智的宽容、克鲁格主义被摧毁后脱颖而出的布尔人领袖的开阔眼界，以及双方在战场上的殊死搏斗中互相赢得对方的尊重，这个自治领成为英联邦忠诚的一员。在广义的种族概念中，他们是一个种族。布尔人自己在一定程度上已经意识到了世界发生的变化，它们关系到我们所有人，不管是否愿意。南非在第一次世界大战中的角色和在新的世界大战中的立场，可能是对英帝国真心忠诚的最好证据，原因在于英帝国的公平对待。

德高望重的维多利亚女王于1901年1月22日驾崩了，这个难关还没有过去，一个比以往英国人民遇到过的更发人深省的考验降临了。曾几何时，美国革命战争发展成为一场世界大战，拿破仑战争牵涉到整个欧洲。布尔战争被预想为不过是英帝国几个世纪以来在边疆或其他地方所经历过的无数“小型战争”之一，然而它历时数年，耗尽了整个英帝国的实力，并在道德层面遭到一些最明智的英国人的反对，这是一个令人深思的事实。

另一方面，英帝国实质性的统一已经显现出来。如果说英国没有盟友，几乎没有任何朋友的话，各自治领和殖民地对它的支持，则达到一个意想不到的程度。所有的自治殖民地都从海外自愿派出规模不等的分遣队来支援战斗，虽然主要由于法裔加拿大人的犹豫，加拿大最先迟疑不定，后来在威尔弗雷德·劳里埃爵士的努力下才予以克服。在开普敦，由荷兰人选民支撑的政府拒绝采取任何形式的官方行动，但南非提供了大约3万名志愿者，加拿大派出了近1.65万人。这是一次令人印象深刻的帝国力量展示，也是使得这个时代免于全然黯淡和幻灭的唯一亮点。

从奉行武力——结果失去了第一帝国——到松散的控制和只要每个殖民地条件成熟就准许实行最大可能的自治，这一政策的转变已经结出硕果。为所有成员分享的感情、共识和自由，以及团结带来的强大感，证明了是所有可能的联系中最有力的。

澳大利亚联邦：介于英美之间

战争期间这个过程仍在继续，随着六个澳大利亚殖民地最终联合成为澳大利亚联邦，一个新的自治领应运而生。这个计划很早就提出过，但就像早期北美殖民地一样，在遥远大陆的那些殖民地互相嫉妒，除此之外，在某些情况下它们分隔遥远。通讯的改善、对各殖民地不能单独解决的大陆层面问题的认识加深，以及日本崛起为世界大国对“白澳”（White Australia）梦日益增加的威胁，这一切导致那些更有远见的政治家二十年来所倡导却不能实现的理想，终于成为事实。

帝国成长的灵活性体现在两个法令的差别上：一个是已经提到的1867年通过的关于加拿大各省联合的《英属北美法案》，另一个是女王1900年签署、1901年1月1日生效的关于澳大利亚“各州”联合的《宪法法案》。“省”与“州”的命名差异超过了字面意义。我们已经描述过加拿大宪法。澳大利亚联邦宪法的不同之处在于，它更加接近美国宪法，严格限制中央政府的权力，让相互嫉妒的各州保留那些没有明确授予中央政府的权力。

虽然澳大利亚的宪法修正比起在美国模式中要更容易，但英国式责任政府的基本理念，即行政部门对立法机关的多数控制直接负责的制度被保留下来。即使在一个统一的国家，缺乏这样一个体系仍然是个严重的缺陷，就像我们美国人在很多关键时刻发现的，而在一个由半独立国家组成的复合体，如英帝国现在的状态，它的重要性就更大。每个属国，不管它们可能在其他宪制上与英国或各自之间有多大差异，它们在立宪过程中都应该保持这个基本的英国特色，这一点在过去和将来都非常重要。每个国家的行政部门都拥有话语权，明白它在替本国立法机关的多数人说话，有利于彼此间的任何事务，不管是聚集在伦敦参加帝国会议还是在危机时刻通过电报咨询商讨，这一事实再明显不过。在美国，由于行政部门不得不应付国会中多数派的反对意见，不时会陷入政治僵局，或者在大选和总统就职典礼这段期间，如果发生政党轮替，会导致政府瘫痪。在经历这些之后，美国人也许比英国人更欣赏这项英国发明的优势。没什么比世界各地的种族在各种不同条件下坚持这一基本理念的一致性，更清晰地表明了英国人的政治卓识，尽管他们素来“事从权宜”。

随着新世纪的到来，三个属国——加拿大、新西兰和澳大利亚——就这样长大成人。至于南非的发展，比在1900年能够想象的，更迅速、更令人满意，我们将在下一章叙述，现在可以暂时把目光转向印度。我们在此提请注意，虽然很多小殖民地我们偶尔才提到，但我们不希望制造这一错误印象，即英帝国只由大不列颠、印度和各自治领组成。我们之所以不得不将大部分篇幅分配给它们，是出于必要。我们不可能清楚地讲述世界地图上每一片红色的领地是如何和为什么取得的。如果说已经形成了那种错误印象的话，看一看地图就能纠正。每一团红色的斑块都有自己的故事，有时是肮脏的，通常是英勇传奇和扣人心弦的，始终是有人性的。

在从南非过渡到印度之前，我们可以注意到两者之间的联系；这一联系产生的严重后果，是我们在讨论甘地和当前的时局时将不得不注意的。在一个新的国家，劳工问题似乎总是一个难题。例如在美国，它是以不同的方式解决的。起初有所谓的“契约奴仆”（indentured servants），他们同意服务确定数量的年限，以寻求转到一个看起来比在英国有更多机会的新领域。奴隶制也被尝试过，结果证明在南方比较有利可图，在北方则不然，还给美国留下了大约一千二百万外来种族的严重问题。后来则是把其他种族诱导到美国，有些容易被同化，有些则不能。然而，美国政府能够并及时地关闭了大门。在英帝国则不同，因为生活在帝国某个部分的种族，不管愿意与否，是帝国的属民和其他部分的公民，这使问题复杂化了。

我们已经讨论了南非的种族问题——英国人和布尔人这两个主流的白人种族，以及大量的土著黑人。在此基础上还要加上新的复杂因素。在纳塔尔，尤其沿海的甘蔗种植地带，白人不愿意劳动，土著班图人又不令人满意。因此早在1860年，就开始从人口稠密的印度引进契约劳工。虽然偶尔有顾虑，但这个过程在政府拨款的支持下持续了超过一代人的时间。终于，在美国发现它的黑人问题的时候，在南非，契约劳工和自由印度人的种族问题成为一个社会隐患，主要发生在纳塔尔，德兰士瓦的程度稍轻一些，特别是当生活标准较低的自由印度人在各行各业与占主导地位的白人进行竞争时。“白澳政策”的理想和没有亚洲人的美国太平洋海岸的理想在南非再次重复，只是有一个最重要的差别：在南非受歧视和被排斥的不是外国人，而是英帝国另一部分——事实上是帝国人口最多和最富饶的属国——的公民。一个国家可以把外国人拒于国门之外，而一个帝国要防止一个部分的公民自由流向另一个部分而不引起可能强烈的仇恨，则要困难得多。

印度的寇松：最好的旧式

现在目光转向印度本身，我们发现在寇松勋爵担任副王的1899～1905年期间，印度的旧的政治体制和旧的帝国关系或许正处于最好的状态。在他到达之前印度经历了几年的荒年和饥荒，到那时为止，印度只有二万二千英里的铁路和少量设施。在之后1906～1907年和1918～1919年的大旱之中，铁路得到了大幅延伸和改进，因此食品可以更方便地运输到饥荒最严重的地区。然而，虽然寇松有着明显的局限性，他把孟加拉分成两个省的决定是个严重的判断失误，但他大大提升了政府管理水平，并在危险的转型时期的多年中，很受印度受过良好教育的阶层的欢迎。尽管他长期遭受严重的疾病的折磨，这点很少有人知道，但他不仅工作勤勉，而且注重细节，对自己为印度能够做什么和应该做什么都深具信心。

印度的阿喀琉斯之踵是西北边疆，涉及与土著部落和与俄国的关系。寇松在这个区域建立了一个新省，将冒犯了当地人的英国军队撤出接触地段，取代他们的是当地具有优秀的战斗素质和无可置疑的忠诚的“开伯尔步枪队”。这个体制运作良好，所有军事力量由基奇纳勋爵进行了卓有成效的重组，西北边疆成为整个印度国防的关键所在。俄国的威胁仍在继续，当得知这个国家派遣了一个神秘的使团到中国西藏这片隔离于喜马拉雅山之外的更神秘的土地时，寇松也针锋相对地派遣了一个自己的考察团，他们不得不穿越一万九千英尺的高山进入这片禁土，并与达赖喇嘛签订了条约。

寇松最薄弱的一点是他未能理解当地人的力量和日益增长的民族主义情绪。他清醒、严峻、能干，但没有意识到他把孟加拉省一分为二激起了孟加拉人的愤怒，而他试图推行的教育改革又与印度人的感情相抵触。教育系统亟需彻底改革，但加强英国的控制只会引起西化的印度人这个新阶级的对立情绪，因为此前他们曾被鼓励自己管理这个系统。远为有利的是，在美国资金的大力帮助下，他支持发展科学的农业和灌溉，并鼓励建立英国式的合作社这一运动。无论是财政刺激问题，还是提高效率、整顿官僚主义、能源问题，寇松都成功了，印度的经济地位获得了提升。

然而，他不理解他所统治的人民。他不知道他们在想什么，也没有意识到他鄙视的本国文报（vernacular press）的影响力。他认为国民大会只是可以忽视的不重要的政治鼓动的中间环节。这并不是说他对印度人民和他们的历史漠不关心，他对这个种族的历史古迹和辉煌建筑的恢复工作，超过了任何其他总督。他只是不理解表面下涌动的种族和民族感情的深层潜流。他也许有点陶醉在1903年1月他为爱德华七世宣布就任印度皇帝所安排的宫廷典礼的富丽堂皇之中。这也许是印度曾见证的最绚烂的场面，而当权王公们的忠诚也许遮蔽了没那么光鲜的人对总督的想法，他们的命运并非明显要绑定在英国的王权上。

当年迈的女王－女皇于1901年1月22日驾崩时，她的在位时间已超过伊丽莎白或乔治三世。她如此长时间地占据公共舞台的中心，成为帝国权力和稳定的象征，因此她的离世几乎就像威斯敏斯特大教堂或议会大厦消失。她生前未能看到布尔战争的最后胜利，可谓是在帝国历史上一个最黑暗的时刻故去的。虽然她的受欢迎程度有所下降，部分原因在于她很少公开露面，但人民对她的哀悼是真诚的。没有哪个民族比英国人更喜欢稳定，更不喜欢变化。他们似乎感觉到某种确定和稳定的东西从英国生活中消失了。的确如此，但离开的不仅仅是作为个人、君主或象征的女王。整个世界将在未来几年迅速变化，变得与19世纪的状况如此不同，以至于那些个人记忆不返回到1880年代或1890年代的人根本无法理解这些变化意味着什么。

第十四章／爱德华时代

维多利亚的最后岁月

维多利亚去世了，与她一起逝去的还有“维多利亚时代”，这是英国历史上最伟大的时代之一。如果在近一代人的时间之后，人们在服饰和其他小节上回归那个时代，这不是单纯的怀旧，而是在某种程度上表达了他们对恢复到不仅看似实在而且遵守规矩的社会的愿望。要起草一份针对维多利亚时代的厚厚的诉状并不难，不过鉴于当下我们这个时代文明的崩溃，那个时期错综的建筑风格、低品味、客厅角落里那些丑陋的装饰柜以及一切惯常的批评，现在看来似乎都微不足道。

我们现在谈到的维多利亚时期其实有多重含义，都包含在这个既没有伟大的人格魅力也没有杰出智慧的女人的一生中。她使得王权在整个帝国范围内赢得了尊敬，把帝国粘合在一起，并且，她通过有所为甚至有所不为制止了初期的英国共和主义运动——它将意味着帝国的终结。英国本身可以成为一个共和国，但是英帝国永远不可能在一个由地球上四分之一的各族居民选举出的总统领导之下保持团结统一。变化早在她离世多年之前就开始了，不仅布尔战争贯穿于其母子两代人的统治，而且其他方面的显著转型在时段上也不那么泾渭分明。

世纪中叶价值观和阶级近乎完全统一的局面，在最后十年间已经开始迅速崩溃。统一性的缺乏和精神领域的变化使得图景显得有些模糊，但我们仍然可以先讲述以下几点，然后再进入世界大战前近乎完全混乱的爱德华时代和乔治时代。

旧的标准正在迅速过时。我们已经提到过宗教仪式的衰落和从旧的“礼拜日”到新的“周末”的变化，但是旧的束缚无时无处不在松动。神职人员正在失去影响力，角色也在改变。对于不从国教者中有知识和有抱负的年轻人，新的职业选择的大门向他们敞开，此前他们只有进入神职系统才有机会。即使对于国教来说，农业的萧条严重削弱了神职人员的经济地位，结果，招募神职人员的社会等级和知识层次的门槛已经改变。设定某些标准的乡村牧师，连同他的配偶和子女，现在其影响力也在减弱。科学、文学和新的社会风俗正在使思想和行为方式迅速地世俗化。星期日、廉价的铁路短途旅游和公共博物馆的开放，这些事物的出现标志着九十年代后期人们生活态度的改变。

选举权的扩大和各种社会立法也对打破以往的统一性发挥了作用。新的团体和所有阶级都在开始体验权力的滋味，并纷纷脱离常规、开闯新路。旧的稳定的社会结构处于骚动中，但大战前夕各种运动已经发展到足以预示其彻底崩溃的程度；这一点不仅误导了从不善于理解别人心理的德国，而且是导致冲突的原因之一。

我们在先前的章节已经提到新闻界的开端，到世纪末的那些年间，新闻界有了最重大的变化。哈姆斯沃思家族（Harmsworths）成为报业巨头，另外还有早期的投资即1896年发行的《每日邮报》。新闻报道的新形式现在发展起来，不仅在英国，而且在它的发源地美国和其他地区，它也有邪恶的方面。它不仅基于一个虽然不算受过教育但粗通文字的新的公众群体，而且基于另外两个具有重大影响的因素：一是资金支持从订阅量变为广告收入；二是新的公众通过选举权获得了政治权力。事实上，新报业依赖于广告，广告价格依赖于发行量，这使得发行量成为积聚大资产和报业利润的重中之重。最低的心理共同点开始发挥作用，那就是情感，说“好恶”更贴切。战争会极大地增加发行量，它带来的后果是黄色报刊（yellow press）[1]无处不在的风气，通常也助长了国家间的恶感。

还有一些好的报纸保持着高品位的传统，但是，旨在迎合新获得选举权阶级的一群强大报刊的兴起，似乎成为导致20世纪新的粗野愚蛮的最具影响的因素之一。宣传不是什么新鲜事物，但是它从黄色新闻中汲取了巨大的动力。许多国家的独裁者们在和平年代玩弄仇视少数族裔和外国人的把戏，就是师从于几十年前的那些报业大亨。

虽然读写能力有了保证，但若民众接受不到真正的教育，这种能力就仅仅意味着交到不负责任的人手上的危险武器。后来这种武器库里又多出了电影和收音机，它们更适合于以情动人，甚至宣传的受害者可以目不识丁。而在我们现在讨论的早先时期，教育在与真正的民主和世界和平的竞赛中逐步落败。诚然，由于学校教育和免费图书馆体系的改善，“读书”的机会日益增加，但是还不够。

1 指的是刊载低级趣味和耸人听闻报道的刊物，而非色情刊物。

人类不能支配自己和与同类生活在一个自由的社会里，除非他们具有妥协、公平、责任感等英国人本能的传统品质。我们正在进入的时期显著缺乏的就是最后一种品质。

文学界也是新风劲吹。吉卜林依然是最多产的作家，但是在九十年代，托马斯·哈代、史蒂文森和梅瑞狄斯都发表了他们的最后名著。“畅销书”大量发行以满足新的公众需求，如玛丽·科雷利和霍尔·凯恩的作品。但是新作家难成大家，通常不能天才地反映出时代更龌龊的一面。有一个显著的现象就是市场上对贸易和经济学方面的书籍需求量很大，韦布夫妇（Webbs）在这些年写出了关于“工联主义和工业民主”的丰碑式的且至今仍然最具权威性的研究作品。

建立公立图书馆具有美国的影子，苏格兰裔美国人安德鲁·卡耐基是这项运动的领军人物。对艺术的兴趣正在复苏，伦敦最重要的博物馆如国家肖像美术馆、泰特美术馆、华莱士典藏博物馆等的兴建，都要追溯到19世纪的最后十年。还有其他一些公共文化设施在这一时期修建或大大扩建或增加，比如国家画廊、维多利亚和艾伯特博物馆以及许多地方城市里的机构。

出版商的数据表明，发行量增加最多的是诗歌和戏剧领域的图书，但是在诗歌领域，这只能表明大众的口味而不是诗歌的发展。这时的诗歌跟小说一样，很少有能够与早先维多利亚时代的作品相比的。戏剧的境况则要好得多。皮尼罗和阿瑟·琼斯的戏剧热演之时，已经出版了十部戏剧的萧伯纳还没有一部被搬上舞台。可人们如饥似渴地阅读萧伯纳的作品这一事实表明，维多利亚时代已经发生了深刻的变化。英国音乐的复兴体现在作曲和公众的趣味上。在众多的年轻作曲家中，爱德华·埃尔加是当之无愧的佼佼者，他的

《杰龙修斯之梦》创作于南非战争期间，当时年事已高的女王还在世，该作品表现了当时社会运行着的多种相互冲突的潮流，这些潮流在爱德华统治时期变得更为明显。

爱德华七世：布尔战争的和解

花甲之年登基，此时一个人的思维习惯已经定型，对于他的使命新国王在许多方面都是没有准备的。维多利亚不仅使王权成为一种象征，而且成为帝国体系的拱顶石。这或许是她最大的成就，虽然王权的实际政治权力有所下降，但她通过在宪法赋予自己的有限权限内对国家大事表达个人的意见，发挥了相当大的影响力，且从未跨越自己的宪法地位的界线。为此她必须了解各种事项。她在整个在位期间，通过对政府公文勤勉的阅读和思考，也确实对国家大事通晓于心。在丈夫去世后漫长的隐居期间，她身着丧服，非常孤独地生活。她熟悉国家政策的各项事务，政治家们也知道这一点。虽说她不能发号施令，但她可以提供咨询，高明的建议常被采纳。作为一种标志，她的资历和长期在位，足以弥补她在社交上的不够耀眼以及很少公开露面。

在以上两个方面，新国王与刚去世的女王形成了强烈对比。鉴于维多利亚和王子各自气质和性格的差异，长大后的王子并没有听从母亲的劝告接替父亲留下的位置。亲王和王储的位置都是来之不易的。众目睽睽之下，爱德华度过了青年和中年时期，但由于没有多少正事可做，他对脑力劳动天生的不情愿与日俱增。他从不关心读书和学习，而且还被母亲隔离在公共事务的任何真正参与之外，他越来越投入个人生活，活得像一个只关心时尚和物欲的人。无论是在他母亲生前还是身后，他都以精湛的技巧和魅力履行着由王室承担而被他的母亲放弃的社会责任。

结果是，在他短暂的统治期间，王权的实权趋于弱化，但他赋予其额外的声望和荣耀的象征意义。他的学识泛而不深，主要通过交谈的途径获得；他的品味虽算不上高雅，却能使他被大众接受。即便是王室中最后一个说英语还带着德国口音的人，他还是被当作十足的英国人接纳了。即便是与他的名字有关联的丑闻，也在这个快速变化的社会和反抗维多利亚式刻板的氛围中被欣然接受了。英国人喜欢盛典和戏装，这些东西对他们而言不仅仅是一个展示，还能象征性地把他们的整个过去与现在联系在一起，他们也喜欢王室的罗曼史和上流社会的生活。女王受到深深的敬重，但她长期回避公共生活损害了她的声望。在长达二十年的时间里，她甚至从未在那个精彩的古老仪式中亲自宣布议会开幕，而这正是爱德华的一大特色。其间，他会乘着一辆玻璃马车，重现昔日所有的表演，从王宫一路驱车到白厅街。这位或许是欧洲最显赫的社交名人用壮观的场面，取代了作为帝国象征的老女王清净的隐居和几乎平凡的生活。壮观继续上演，但爱德华对政务，尤其外交事务的实际影响，以前可能被高估了。不管怎样，他在位的十年必将是荆棘载途。

首先转到帝国上来。我们可以注意到，在新国王的头衔中，原有的“大不列颠及北爱尔兰联合王国的”加上了“及英属海外自治领的”和“印度皇帝”这些字眼，这种措辞使得王权在英国人眼里的重要性增加了。迪斯雷利相当招摇地把女皇称号赋予维多利亚女王，但此举从未真正取悦于公众。这样做多少带有一些非英式的特点。而爱德华的头衔则确实表达了某些进入英国意识的新东西，即一种真正的帝国统一体的感觉。这种感觉远远不是出于九十年代的那种帝国主义，而主要是从布尔战争危机期间的兄弟般援助发展起来的凝聚力，虽然“自治领”一词并非严格使用，而是意味着所有形式的殖民属地。

爱德华适逢布尔战争危机时期登基，尽管和平条约的条款是宽宏大量的，战争还是为以后更深的分裂埋下了种子。战争的最后阶段演变成了剿灭游击队的问题。这就不得不将全国划分成若干个区，逐一搜寻武装人员，一旦捕获就投入集中营。这些人并非正规部队，而是平民男子、妇女甚至儿童，他们继续战斗，阻碍任何秩序的建立。集中营制度总是不好的，西班牙人在古巴对集中营的滥用，虽然言过其实，却成为招致美国在1898年对西班牙宣战的主因。在南非，似乎没有其他手段可以带来和平，也采用了集中营制度并造成了令人震惊的后果。集中营中拘禁者的死亡率上升至6%，英国国内的一些主要政治家和其他人站出来谴责这项制度，尤其是坎贝尔－班纳曼，他在贝尔福内阁执政三年半之后的1905年末成为首相。由于谴责集中营的恐怖政策，他遭到猛烈的抨击，但赢得了布尔人的信任，被他们视为一个真正的朋友。

毫无疑问，这是导致随之而来的不同寻常的和解的一个主要因素。伴随着极大的痛苦和深仇积怨，战争于1902年画上句号。一般来说，在一场恶战之后，英国人不会滋生出一种不满情绪，一百五十年前他们在独立革命后对美利坚合众国和美国人的态度是个例外。在战争结束后三年中，有人建议准许被征服的共和国建立代议制政府。虽然这似乎有些风险，但当坎贝尔－班纳曼成为首相后，一项影响更为深远的计划付诸实施，首先赋予德兰士瓦充分的责任政府的权力，紧接着是奥兰治自由邦。迈出这一步需要极大的勇气，但回报同样是丰厚的。英国人赢得了战争，但他们允许占多数的荷兰人不仅能在被征服的共和国内，而且在开普殖民地可以当选。而这不仅没有激发起种族情绪，反而最终催生了统一的诉求。1910年，一个经由四个殖民地立法产生，并由帝国议会明文确认的统一国家宣告成立，南非成为继加拿大、澳大利亚和新西兰之后又一个英联邦的自治领。

这是历史上政治家风范最勇敢、最高尚的尝试之一。当英国总督格莱斯顿勋爵把政府印章移交给不久前还是抗英布尔军队司令官的新国家首任总理博塔将军时，这种戏剧性的场面是绝无仅有的。帝国的故事与任何国家或几乎每个人的故事一样，包含着不少卑鄙、自私和愚蠢的事例，但是同样也不乏勇敢和理想主义的壮举。这一具有政治家风范的举动，值得与英国海军和陆军将帅们的丰功伟绩一样名垂青史。这次成功也同样归功于布尔人的品格。而且就英国人而言，这不是单纯的宽宏大量。它强有力地表明，这个早年是强盗、后来成为“店小二”的国家已经学到了一个教训，即以自由为基础的生活才是唯一有价值的，安全来自自由而不是武力。

在第一帝国期间，不少的北美殖民地，尽管后来反叛了，却多次试图在宗主国与他国发生战争时向它提供军事援助，但由于当时英国的政治思维迂腐保守，以至于合作的努力不是带来彼此的好感而是给双方留下了不悦。两个世纪，或多或少造成了很大的差异，在布尔战争期间和从战争结束到第一次世界大战期间，自治领的态度和帝国的含义才得到了更好的赏识。部分由于帝国会议的作用，部分由于英国与自治领对于它们之间看似松散、实则坚固的纽带的意义有了更深的认识，加拿大、澳大利亚和新西兰都主动分担了帝国的防卫。欣欣向荣和人口激增的加拿大制定了一个组建加拿大海军以备在战时与英国舰队合作的计划，并且整编了自己的军事力量。澳大利亚和新西兰都采用了通行的军事训练方法，并承担了更多的重要海军责任。一种新的责任感和成熟的愿景正在萌发。要是没有自由，就只会是对漫长持久的控制的怨恨，而有了自由，就产生了一种一体的意识，这种意识在后来的两次世界大战中发挥了不可估量的作用。

埃及和印度的离心

埃及与印度的问题性质不同。两国的人民均由英国统治，可他们本身却属于截然不同的种族。种族主义和民族主义是19世纪和我们这个世纪的主流思潮。这有助于把帝国内的英国人地区连接在一起，但同时它们往往在帝国的非英国人地区引起麻烦。英国的统治极大地推动了埃及的发展，但是这种统治越来越受到当地政治家及其追随者的憎恶，原因仅仅在于它是外来统治。宗教问题也加剧了问题的复杂性。埃及名义上的自治十分有限，实际上被英国的代理人所操纵，并且它名义上还臣属于土耳其苏丹阿卜杜勒·哈米德（Abdul Hamid）的权威之下，信仰伊斯兰教。作为大帝国的统治者，很少有如阿卜杜勒那样不值得赞赏的。然而他势力强大，憎恶欧洲通过分割非洲以及英国对埃及和印度的统治而日益增加对伊斯兰世界的控制。为了压制土耳其国内日益高涨的改革呼声，他意识到可以利用这股已经由一些伊斯兰教改革者煽动的宗教热情，来巩固自己的政治地位。

阿卜杜勒鼓励的泛伊斯兰教主义新学说，基本上是反对欧洲的，但有一个重要的例外，那就是不针对德国，也不那么针对奥地利。其他大国不是已经长期控制了信奉伊斯兰教的民族，就是新近取得了对穆斯林的统治权。德国却没有这样做，此外，德皇还突然宣布自己是伊斯兰教徒的保护者。这种迷局的政治动机可谓昭然若揭，但阿卜杜勒需要西方的援助来改组他的军队和政府。为此，他欣然聘请了德国专家，赢得了德国的支持，并与德国结盟对抗俄国、法国和英国。长期以来的“东方问题”现在以这种新的形式呈现，将对未来产生重要影响。至少在眼前主要意味着，埃及境内各种反英的种族、宗教和民族主义运动都可以向土耳其寻求支持。一时间骚乱四起，数名高官遭到暗杀，秩序几乎陷入一片混乱，埃及与英国之间的新型关系要等到世界大战结束以后。

正如我们所见，帝国不断地去中心化和准许自治领建立责任政府，大大促进了帝国各部分的紧密结合；这种结合是通过一致的理念、同情、对自由的渴望以及兄弟般的互助感情，而不是像过去依靠帝国议会的严格控制。但这同时也带来了许多问题，其中一些联邦美国的公民很熟悉且为之不快。主权或权力的分配，若没有对术语细致入微的界定，会引发出一系列的问题。英帝国不是一个由州组成的联邦（federal union of states）。“英联邦”（Commonwealth of Nations）是一种独一无二的（sui generis）政体，但它涉及一些美国经历过的问题。

早期，帝国各部分之间的利益冲突几乎完全是经济上的，如新英格兰与西印度产糖的岛屿之间，但是随着帝国后来的延袤，又出现了种族问题。自治领有权规定自己的移民限制条款，虽然对亚洲人的禁令，如“白澳”的口号就是一个典型的例子，后来被新西兰、加拿大（以及美国）所效仿，在英日同盟时期造成了不少麻烦，但到那时为止真正的困难是来自帝国间的种族运动。南非联邦的成立解决了混血白人问题。黑人的问题依然存在，但是已经在解决过程中。我们先前谈论过印度移民的问题，为防止形势进一步复杂化，新联邦的政府限制了更多的印度移民，并对已经在其边界内的印度人设定了一定限制。问题由此产生，并将带来深远的影响。

那些在非洲的印度人中有甘地，如今作为圣雄广为人知，像18世纪马萨诸塞州的塞缪尔·亚当斯一样，他被证明是有史以来最有力的鼓动家之一。我们已经谈论过印度快速发展的民族主义和在很大程度上的反西方运动。回到印度后，甘地利用了一个特定的抱怨情绪，那就是，如果说印度人是帝国公民，他们应当享有在帝国的任何一处自由生活和迁徙的权利。截至1901年，有近二百五十万印度人散居在英帝国的其他地方，几乎都是低等种姓和劳动阶级，因为高等种姓很难获准移民到海外。

随着印度和其他地区民族主义的高涨，移民问题也在发展，并且可以得到公平的处理（尽管不能令印度人完全满意），因为殖民地仍然完全处于伦敦的帝国中央政府的领导之下，而那些实行半自治的自治领出现了更大的问题，主要是在南非。纠纷一直没有被令人满意地调解过，而最初站在英国人一边的甘地，变得不满于英印关系后来出现的大量反复。这些构成了前面已经提到过的整个穆斯林世界日益高涨的宗教不满的大背景。信仰伊斯兰教的各民族正在被欧洲的基督教国家吞并和置于控制之下，英国人在其中也扮演了重要的角色，至少对于摩洛哥、波斯、的黎波里和其他穆斯林国家的一步步被兼并，不曾提出抗议。

印度人抱怨的另一个理由是耕作区人口不断增长给土地带来的压力越来越大，尽管由于灌溉系统的修筑和现代化的旱作农业方法的应用，宜耕地区已经增加，而且耕地所承受的额外压力不能被认为是英国人的过错。英国人废除了某些抑制人口增长的恶习，改善了环境卫生，加强了社会公正，减少了先前由于瘟疫和饥荒造成的巨大损失，这样一来人口也随之增长，但他们不应当为此受责。尽管如此，压力还是巨大的。据估计，1911年约有2.17亿人依靠2.6亿英亩土地的收成生活，而这些土地中每年只有85%被耕种。人口的增长明显地恶化了此前两代人的农民与土地的关系，这也是导致人们普遍不安的另一个原因。从1900年到1911年的十年间，德干地区的无地农民数量增长了约28%。

另一个引起争议的话题，虽然主要是在印度和英国的鼓动者之中而不是在普通公众之中，是对在印度本地贩卖鸦片继续收税。在20世纪，各国的改革者都越来越坚持认为，政府有责任干预人民的习惯乃至道德，只要对他们自身有益。关于这一点的另一项证据是，自由放任学说在那个时代的哲学中基本消失。还有许多人认为政府应该禁酒，而鸦片的危害远甚于此。政府非但不禁鸦片，反而从中获益，这一事实轻易地提供了一种攻击它的武器。由于没有对鸦片的用途争辩，改革者没有充分考虑到几个方面的问题。

在印度，鸦片几乎被普遍食用，这一习惯比起中国人的吸食方式所带来的危害要小得多，给儿童食用除外。在印度，鸦片的使用具有久远的历史，甚至比欧洲的葡萄酒和其他酒精饮料的使用都更加广泛，违法制作也容易得多。美国禁酒令的失败表明，任何在印度禁止使用鸦片的企图只会导致广泛的非法消费和对法律的藐视。鸦片带来的岁入已经变得不重要，并且英国已经与中国订立了一项协定，减少对该国的鸦片出口直至1917年完全停止。然而，有一种办法被认为是最明智的，就是将印度内部的税收制度作为管制和削减非法交易的最佳办法。美国禁酒令尝试的失败和对华鸦片出口于1914年终止的事实，以及中国尽管竭力完全压制国内鸦片生产，鸦片的非法生产却上升到最高记录，都表明英国的制度有其合理之处。但是这未能防止严厉的批评和这个话题被利用来作为一件煽动的武器。同时，国民大会变得更加激进。轰炸和消极抵抗不断增加，在第一次世界大战前的岁月里，似乎英国要想在它最大的属地继续维持自己的地位，将会有严重的困难。

最后的危机正在逼近

然而，总体上帝国的内部联系日趋紧密。在1907年的帝国会议上各方一致同意，此后应该每四年召开一次会议，由英国首相而非殖民事务大臣主持。帝国防卫方面取得了进展，自治领纷纷制定计划以作出自己的贡献，这也是为了与英国自身的军事政策更紧密地合作。作为身份地位发展史（story of status）的一个里程碑，还可以提到，在这次会议上，与会者一致认为，此后应当用“自治领”而非“殖民地”来称呼那些与会的自治殖民地。虽然纽芬兰派代表参加了会议，但是它目前失去了作为一个自治领的地位，而恢复到一个殖民地的地位，部分原因在于它面积狭小，更多的是由于它暂时的政治和财政困难。

在接下来的1911年帝国会议上，自治领的代表们就外交政策坦率而充分地发表了意见。他们应该如此，非常正确。如果他们要参与帝国的防卫，就有权知道何种外交事件可能突然使得他们的支援必不可少以及为何需要支援。乌云迅速聚集在欧洲上空，幸运的是，当三年后风暴爆发时，各自治领的政治家已经知悉情势，并与宗主国保持着密切的联系。这样，他们能够迅速而有权威地劝告和指导多个民族的人民和议会协力行动。如果没有帝国会议的铺垫，这种快速反应和动员权威是不可能实现的。

至于帝国政治家1911年全心投入的外交事务及其背景，我们只作简明扼要的叙述。世界已经变得越来越不安。多年来有足够的迹象表明，世界正步入一个可能的大动荡、大调整的新时代。德国和奥地利在不平静的巴尔干半岛地区成为主导力量，把俄国挤出了它自认的专有势力范围。尽管蒙受了一些损失，土耳其又一次恢复实力实现崛起。我们前面还提到过，泛伊斯兰教运动正在整个伊斯兰世界掀起狂风巨浪。

现代日本的崛起也开始影响东方的反欧种族情绪。在中国，列强对于划分它们的势力范围争吵不休。俄国对德国在欧洲的势力极为恼怒，并忌惮日本威胁它的远东前线。中国的反对洋人的义和团运动遭到镇压，以通常的赔款和妥协要求而结束。比赛变得越来越激烈，矛盾交错，仇怨四起。只有英美两国反对瓜分这个文明古国，英国认为这里的形势与非洲截然不同。两个英语国家都要求实行“门户开放”政策和与所有国家通商的权利，但是美国拒绝使自己卷入一场全面战争。

然后在1902年发生了一件影响深远的事件。英国与日本结盟，彼此同意维持在远东地区的现状，若一方遭到一国以上的攻击，另一方需提供援助。它立竿见影地产生了三个影响。若日本与俄国或中国发生战争，它必须独自作战；但如果有任何其他国家加入——在当时情境下是指德国或法国——它们将不得不面对英日两国作战。但是，第二，鉴于英国舰队的压倒性实力，德国和法国的军队都不可能到达远东地区。第三，日本现已跻身世界大国之列。

两年后，日本的确与俄国发生战争并取得了重大胜利，通过独自征服欧洲面积最大、人口最多的国家，极大地增强了它的自豪感和在东方的威望。现在要对1902年英日结盟作出评价很难，我们可以指出它的影响。它当时解决了中国问题，并似乎通过在远东地区让英国获得了一个强大的盟友而于应对越来越危险的东方困难时有许多帮助。另一方面，许多英国人反对与这个最军事化的黄种民族结盟。如果说加拿大人的反对情绪很大程度上是真实的，那么美国人的反对就更确信无疑了，当美国发现英帝国与它在太平洋地区最大的潜在敌人结盟时，十分惊愕。此外，该同盟条约毋庸置疑促进了日本的崛起，加剧了东方的不安。随着时间的推移，它带来了讽刺性的结果，不是阻止了欧洲列强分割中国，而是实际上到1939年时使得中国的大部分落入日本之手。

与此同时，在爱德华统治时期，作为数百年世仇的英法关系迎来了转机。这主要归功于英国政府的努力，虽然国王的圆通和人所共知的他对巴黎的钟爱——他在那里总是受到欢迎——都对外交工作产生了积极的影响；也许更重要的，还要加上两国面临的共同威胁。英法协约（Entente）不是一个同盟，主要是一个争端解决机制。它有一个附加的仲裁条约（1903），根据这个条约双方同意按照这种方式解决未来的所有问题，除非涉及根本利益和荣誉的问题。

早些时候的1899年，应沙皇的请求，二十六个国家聚集起来召开了海牙会议。在当时武力信条逐步取代和平协议的世界中，会议结果多半是令人失望的，但成立了一个常设仲裁法院，希望解决争端的国家都可前去仲裁。新的法英协议可以被认为是它的初期成果之一。在协约而非条约中，除了长期存在争端的一些小问题外，英法两国就双方一些堪称主要的争议问题的解决也达成了一致意见。第一就是埃及问题，它给两国造成的嫌隙持续了一代人甚至更长的时间。现在，法国为了换取在摩洛哥的自由行动权，放弃了对埃及的任何进一步的主张。

即使没有严格的同盟关系，该协约还是为这两个隔着海峡的国家之间的友好和亲密关系铺平了道路。这种更好的氛围也牵涉到了法国的盟友俄国。欧洲最强大的三个国家组成新联盟的动因是德国奉行的路线。英国一直以友好的方式对待德国，其原因我们之前已经概要地叙述过。然而，德国伙同奥匈帝国，越来越推行一种有威胁性的而非友好的政策，该政策以俾斯麦的武力说为基础，由历史学家、哲学家和其他人通过多种方式在德国加以强调。老首相尽管深信自己的铁血理论，但从来没有认为德国的命运在于海上。因此只要他大权在握，英帝国就没有威胁，但是当新皇帝“丢弃领航员”，把各项事务揽在自己手中后，他的最大志向就是建立一支能与英国匹敌的海军，同时继续保持在欧洲大陆最强大的军事力量。

形势已今非昔比。尽管狂暴的危机时隔不久相继发生，可是英国反应迟钝，没有完全理解它的全部含义。1905年，俄国不仅被日本击败，而且还因内部革命暂时陷于瘫痪。德皇趁火打劫，在摩洛哥问题上欺压法国，显然图谋挑起争端，让1870年的普法战争重演。协约国现在开始发挥作用，两个成员国的军事领袖就万一德皇把争端升级为战争时可能的合作进行了磋商。尽管德国偏好武力和威慑政策，旧的欧洲协调仍然足够强大，通过在阿尔赫西拉斯举行的公会议上解决了摩洛哥问题，会上德国倍感孤立，认为自己受到了羞辱。

第二年（1907），随着英国与俄国之间的问题获得解决，协约国扩大为三国协约，但同样没有军事联盟。“包围孤立”（encirclement）的叫声现在开始最先在德国发出，在它看来，似乎认为任何保护其他大国或妨碍德国日益增长的无节制的野心的事情，都应归到这个术语下。1908年土耳其爆发革命，阿卜杜勒·哈米德被废黜。经过一段时期后，其后果显示出来，德国的影响力在该国上升到支配地位。奥地利公然蔑视相关条约，兼并了波斯尼亚和黑塞哥维那两省的塞尔维亚人口，并威胁要进攻愤愤不平的塞尔维亚本身。基尔运河已经建成，据估计它使德国舰队的实力提升了一倍。然而在目前公开承认的德英海军竞赛中，战列舰体积的增加要求拓宽运河航道，这是一项耗时长久的工程，于1914年6月完成，我们将在下一章关于战争的讨论中提及这个日期。

在新一轮的摩洛哥危机过程中，德皇派遣了一艘军舰抵达这个法国的保护国的海岸，不料却又一次遭受外交挫折。此后，德国通过1911年、1912年和1913年三个连续的法案极大地扩充了它的军队。有何意图呢？这个疑问给整个欧洲蒙上了阴影。又一场巴尔干战争发生，奥地利使塞尔维亚丧失了它的战利品，而德国正在迅速成为大陆的头等军事大国，海军吨位也超过了英国，再也不用怎么去揣摩它的意图了。最后的危机正在快速地逼近。

许多国家一直在争取某种和平体制，它可以解决大陆国家之间相互冲突的期望和问题。甚至推进仲裁的运动也有所进展。我们已经提到过美国国内反对英日条约的情绪，这种情绪并没有因为通过签订一项新条约来使旧条约失效而减少半分。然而，美国总是倾向于和平解决争端，1911年英美两国签订了第二个重要的仲裁条约，尽管直到1914年才获得批准。它使得任何问题都可以诉诸仲裁，“无论涉及什么议题，不管是荣誉、领土还是经济价值”。由世界两个最大的国家签订的这个条约其本身的重要性是无法估量的，但是作为一个次要问题，英国和日本之间还有一个重要的条约改变，双方同意不得与任何与其签订了一般仲裁条约的第三方大国诉诸战争。在大劫难来临前夕，世界看起来正朝着和平解决问题的方向前进。然而，德国及其盟友奥地利摆出一副冷漠观望的态度，其中德国是主谋。

通常有人声称，德国由于秉持超越法律约束的武力这一信条才成其为德国，因为它没有经历过作为罗马帝国之一部分的驯化培养，而一直表现得比较野蛮。然而，这样的解释很难成立。那些斯堪的纳维亚国家基本上都是爱好和平的，并位于现代文明中的领导者之列，却也从未成为那个伟大的立法帝国的一部分。尽管希特勒鼓吹纯雅利安主义，但是由许多野蛮种族组成的德国人似乎具有某种特质，使得他们走上了一条诉诸武力的道路，而不是诉诸国际法或国际合作和建立一个有序的世界。无论如何，德国正在很快地带来一场世界危机，虽然没有人威胁到它。

英国被高估的分裂

我们现在转向对英国和爱尔兰的内部状况做一个简短的审视。这种状况被德国高估了，但无疑有助于它形成致命的决定。

我们之前已经提到过动荡不安的新气氛，以及对时代问题采用的与以往不同的更为暴力的方式。这显著地表现在许多方面，频繁发生的案例似乎表明民族性格和性情发生了变化。新世纪以著名的塔夫河谷案拉开序幕，当时发生的事情就是塔夫河谷铁路工人发动了一场未经许可的罢工，而铁路员工联合会决定对罢工工人伸出援手。作为回应，塔夫河谷铁路公司针对联合会提出了两起诉讼，一个是禁止其做出任何妨碍铁路营运的行为，二是要求其赔偿损失。铁路公司最终赢得了两起诉讼，而联合会被判需支付铁路公司高达二万三千英镑的巨额赔款。尽管根据对变化中的法律的严格解释，法官们很可能作出了正确的判决，但这个判决引起了强烈反响，使得工会面临威信扫地的危险，同时也给工党带来了新生。

到1909年，劳工的一般态度表面上与以往无甚差别。但实际上，在法国工团主义和美国世界产业工人组织的影响下，劳工运动变得具有革命性。世界产业工人组织章程的序言指出："工人阶级与雇主阶级没有任何共同点。只要千百万劳动人民还在遭受饥饿和生活需求的匮乏，而构成雇主阶级的极少数人却拥有生活中一切好的东西，就不可能有和平可言。"直接行动和大罢工被提倡作为变革社会的手段。

这些思想对大量的工人产生了影响，同时涌现出了一批宣扬这些主张的工人领袖。从这时起到战争爆发，接二连三的罢工如火如荼，通常以罢工者的胜利告终。在1912年的码头工人罢工中，罢工领袖本·蒂利特在塔丘（Tower Hill）发表了他著名的祷告："主啊，把德文波特勋爵劈死吧！"德文波特是当时伦敦港务局的负责人。一些旧式的劳工领袖开始发表演讲反对这些新方式，但是新式的工会主义者继续采用这些手段，并开始组建一些新式的和更具革命性的工会。到1914年初，人们担心，由于三大产业联盟带来的危险的国民联合，革命可能真的就要发生。这个联盟由三个最大的新工会所代表的工人群体组成，包含了四百万工会成员中的一百三十五万人。

在此期间，激进女权主义运动发展起来。一些男性和许多女性早就提倡妇女选举权，但是近年来这项奋斗开始呈现出全新的面貌，似乎意味着一个暴力的时代即将到来，以及一种强制而非有序的制度变革。相对于过去更为保守的妇女参政权论者，新的妇女参政权论者在佩西克·劳伦西斯、潘克赫斯特夫人和她的两个女儿的领导下，开始了一场带有恐怖主义色彩且无法无天的运动。她们砸碎窗户、烧毁房屋、袭击警察，把自己拴在内阁成员的门阶上，其中一人在对这项事业歇斯底里的狂热中，竟然在德比赛马节中，扑向国王的坐骑以求一死。被拘禁后她们试图通过绝食自杀，这又导致强制进食。从另一个方面来看，英国人的性情似乎已经改变了，变得歇斯底里、暴力和具有革命性。

在政治领域也出现了故障。德高望重的索尔兹伯里勋爵1902年由于年事已高而辞职，这似乎标志着一个时代的结束。在他的继任者、下议院领袖贝尔福的任期内，我们可以把注意力放在两部法令上。一是教育体制改革的重要法案，但遭到上议院的否决。另一个是《温德汉姆法》，即政府贷款给爱尔兰佃农，使他们能够从可能愿意出卖自己土地的地主手上购买土地，这对于土地问题的解决作出了独特的贡献。该法的条款对于业主和租户而言都是宽宏大量的，直到1933年都非常奏效，该年爱尔兰自由邦停止向英国政府支付款项。1902年殖民事务大臣张伯伦先生从自由贸易转向关税改革，这意味着一个温和形式的保护主义，此举促进了党的分裂。同时内阁由于其他的请辞和意见分歧遭到削弱，两年后辞职。在1905

年的选举中，自由党人仍然占据多数席位，而值得注意的是，新议会中，工会主义者减少了一半以上，出现了五十名工党议员的新面孔。坎贝尔－班纳曼成为首相，后来由于健康原因辞职，由阿斯奎思接任，劳合·乔治出任他的财务大臣。

虽然阿斯奎思喜欢上了上流社会的生活，但他根本算不上一个贵族，与其说是天生的贵族，不如说是一个成功商人。这种经历以及通过第二次婚姻给他带来的全新的社交圈，导致阿斯奎思与一些早年故旧之间的疏远，他们很难把这个过去固执的约克郡人、不从国教者和倾向左翼的自由党人，与玛戈特·阿斯奎思的丈夫和他的新角色协调起来。然而，他从来就不是一个吸引公众注意力的人，也不是崇高事业的舵手。劳合·乔治出现在他的内阁中，在大多数其他内阁成员的心目中同样强势，有助于保持执政党的步调一致。温斯顿·丘吉尔和沃尔特·朗西曼两位阁员是新面孔。新议会还出现了自由党人和工党人之间暂时的联合，就是所谓的“自由－工党人”（Lib-Labs）。阿斯奎思虽然基本上不是一个改革家，却在《养老金法》的通过上迈出了令人瞩目的一步，根据该法，受益人无需支付任何费用。

与此同时人们发现，上届政府放任德国一步一步悄悄逼近英国的海军实力，这就鼓励了德国海军上将冯·提尔皮茨加倍努力以超越英国海军。第一任海军大臣麦肯纳希望立即建造六艘新型无畏级战舰，这将导致财政预算严重失衡。而奇怪的是，出于对未来利益和行动的考虑，一些人反对扩充海军，温斯顿·丘吉尔就是其中之一，当时他们对社会改革更感兴趣，而不是海军问题和外交政策。当人们得知这一情况后，需求立刻得到弥补，以增强海军实力，保持对德国的领先优势。这样一来，劳合·乔治不得不筹集到额外的一千五百万英镑，这种程度的增幅在当时来说是前所未有的。财政大臣下定决心充分利用这一形势。

由自由党人在下议院通过的一个又一个的法案都被上议院否决。上议院的蓄意阻挠也为自己埋下了危机，他们似乎决心让自由党人的所有改革努力化为泡影。劳合·乔治不仅接受了为海军筹集额外资金的任务，而且通过社会改善计划大大增加了财政预算，如公路、职业介绍所，每年二十万英镑用于改善乡村生活以及其他事项。他凭借自己巧妙的手腕为1909年准备了庞大的预算，其间他对上议院和一些既得利益集团及大企业左右开弓，成功地实现了自己的目标。保守党人竭尽全力进行反击，并试图激发公众的不满。

上议院由于帮助特殊利益集团和否决了多项改革议案已经总体上不得人心，可它又无法在不违反过去二百五十年间发展起来的惯例的前提下否决一项财税法案（money bill）。无论是在英国国内还是在早期、晚期的殖民地和自治领，英国宪制发展的一个基本点就是，由选举出来的下议院负责掌控财政立法。如果财政控制权转到不受大众选举控制的、由世袭成员组成的上议院之手，人民将失去“钱袋权”（power of the purse），而“钱袋权”正是他们反对专制、捍卫自由的长期斗争中最强大的武器。

不幸的是，上议院的领导能力乏善可陈。在一种需要彰显好脾气和英国人的妥协特质的情形下，他们却丝毫特质都没有表现出来。尽管预算案在下议院以379票赞成、149票反对获得通过，上议院却不顾爱德华国王慎重行事的恳请，以75票赞成、350票反对予以否决。下议院立即作出决议，声明“上议院拒绝本院为年度工作所作的财政拨款成为法律的行为是违反宪法的，同时也侵夺了下议院的权利”。这次斗争及其所处的环境，不禁使人想到二百五十年前与斯图亚特王朝冲突的情景。革命开始显得真有可能。

一场不可避免的大选于1910年1月举行，其中的主要议题是上议院。结果，各党派的力量发生了相当大的变化，自由党、工党和爱尔兰议会党团成为自1832年以来在任何党派和团体中最大的多数，改革上议院和赋予爱尔兰自治的愿望使它们紧紧地联合在一起。然而，具体进程中却遇到了各种各样的障碍，并且爱德华国王告诉阿斯奎思，直到下一场大选举行之前，自己将不会册封更多的上议员来结束僵局，尽管这一事实在当时不为人知。首相以为国王会遵循先例，但是在选举之前无法从国王那里得到任何保证。考虑到国王的立场，新一轮选举的天平此时会向上议院一边倾斜。大选的推迟延长了危机，直到国王5月6日发病并在短短几小时之后猝死，整个局势骤然改观。

惊愕的国民暂时搁置了争议，静观其变。新国王乔治五世是个彻头彻尾的英国人。他是自王室从汉诺威迁到英国以来，第一位操一口纯正的英语而不带德国口音的王室成员。作为次子，他是在自己的长兄死后成为假定继承人的，时年二十六岁，现在成为国王的他已经四十四岁了。他的早年是在海军度过的。服役期间他参观过帝国的许多地方。这种经历，以及他不是以王位继承人而是仅以年轻王子的身份同英国最受欢迎的兵种中的军官同僚们结下的关系，对他而言是一个巨大的优势。但是，正如在维多利亚生前他的父亲那样，他没有受过处理国家机要大事方面的训练。虽然谈不上卓越，可是他深深地怀有一种对国家的责任感，并且勤政尽职，从不懈怠，加上玛丽王后的辅佐，使得他们最终也许成为登上宝座的最受人尊敬的君主。然而，他在几乎没有片刻预兆的情况下，卷入了一场深刻的宪政危机之中。

他首先提出停止争执。在接下来的五个月内，两大党均派出了四名政治家开会商讨，试图找到一个解决问题的办法。所提出的方案结果证明没有令双方感到满意的，于是阿斯奎思于11月宣布解散议会，理所当然地举行了大选。选举的结果与上一轮的几乎相同，上议院的屈服被认为已成定局。在政府法案中所提出的上议院改革主要包括三点内容：财税法案在一定条件下无需经上议院同意即成为法律；其他法案，如果已经被下议院三次通过而被上议院否决，从第一次提出时隔两年后，无需经上议院同意即成为法律；每届议会任期从七年改为五年。

然而，上议院中的顽固派继续挣扎，他们提出了完全不同的法案。到7月时，顽固派的头领们接到通知，国王已经许诺要册封足够的新上议员来确保法案在上议院通过。尽管继续经过了一些阻挠，上议院最终妥协，并以131票赞成、114票反对通过了这项削减自己权力的法案。如果他们当初更和解一些，最重要的是，如果他们没有公然违反宪法阻挠预算法案通过的话，也许他们受到的削减要小得多。实际上，自由党极其讨厌通过大量册封贵族（大约250人被提名）来凭压倒优势击败上议院，尽管这一举措将会使他们完全控制上下两院。上议院只能责备自己当初以非英国式的方式行事。

爱尔兰海对岸的局势也似乎正在迅速地发展为一场可能的内战。上议院的新态度似乎最终为自由党人极力要求的《爱尔兰自治法案》的通过开通了道路。根据该法案，爱尔兰将有自己的议会来负责处理内部事务，但其外交政策、陆军和海军仍由威斯敏斯特的英国议会控制。问题出在爱尔兰自身方面，原因是爱德华·卡森爵士领导下的阿尔斯特新教徒断然拒绝受控于天主教徒占多数的都柏林当局。爱尔兰民族主义者开始武装自己并进行军事训练，同时阿尔斯特人也做出了同样的准备，因为他们知道自己有英国保守党作为坚强后盾和支持。在阿尔斯特地区一种在英国历史上发挥了很大作用的“誓约”（covenant）被广泛地流传并获得了大量的签名。它用叛国的语言宣称，即使帝国议会通过了该法案，它也不会在阿尔斯特地区得到承认和遵守。与此同时，向贝尔法斯特走私武器和弹药的活动正如火如荼。

卡森明确表示，法案通过就意味着武装抵抗和内战。直到阿尔斯特人断然拒绝了某些和解提议之后，阿斯奎思才开始意识到局势的严重性。国王召集的双方领导人圆桌会议未能达成一致意见。看起来，若是自治法案被通过，不仅会在爱尔兰两派之间引起内战，而且英国还必须使议会的权威在阿尔斯特地区得到承认；若是自治法案流产，则天主教徒占多数的爱尔兰地区将会发生严重的动乱。不要指望采用和平手段能从英国议会获得任何东西，这个新芬党的信条，很快赢得了不少追随者。危机于1914年7月达到顶点，此时与德国的战争迫在眉睫，由于面临着共同的危险，这场争斗稍有缓和。议会通过了《自治法案》，但随即补充发布了一个缓期执行令，宣布《自治法案》要在大陆上即将发生的战争结束六个月后方可生效。

毫不意外，鉴于德国人固有的历史本性和一种误读其他民族心理的致命能力，他们认为现在是发起军事进攻的绝佳时机。劳工暴力日益严重、妇女参政权论者的歇斯底里、上下两院之间近乎革命性的宪法危机以及爱尔兰内战和革命的危险等，这一切似乎向德国表明一个士气低落和完全分裂的英伦国家，将会是一个唾手可得的猎物。此外，基尔运河刚刚竣工。

很难解释维多利亚去世后约十年间英国人的心智状态。这不能归咎于自《1832年改革法案》以来通过一系列法令被赋予选举权的新阶级。采取非英国式的暴力手段应对问题并不仅限于下层阶级，上层中产阶级妇女和上议院的那些最保守的贵族也同样如此，但它并没有导致英国人的性格出现持久的变化。新世纪见证了英国的工业、政治、社会和文化生活的整个基本结构所承受的巨大负荷和压力，这是由产生于上个世纪的多种力量叠加影响所带来的结果，但是德国人做出了错误的判断，他们认为我们简要描述的那些年的喧嚣意味着英国已经永久地改变了。从德国人挑起的两次世界危机中已经有充分的证据来证明事实恰恰相反。如果不是战争降临把国家团结起来，谁都不知道可能发生什么事。历史不容假设，但似乎有一种可能，除爱尔兰问题之外，其他国内问题，会像解决上议院问题那样，通过宪政的方式而不是革命手段最后得到解决。整个世界一片动荡，各国纷纷放弃了理性和妥协，转向诉诸武力，但如今四分之一世纪之后，英帝国作为一个整体，一直努力保持妥协作为解决问题的手段。且不说世界大战给每一片土地上的每个阶级带来的巨大变化，当下的英帝国虽正处于生死存亡的关头，仍愿意冒着失去自己所珍视的一切的风险以维持世界的稳定，并争取最终能够坐在谈判桌上，采用互相迁就的方式解决问题，而非不断威胁要发动战争和革命。

第十五章／世界大战及后续

1914年不可避免的夏天

在思考1914年夏天席卷全球的那场灾难的“起因”之时，我们必须区分以下两者：一是使军事机器运转起来的即时事件和决策；二是为战火添柴加薪的国家政策的发展走势。后者基于基本的人性——嫉妒、贪婪、骄傲以及其他一些与生俱来的特性。人人皆有高尚和卑鄙的品质。由于众所周知的原因，国家和政府往往代表着他们的公民素质的最小公分母。本来许多个体公民不屑去做的事情，在经过好战激情的炒作之后，政府将它们诉诸行动。探寻这场大战的远因要追溯太久，但我们可以把起点定在1870年，正是在这一年现代军国主义德国崛起，世界各国竞相争夺殖民地和市场，欧洲国家和东方国家形成了新的阵营。

鉴于之前我们已经讨论过其中一些问题，这里没有必要重复或详述之前说过的话。当人们深入探究导致战争爆发的直接行为和决策时，似乎应该明确地把责任归于奥地利和德国的军方。由于奥德两国的野心以及俄国在巴尔干半岛和近东的动向，局势的紧张气氛和承受的压力，一直在持续增长直至极点。许多称职的观察家都已经看出来，通过外交途径来调解奥地利与俄国之间的斯拉夫问题和其他纠纷已经穷途末路，任何新的事件只能通过战争解决。需要进一步指出的是，一旦奥俄两国出现此类争端，德国会站在奥地利一边。

1914年6月28日，作为奥地利王储和塞尔维亚友人的弗朗茨·费迪南德大公在奥地利被一名塞族奥地利公民暗杀身亡，尽管许多在奥地利身居高位的人都不喜欢他，并且乐于将他除掉。之后的一系列事件似乎迅速向着预先确定的结局发展，包括最后通牒、伪造文件、拒绝调解和据称鉴于庞大的现代战争机器而无法阻止的动员。面临战争危险的塞尔维亚所有低声下气的请求都被当即遭到拒绝。8月4日战争爆发，一方是德国和奥匈帝国，一方是塞尔维亚、俄国、法国、比利时和英国。随着战事的发展，世界范围内的每个一流大国和许多小国都卷入其中。

英国是第一批参战国中最后宣战的，在那焦急的数周内和紧张狂躁的最后几天里，英国为防止这场大灾难已经竭尽全力了。许多人声称，如果当时的外交大臣爱德华·格雷爵士和政府的立场更坚定一些，可能会使同盟国悬崖勒马。格雷的政策与后来1938年在慕尼黑失败的政策无甚差别，在1914年7月末的那段致命的日子里完全是失败的。然而，可以说格雷是诚心渴望和平，也希望能够避免这场以上千万人的生命为代价的浩劫。

而且，虽然这场危机经过了长期的酝酿，但最终来得如此突然，理由是如此牵强，以至于英国人没有心理准备。然而，8月2日，德国不顾包括英国在内的一些大国对比利时中立国地位的担保，向比利时发出最后通牒，要求这个小国为德军提供通道。这使得英国人不再有任何犹豫，公众的态度变得异常明朗，公众舆论越来越明确。1938年，英国不是捷克斯洛伐克的担保国，但在1914年，英国是比利时的担保国。在最后通牒到期的8月4日晚，英国参战，正如德国首相所说的那句令人难以忘记的话，“为了一纸空文”。总而言之英国人决定遵守条约、信守承诺，这一决定让德国人百思不得其解。

各自治领迅速行动起来慷慨地支援宗主国，它们对自己的母国和英帝国所罕见地爆发出来的忠诚，以及对理想和生活方式所持的立场，在使德国震惊之余，也让整个世界惊讶。他们表现出的同心同德既难能可贵又令人信服。显然，帝国并不只是意味着压迫和贸易，而且意味着对某些信念和伟大的英联邦的炽热的忠诚——一个按照英国的方式成长起来的，以王权的象征为纽带而不是靠武力或立法约束的英联邦。事实证明，英帝国并不是一种专制或关税同盟或政治联盟，而远远要来得更具有实质性和更可畏，因为它是真心与忠诚的联盟。加拿大、新西兰和澳大利亚都像英国本土那样向战场派遣了大量的人员；来自南非和印度的庞大部队也在欧洲战场上奋勇杀敌。在国内，国民生活的各个方面都捐弃前嫌，取而代之的是一致对外。德国本来指望一个四分五裂的国家和一个不忠诚的帝国，现在被证明它完全失算了。

总之，在过去，当英国卷入欧洲大陆的战争时，它往往是通过海军、对盟友提供财政补贴、通常派出一小股军队等方式来发挥自己的作用。在1914年到1918年的这场大战中，英国海军发挥了它惯有的作用。要是没有它对相关海域的完全控制，食物、补给和军队都无法转运。除了新式的战争武器，如坦克、潜水艇、毒气、飞机等，如同以往一样，制海权被证明是最终的决定性因素。英国信贷也经受住来自盟友不断激增的数十亿美元的压力。但是，与以往战争中几乎全部是帝国的男性参战不同，我们可以说女性加入了这次战争。这是第一场全部平民参与的战争。

仅就军事服役而言，帝国各个角落的人都主动请缨。在英国有不少于五百万的自愿报名者，尽管许多人会因为体质不合格而被拒绝。大量的英国军队不仅在法国的西线战场作战，而且投身到全球范围内的各个战场，包括东非、南非和西非、太平洋岛屿、埃及、土耳其、巴勒斯坦、马其顿、意大利以及其他地方。随着战争的持续，一个接一个的国家加入进来，意大利、葡萄牙、所有巴尔干国家、日本、中国、美国（1917）等。在某些情况下，比英国以前投入任何战场上的军队规模更大的军队在遥远的各个战场作战，需要投入各式各样的人员和物资。

确实不只一场战争，而是多场战争在同时进行。逐一详细描述这四年的战事既不可能也没有必要。我们更感兴趣的是这场战争对帝国及其生活和结构的影响。我们只能稍稍浏览一下主要的军事活动。

一开始，德国指望通过撕毁条约和集中优势兵力进行“闪电战”，但推进受阻。他们迅速占领了比利时并席卷了法国北部直抵距巴黎几英里的地方，在受到顽强的阻击后开始后撤。他们在新的战线上挖掘战壕，战争演变成堑壕战，一直持续到1918年。他们发动了一次进攻，试图通过占领海峡口岸从而控制多佛海峡，但被一小股英军经过浴血奋战击退了。在东方，俄国长驱直入以缓解法国的压力，但在坦嫩贝格遭到重创，同时土耳其加入同盟国，威胁到埃及、苏伊士运河，甚至印度。处于英国海军封锁之中的德国只有眼睁睁看着自己的殖民地落入他手。1915年对于协约国来说是令人沮丧的一年，尽管有意大利加入他们的阵营。进攻达达尼尔海峡以解救俄军的行动遭到失败，将士们英勇拼杀，伤亡惨重，澳大利亚人和新西兰人表现尤为突出。1916年，德国军舰试图突破封锁，但在日德兰海战中再一次被迫撤退。在接下来的战争中德国被封锁得严严实实。感到强大压力和食物短缺的德国人试图倾力通过法国在凡尔登的防线，结果只是造成双方大量的人员伤亡，以失败告终。罗马尼亚现在加入协约国，但随即遭到重创。在巴勒斯坦为进攻所作的准备，将最终导致土耳其失败并退出战争。

德国人意识到他们的计划已经流产，事情变得越来越绝望，而协约国也对看似胶着的态势日益感到厌倦。在英国，富有干劲的劳合·乔治接替阿斯奎思成为首相，他之前作为军需大臣就表现出了巨大的推动力。1917年，德国孤注一掷，宣布并实施无限制潜艇战。这一威胁在一段时间内似乎势不可挡，船只损失上升到每月六十万吨位。但是如果说缺乏的是粮食，那么不缺的是勇气。人们无所畏惧，争先恐后地涌入商船去填补牺牲者的位置，而获救的船只再次扬帆起航，奋勇争先。也找到了攻击潜水艇的新手段。在该年结束之前，冯·提尔皮茨的政策确实造成了威胁，但其主要作用只不过是把美国拖入战争，加入协约国一方。

尽管在获得受过训练的人员和海外人员方面一时难有起色，但一年之中有二百万人被投入法国战场，而且美国提供的巨额财力和物力资源立即交给协约国自行使用，同盟国的命运已成定局。美国的参战赢得了欣喜的赞扬，国王和王后还因此出席了在圣保罗大教堂举行的一个特别的感恩仪式，星条旗在议会大厦的维多利亚塔顶迎风招展，这是唯一的一次外国国旗在这里飘扬。然而这一年却以惨淡收尾。在东方，俄国在经历了巨大的苦难后在革命中解体。它的新领导人，列宁和托洛茨基（布朗斯坦），在布列斯特－里托夫斯克（Brest-Litovsk）与德国单独签订了和约，使得所有德国军队抽身扑向西线，那里的局势本来就很糟糕。法国人承受的压力是巨大的，他们和英国人都不得不把急需的部队派去支援在卡波雷托（Caporetto）遭受惨败的意大利，那里已经陷入 片恐慌和溃败的状态。

然而到1918年，这场世界大战徐徐落幕。土耳其和奥地利帝国一步步解体。德国人几乎都在挨饿，德国最高统帅部意识到如果不能速战速胜他们将一无所有，于是对法英军队发动了三次疯狂的猛攻。他们推进到了距巴黎四十英里的地方并再次威胁到海峡港口，但已是强弩之末。7月，协约国军队在福煦元帅的统一指挥下，发起了他们的大反攻，而美国军队主要在阿戈讷地区作战。协约国军队一步步地从德国人手中收复了被强占的失地，到10月整个德军防线撕裂。就在两三周之前，在协约国军进攻达达尼尔海峡失败后加入同盟国集团的保加利亚要求停火，并退出了战争。被彻底打败的土耳其在10月底也同样宣布停火并退出了战争。11月4日，奥地利步其后辙，德国成了孤家寡人。然而，它也一样轰然垮塌了。海军中发生了哗变，接着又是平民革命，德皇保住了他的性命，并最终带着他的大部分巨额财富逃到荷兰。11月11日，德国签署了停战协议，无休止的枪林弹雨终于停下来，历史上最浩大的战争结束了。战时服役人数超过6500万，其中超过850万人死亡，2100万人受伤。和平已经到来，可是世界满目疮痍。整整一代人的繁荣被摧毁，在英帝国超过90万人捐躯，在法国超过135万人丧生。无论从经济上、社会上还是从政治上而言，整个世界进入一个新的未知的阶段。

跛脚的和平

隆隆的炮声归于沉寂，人们至少不再遭受战争的破坏、损毁和杀戮，但到处都是混乱的状况和刻骨仇恨。战争结束前，从暹罗王国到许多南美洲的共和国，几乎每个国家，无论多么微不足道，都向同盟国阵营宣战，尽管欧洲的瑞士和斯堪的纳维亚各国一直保持中立。因此，解决方案实际上是重新划分世界版图，如同一个世纪前的维也纳会议只是重绘欧洲地图一样。这项任务极其艰巨，而且也只能是试探性的。在1918年至1919年冬天，政治家们在巴黎会议上缔结的以《凡尔赛条约》为主的系列条约，是迄今为止人类在治理方面所作出的最大的协同努力的成果。任何对和平会议的日常工作没有深切了解的人，都无法理解工作的复杂性和必须完成这些工作所处的具体条件。

它不仅是一个陆地的范围问题——这已经使问题变得十分困难，而且涉及19世纪的整个发展态势。民族主义和种族主义的兴起引起了民族自决和少数民族问题。工业革命和商业革命使得银行业、铁路、原材料等方面的问题在制定新国界和创立新国家时变得极为重要。美国人、英国人和法国人早就让专门委员会投入工作来准备数据以供决策参考，但当大会进入开会期后，加快速度的需求变得越来越明显。世界的很大一部分正处于解体的过程之中。当政治家们坐在巴黎，红色革命的火焰似乎正在吞噬着整个欧洲，威胁着要把战争过后留下的文明和秩序毁灭。

各国的野心相互抵触，大会的几个主角也各怀鬼胎。劳合·乔治在1918年的选举中上台，他的竞选口号是“绞死德皇，让德国偿付战争耗费的每一个先令”。有一次，他甚至谈到要求德国支付

1250亿美元。克列孟梭心中充满了对德国的仇恨和对法国未来的担忧。理想主义者威尔逊则寻求借助国际联盟来建立一种世界新秩序。他曾在1913年入主白宫前夕表示，如果他被召唤去处理外交事务，那将是命运的讽刺。

尽管当时除了战败国和中立国外，世界上大多数国家都派代表出席了会议，但在意大利人因不满他们提出的要求被拒绝而离开以后，真正的讨价还价越来越不可避免地落入英国人、法国人和美国人的手中。在拿破仑战争期间，法国侵占了几乎整个欧洲，但那个时期的政治家意识到了要保持欧洲大陆的统一性以及其他国家将不得不与法国相处。当时给予法国的条款，相比之下，要远远比现在对战败的同盟国的处置宽大得多。我们的故事并不要求对欧洲的所有变化，诸如波兰和捷克斯洛伐克等新国家的建立，在切割奥匈帝国之后留下的百废待兴和落寞无助的奥地利，以及对德国的惩罚性条款等方面的情况都进行详细的说明。《凡尔赛条约》把所有战争罪行归于德国，并对它作了严苛的军事限制。此外，德国被要求以现金及其他形式支付巨额赔偿，这使得任何欧洲总体经济复苏的可能性都化为泡影，这一点我们在下文还会提到。

虽然《凡尔赛条约》是在仇恨、恐惧和仓促中产生的，但是人们仍期望国际联盟能够提供使错误和不公正得到和平解决的途径，为之后进行协商和再调整创造更好的氛围。然而，国际联盟从未发挥过其预期的功效。美国拒绝加入，俄国也一直游离在外。国际联盟从一开始就是一匹跛脚的马。这一事实，加上法国在外交上的短视，特别是在战后的那些岁月里，为德国的革命及希特勒主义的兴起做好了铺垫。德国的殖民帝国被悉数夺走，尽管这些殖民地从来没有为它带来过可观的商业利益，却是一种引以为豪的源泉。依照国际联盟的托管制，英帝国从德国的殖民帝国中获得了最大的一部分，由英国和自治领进行了分割：新西兰得到了德属萨摩亚；澳大利亚得到了德属新几内亚；南非得到了德属西南非洲；而英国则取得了德属东非和德国在非洲大陆上的其他属地。

托管制是国际联盟的理想主义的一部分。那些分割了德国海外帝国的国家作为受托人拥有所属的殖民地，但是日本不顾它已经退出国际联盟的事实而坚持占有被托管的岛屿的事实表明，所有权而不是受托人的职责，再次成为主导性的观念。然而应该说，英国在很大程度上保持了更加崇高的理想，尤其体现在它接受了对巴勒斯坦、伊拉克和外约旦的托管。

战争在穆斯林世界引起了巨大的负面影响。在印度，它就像风暴中波涛起伏的大海；而在远东，没有耗费人力和财富的日本已经跃升到一种支配性的和颇具威胁性的地位，特别是与一盘散沙的中国之间的关系。欧洲的败落给了所有非欧洲世界一种新的自信，以及一种摆脱欧洲影响和控制的渴望。在欧洲本身，半亚洲的俄国已经退出了欧洲体系，位于这个布尔什维克主义国家和西欧民主国家之间的，只是一些新建立的弱小国家以及元气大伤的德国。这个有着6500万人口的国家满腔激愤，由于经济困难，加上对制定条约条款的新近敌人的憎恨，已经越来越准备发动任何孤注一掷的尝试，只要能够指望它带来一条出路。

战后的英国本土

可是战胜国也受到损失，并经受巨大而持久的变革，无一能逃脱。英国的确没有接受像墨索里尼统治下的意大利所采取的独裁政权，也没有遭受像法国那样的极端政治不稳定，但在战争前夕就已经困扰着它的一些问题又复发了，在实现和平之后以更严重的形式呈现出来。只有其中一个问题在战争的最后几个月里在很大程度上得到了解决，即有条件地赋予妇女选举权。进入和平时期，选民由大多数的女性人口和几乎所有二十一岁以上的男性人口构成，这也要归功于男性选举权的扩大。在经济萧条的条件下，这种选民构成的广泛扩展，在很大程度上导致社会主义的传播和工党上台执政。

通常，一场大战结束后紧接着会出现一个短暂的虚假繁荣。在这种情况下，有一种普遍的乐观情绪，较高的战时薪资可以维持一小段时期。然而，当前的经济形势极其恶劣。尽管英国在战争期间征收了沉重的赋税，但到战争结束后已然负债累累。此外，它还欠美国近45亿美元，其中大部分转借给了自己的盟友。希望德国能够支付战争赔偿简直是痴人说梦，任何数额的赔款要求在1932年都被最终放弃了。同时，英国政府在1921年的贝尔福照会（Balfour Note）中表示，自己除了要从有关盟国索回一笔能够使它支付所欠美国的调整债务外，将放弃向盟国索取余下的债额，要索回的这部分款额将加到它对德国赔款的占有份额上。

然而，发生了两件事：很明显，赔偿将不会兑现；1922年斯坦利·鲍德温先生，即现在的鲍德温勋爵，去美国洽谈时立即接受了比他被认为可能得到的负有更多义务的条款。英国是第一个提出清偿和支付的国家，这大大提高了它在美国的信誉，但债务问题后来在两国间引起了不快。对于美国而言，唯一公平的说法是，它在给协约国预支了超过116亿美元的同时，并没有向德国索要任何赔偿或领土。它觉得各协约国家除了将从德国获得预期的巨额战争赔款外，还大大扩张了自己的国家或帝国。在我看来，战债永远不可能、也永远不会得到支付。这听起来有些抽象，而且可能在不愉快的问题双方之间引起道德争论；由于情绪和错误信息，这个问题已经蒙上了沉重的阴影。

然而，内债和外债问题只是造成英国面临的诸多困难的一小部分原因。大战中对资本的破坏必然会带来随后的商业萧条。而且鉴于这次是规模最大的战争，所造成的破坏史无前例，难免接下来的第二次战后萧条是最大的。此外，英国的情况还有一些特殊的因素在起作用。在前面的章节中我们提到过英国实际存在但不易觉察的经济转向。战争与和平极大地加速了这个进程。在战争时期，它不得不处理掉自己巨额海外投资中的较大部分，而海外投资构成了它的国民财富的一大部分；可是现在都没有了。

此外，英国国家财富对外贸的依赖比任何其他国家都更强。迫于战乱的严酷现实，它不得不放弃大部分对外贸易，现在，在一个萧条的世界和面对新的竞争对手，再也不能恢复到以前的程度。再者，从德国获得赔偿的努力伤害了它的本土状况。如果说它获得了很多德国以前的商船，那么这就意味着它自己的船厂只好闲置起来；以煤炭的形式支付赔款几乎摧毁了它自己的煤炭产业；德国出于筹集赔款的需要几乎以任何价格出口的商品充斥英国市场。英国开始认识到要德国赔偿是件不可能的事，而法国人，至少直到他们致命地占领了鲁尔区之前还是坚定不移地要求赔偿的。最后，在战争需求的强制推动下，其他国家的生产工厂已经极大地扩张了，无论是用于国内消费还是出口，所以当英国再次准备发展对外贸易时，它的市场已经相应地萎缩了。其他国家的市场也萎缩了，这导致它们纷纷提高自己的关税壁垒，加上混乱的货币条件，使得世界贸易几乎变得不可能。1929年，第二阶段的世界萧条开始发生，并一直持续到现在。它对于刚刚经历了一段时期的疯狂投机的美国，打击尤为沉重。

这一时期英国政局的混乱程度，从1922年由劳合·乔治领导的联合政府垮台后的政府和部门的数量中可见一斑。博纳·劳继任为首相。几个月后他又被鲍温德所取代，这个政府在1923年的大选中败北，随后拉姆塞·麦克唐纳领导的工党上台执政短短数月时间，也未能提出治理国家疾病的良策。在1923年的第三次选举中，鲍温德领导的保守党卷土重来，重掌大权，他本人一直担任首相直至1929年工党再次翻盘，此时的自由党已经几乎完全自我毁灭了。由于工党在其不到两年的执政期间内，再度对国家财政已经濒临深渊的状况无能为力，国民政府（National government）于1931年应运而生，此后的首相依次是麦克唐纳、鲍德温（任期为1935～1937）和内维尔·张伯伦。

在和平时期的第一阵繁荣过后，被战争打断的劳资纠纷——特别是煤矿产区——重新发展起来，并延伸至几乎所有的行业。然而，矿工联合会冲锋在前。他们首先提出国有化的要求，接着是1921年大停工，矿工们以失败告终。工人们接过他们认为是投给他们的战书，决定应战。当时的工会会员约为六百万。当与政府和矿主的新一轮谈判破裂后，矿工们呼吁英国工会联盟举行一场声援性“总罢工”。罢工于1926年5月4日开始。

报业、交通和其他许多重要及次要的行业都陷于停顿。但是政府采取了坚定的立场，虽说不是完全明智的。罢工是一个彻底的失败，这主要归于普通民众的积极应对。他们无论身份高低贵贱都亲手去做一些力所能及的工作——驾驶公共汽车、驾驶火车机车、运营发电站或其他设备，即使是拥有最高头衔的人也在火车站干起了搬运工的活。这是民族性格的非凡展现，也似乎表明，把总罢工作为武器，无论是革命性的还是其他方面的，都不会成功。没有暴力，随处可见罢工者、公众和警察之间快活融洽的友善交往，真是地地道道的英国特色。

尽管一定数量的公众对这场不具革命性的运动表示忧虑，但是政府，主要受到温斯顿·丘吉尔的影响，引导人们相信这是一场革命性的罢工。不幸的是，在罢工被瓦解后，政府和雇主除了通过严厉的立法来对付工会，几乎让他们的地位退回到七十年前，没有采取任何措施来补救工人们真正的苦情。劳工们虽然被打败了，但社会并未安定下来。

虽是如此，相比于本世纪初，工人的生活水平已经明显地改善了。工人阶级的衣着、饮食和住房都更好，包括成年人在内，有了更好的教育机会。他们在买醉上花的钱少了，而把钱更多地花在看电影、假日旅行和其他的娱乐活动上，虽然像更高的阶层一样，他们不如以前节俭。不仅有在战争年代轻易赚来的钱，而且有各种形式的社会保险，包括“失业救济金”，把钱储蓄起来以备不时之需或者颐养天年似乎不那么必要了。而且，“社会主义就在当下”的思想得到了更加广泛的传播，共产主义也有一定程度的增长，尽管不大。

战后几年带来了失业问题，对于英国和美国来说都是最严重的问题之一。人口增长的趋势在19世纪尤其显著。英国的人口在这段时期从约1000万增至约3700万，到1937年又增加了1000万。直至战争爆发和随之而来的巨变，这些增长人口的就业问题通过本土工业的扩张和移民得到解决，但英国再也不能重新占据从前在贸易和制造业领域的支配地位了。不仅美国，甚至有些自治领都出台了限制立法，以致英国向海外的移民在很大程度上已被封堵。失业问题，连同失业救济金以及其他社会的或金融的副产物，看来可能会长期存在，至少在目前出生率的下降产生其效果之前是这样的。

1931年迎来了经济大危机。维也纳的一家大银行倒闭后，随之而来的“经济大风暴”席卷了全球。在1925年就已恢复黄金支付的英格兰银行发生挤兑，被迫向法国和美国借了5000万英镑，但仅仅数日就所剩无几了。唯一的拯救方法就是通过平衡预算来重建信用，但是如果不大幅削减失业补助和其他社会服务的成本，这是无法做到的，而当时执政的工党政府拒绝这样做。

如上文所述，工党因此垮台，被国民政府所取代。新政府承诺将大力削减支出后，得以从法国和美国那里借到超过8000万英镑，但在新的法案被通过之前，这笔钱同样被消耗一空了。9月21日英国再次放弃金本位制，从此之后再也没有恢复过。随后包括美国在内的许多其他国家纷纷效仿英国，而英国一直以来如此依赖的世界贸易，仍然受着交易的困难和不确定性的进一步阻碍。

从英帝国转变为英联邦

越过爱尔兰海，我们再次碰到了这个历时数百年的爱尔兰问题。我们已经提到过战争初期那个岛上的严峻形势及其对英国的极端重要性，一旦发生战争需防止它成为英国敌人的跳板。事实上，在伊丽莎白时代、路易十四时代、斯图亚特王朝暴动时期和拿破仑战争时期，它都曾被这样利用过。在第一次世界大战期间的1916年曾发生过一场叛乱，虽然被镇压下去，却是以新芬党的影响力和权力的上升为代价的。新芬党宣布爱尔兰为一个共和国，设立一个新的议会被称为众议院（Dail Eireann）。虽然实际上基本上是一场游击形式的内战，但爱尔兰并没有像英帝国的其他地方那样对英国提供忠诚的援助。

英国竭力满足爱尔兰的要求，远远超出了一代人之前格莱斯顿在他的《爱尔兰自治法案》中所思忖的任何事项。1921年，政府与新芬党的创始人——阿瑟·格里菲思和迈克尔·柯林斯达成了一项条约，并同时得到了英国议会和爱尔兰众议院的许可。根据其中的条款，爱尔兰南部事实上独立，拥有自治领的地位。不幸的是，埃蒙·德·瓦莱拉，一个出生在纽约、父亲是西班牙血统和母亲是爱尔兰血统的异乡人，率领一个党派反对这个方案，并发动了第二次内战，在此过程中，柯林斯被打死。然而，该条约于1924年获得批准。这一点，加上英国主动提出要解决战争债务问题，决定性地影响了美国对英国的态度。在美国，爱尔兰人总是对政治职务有着浓厚的兴趣，对政治事务的影响远远超过了他们的人数。随着战争债务问题明确得到解决，爱尔兰人显然感到满意，应该再不会发生“拧狮子尾巴”这样的事情了。至于“爱尔兰公投”，已经成为一个多世纪以来许多政治演说家的口头禅。

在英国和美国，人们认为“爱尔兰问题”终于解决了，但在随后的几年里这个长期的争执还在继续。条约授权爱尔兰可以提高对英国商品的关税，并且声明，爱尔兰农民应该继续（以非常低的利率）向英国财政部分期付款以偿还之前他们用于向农场主购买土地的贷款。对于阿尔斯特来说也存在这个问题。许多爱尔兰人反对将这个岛屿划分成两部分，但它在种族、宗教和产业上确实是分立的。

很多后续的讨论都是基于死抠法律条文的诡辩，协议的法律方面本就容许作出各种解释。这里的“自治领地位”与给予其他自治领的地位略有不同，却颇受爱尔兰人的青睐，但宣誓效忠王权的形式引起了一些麻烦。虽然德·瓦莱拉坚称，爱尔兰自由邦将永远不被允许作为外强攻击大不列颠的基地，显然，爱尔兰明显企求的完全独立是不会被允许的。在一定程度上，这就像允许长岛脱离美国而独立，并通过与外部列强联盟或被其征服，成为攻击美国的一块跳板。

爱尔兰问题暂时平息下来。信奉天主教的南部爱尔兰事实上是独立的，只不过它是英联邦的一个成员。它不能被允许成为一个完全独立的“外”国。从爱尔兰人的天性特点和他们的历史经历来看，很难说那里的躁动不安是否将会从此偃旗息鼓。虽然爱尔兰自由邦作为一个共和国的事实证明了帝国结构的灵活性，也体现了英国的善意，不过还有一个事实，即英国的安全需要爱尔兰继续留在英帝国内。很难说可以使用什么力量阻止它完全分离，但可以肯定的是，它的其他目的，如兼并阿尔斯特、让北部乡村的苏格兰人和英格兰人从属于信奉天主教的和盖尔人居住的南部，如果不通过内战是不可能实现的。万一发生这样的战争，英国是不能保持中立和袖手旁观的。因此，尽管爱尔兰自由邦的公民完全掌管自己的地方事务，也有外交代表驻在他国，还取得了在格莱斯顿时期不曾奢望的一定程度上的独立性，但很明显，爱尔兰问题仍远未解决。

与此同时，所有自治领的地位已经发生了巨大的变化。正如英国妇女在战争中所提供的服务导致她们获得投票权而几乎未引起政治波澜一样，各自治领对宗主国所作出的牺牲和忠诚援助，也使得自治领关系的改变不可避免。加拿大提供了约65万人的军队，超过其总人口的8%，战争花费约20亿美元。澳大利亚向欧洲派出了约35万人的部队，此外在太平洋，它的小规模海军作出了有效和有用的贡献。人口略微超过100万的新西兰，招募到了12.5万人，花费了4亿多美元。南非虽然派遣到欧洲的部队少得多，但在非洲本土进行了英勇的斗争。在所有的自治领中，有少数党反对战争，如在加拿大布拉萨领导下的法裔加拿大人党，但它远远不能代表那里他所在种族的立场；还有澳大利亚的工党，但问题通过投票和平地得到解决。然而，在南非存在一股令人生畏的反叛势力，他们是一些心有不甘的荷兰人，并不希望与德国作战。在前布尔将军博塔的领导下，这股势力被南非人自己镇压下去了。另一位布尔人史末资将军，作为总司令率部夺取了德属西南非洲和东非。南非人在德国殖民地的战斗，使英国免于从其他战线分散任何战力，另外还贡献了约1.4亿美元。印度的情况稍后再谈。

自治领确实成长起来了。它们已成为一个个生龙活虎的年轻国家，为自己的独立国家地位和与日俱增的国力感到自豪，同时把英帝国紧密联结在一起的纽带的力量已经得到了充分的证明。有一个事实表明了从英帝国转变为英联邦的过程中所发生的巨大变化：1914年，虽然正如我们所知，帝国会议以及其他方式已经提供了与自治领协商的途径，但是还不曾想过英国不能单独代表英帝国宣战。而到1939年，在与德国的第二次战争中，人们理所当然地认为，每个自治领可以参战也可以保持中立，只要它认为是合适的，虽然事实上它们是各自宣战加入的。

世界大战期间取得了非常大的进展。举行了两次帝国会议，还成立了帝国战时内阁，它由英国战时内阁加上每个自治领和印度派出的代表组成。第一次会议于1917年举行，正如加拿大总理罗伯特·博登爵士指出，这是历史上第一次帝国不受唐宁街支配。来自六个国家的部长们，每位都对本国议会负责，彼此平等地坐在谈判桌旁商讨帝国政策。在1917年的这次会议上一致通过的一个决议，成为英帝国历史上一个伟大的里程碑。该决议要求在战争结束后进行再调整，以使自治领“作为一个帝国联邦（Imperial Commonwealth）中的自治国家，而印度作为同样重要的一个部分”在帝国外交政策中应该有适当的发言权。

虽然自治领还没有被要求宣战，但它们被要求缔造和平，而且它们作为独立国家派出代表参加和平会议本身就是一个显著的进步。在国际联盟，虽然在理事会（Council）由英国代表整个英帝国，但在大会（Assembly）中每一个自治领和印度都拥有席位。然而有一段时间不见任何进展。1923年、1926年和1929年的会议，以及1932年的渥太华会议，都被认为主要考虑的是帝国内部的经济关系，存在某种危险，即在为贸易优势争吵的过程中，把帝国联结起来的真正纽带可能消失无影了。此外，爱尔兰自由邦，正如我们所知已经获得了自治领地位，正在竭力打破尽可能多的链环。老的自治领中对帝国忠诚度最低的南非，已经让国民党（Nationalist Party）上台执政，虽然还不构成威胁，但它声称有脱离的权利。一个自治领是否能够未经英国和其他自治领的同意而脱离英联邦，这是帝国结构中仍然没有明确界定的诸多关键问题之一。

然而，英国人有实施治理和不拘小节地相处在一起的天生才能。他们在这方面的最新表现就是1931年由英国议会通过的《威斯敏斯特法》，它以书面的形式确立了英国和自治领之间事实上完全平等的地位。所有的自治领现在由王权联系在一起，从而最终使北美独立革命之前一些美国作家所提出的计划真正实现。但即使在这里，也有一些宪法问题被悄悄地忽略了。很可能有这么一个疑问：如果经由威斯敏斯特议会通过的一项法令就使得自治领获得了几乎完全的独立地位，那么另一项剥夺了它们的独立权的法令，无论如何，是否可能是非法的？事实上，由于经济和政治上的问题，纽芬兰在1933年就被剥夺了自治领地位。

然而不管那些咬文嚼字的诡辩，它们似乎对目前这种灵活的帝国关系感到满意，当然爱尔兰除外。不过，在英联邦的结构中也有许多不确定因素，其中一些可能给外交关系造成困扰，因为自治领是主权国家，在许多情况下有自己的驻外代表。形势的发展走势可能会制造出美国遇到的那种麻烦——联邦政府和四十八个州中的每一个都有主权属性——这个问题曾三次将它置于与别国发生战争的边缘。美国既是一个整体，同时在某些情况下又不是。同样的异常状态如今也在英帝国内发展起来，在外人看来，可能同样地错综复杂和令人费解。

艰难的责任：印度与埃及

正如我们已经看到的，印度虽然不是一个自治领，但对帝国政策和事务的参与越来越多。考虑到致使1914年世界大战爆发的那几年的骚动，一旦英国陷入困境，它的敌人指望印度造反就是再自然不过的了，正如他们指望近在家门口的爱尔兰闹事或其他类似的麻烦一样。实际上，印度，无论是其人民还是王公，都证明对王室如此忠诚，以至于几乎所有的英国军队都可以从它的驻防地撤回。不仅王公们为了帝国的事业慷慨奉献，而且大量的印度士兵在欧洲、非洲和亚洲为了这一事业而战斗。

然而，战争还是造成了深远的影响。印度人所做出的种种努力似乎要求更大程度地参与自己的管理。莫莱－明托（Morley-Minto）的政体并没有达到预期的结果。此外，普通民众中存在一种严重而真实的困窘，部分是由于历史，部分原因在于突如其来的工业化和生活费用上涨。前面我们谈到过伊斯兰教徒的躁动和日本崛起的影响。此外，伊斯兰教徒处境艰难，不得不站在他们的国王－皇帝一边，与他们的宗教领袖哈里发作斗争。归国的士兵从欧洲带回来的不仅有那里的国家相互残杀的故事，还有欧洲农民的繁荣富足，这与本国的贫困形成鲜明的对比。到1917年，动荡的局面已经变得如此明显，以至于英国政府开始努力改变印度政体，两年后通过了一个法案，确立了所谓的两头政治（Dyarchy）。

两头政治对于责任政府或非责任政府来说都是一个复杂的制衡体系，可能在任何一种情况下都不会发挥作用，虽然改革的意图是真诚的。然而鉴于它创始时的条件，从一开始就注定要失败。甘地的影响力一直在不断增大，他发明了消极抵抗政策，凭借他的“禁欲主义”——印度人的观念就是“圣洁”——赢得了一大批追随者。然而，其他领导人信奉积极抵抗的方式，因此发生了大量的骚乱事件，包括一个欧洲妇女在阿姆利则死于谋杀。派去恢复秩序的戴尔将军手段残忍，一次又一次地向手无寸铁的群众开枪扫射，造成379人死亡。他还强迫所有必须路过舍伍德小姐（Miss Sherwood）遇害街道的印度人手脚着地地爬过去。虽然后来他受到军法审判和谴责，但种族主义情绪再次在双方燃烧起来，又发生了更多的暴力事件。阿富汗人再次入侵印度西北部，但被击退。

当新政体被公布后，甘地开始了他的“非暴力不合作”运动，号召印度人不参加新政府，后来他被监禁。鉴于这个方案已经明显失败，1926年一个委员会被派去印度调研形势和准备一个新的计划，但没有一个印度人被任命为该委员会的成员。愤懑的情绪是如此强烈，1928年在调查报告发布之际又发生了新的事端。两年后已经被释放的甘地开始了另一场不合作运动，并再次被捕入狱。

同时，印度的王公们已经同意让英国加入某种联邦政府中，这个联邦政府应包括他们的土邦和英属省份，这似乎为某种形式的责任政府铺平了道路，如自治领所具有的那种。在很大程度上这是由1935年颁布的《印度政府法》实现的，该法至今仍然有效。不去详述细节，可以说该法宣布了除缅甸以外的英属印度的十六个省，和为了在联邦立法机构有代表权而同意让渡部分主权的印度土邦组成一个联邦。该法非常复杂，虽然遭到国大党的反对，却朝着这个极其棘手的问题的解决迈出了最关键的一步。

事情到底有多困难，可以由下列事实得到说明：繁多的种姓和宗教派别；印度总人口占整个英帝国人口的四分之三；仍然由王公而不是由英属印度政府掌握统治权的土邦约为600个，其面积大小不一，最小的只不过数百英亩的田庄，而最大的海得拉巴为8.2万平方英里；差不多90%的人口生活在大约50万个村庄里，它们分布于各种各样的地理和气候条件之中。

印度不同于帝国的任何其他部分，它本身几乎就是一个世界。显然它还不能被授予充分的自治领地位和准许建立责任政府，但其人民的民族主义必须以某种方式得到满足。为此而作出的这一全新而实在的努力，以及对人民的自治训练，是否会取得成功尚不能预测。每种类型的问题都是独特而巨大。在印度的欧洲人总数只有13.5万，其中6万是部队。印度永远不会像那些自治领，变成一个“白人的国家”。之所以把印度保留在英帝国内，除了所有其他原因之外，还有一点，即如果任由鼓动家和相互倾轧的王公摆布，它很可能会陷入从前的混乱状态。印度是最伟大的东方国家之一，英国人对它进行政治教育的努力很可能出现如下结果：或者是西方—东方冲突的聚焦，或者产生东西方之间某种形式的和谐，纵然吉卜林写道：“两者永远都不会合拍。”

战后另一项重要的变化是埃及的地位。虽然它从来没有成为英帝国的一个组成部分，但是正如我们所知，世界没有别的地方比这里让英国人更加苦心经营。然而，民族主义运动在1914年之前已经兴起，在战争期间和战后表现得更加激烈。故事总是这样的：埃及的宗主是土耳其的苏丹，英国人在这个国家只是管理者，虽然是事实上的统治者，但是当土耳其参战站在同盟国一边时，就有必要做出一个选择：要么把埃及看作一个敌国，要么割断埃及与土耳其的关系。于是，英国宣布它为自己的保护国。战争期间发生的动乱被大量的军队轻易地平息了，但后来的民族主义运动，在不切实际的狂热的萨阿德·扎格卢勒（Saad Zaghlul）的领导下，迅速在普通民众中蔓延，也在那些有政治野心的群体中，这些人渴望政治权力和掠夺，原本就培养有这种渴望。

很明显，埃及作为一个整体是坚决要求独立的。虽然可以征服它、镇压它，但英国在1922年承认了这个国家的独立，这个它已看护多年、使之处于善治和繁荣的国家。英国的承认有所保留：它经营着苏伊士运河和苏丹，后者是它独自征服的，并在那里建立了秩序；它还强烈要求对外国人的充分保护。目前的情况是，埃及是一个独立的国家，但是一旦有动乱发生，英国有责任保护那里的外国人的生命和财产安全。该国是否会倒退到旧时的政治腐败和低效，以及什么样的责任可能会再次需要英国去担当，这些都还有待观察。

根据和约，英国承担对巴勒斯坦和伊拉克的责任。受国际联盟的委托，尽管条件困难，它还在实施对巴勒斯坦的行政管理，不过1925年签订的一个承认伊拉克独立的条约，使得英国对伊拉克的托管结束。显然英国的工作卓有成效，五年后独立的伊拉克成为国际联盟的一员。

新的世界大战

国际联盟本身是注定要失败的。它过去十几年左右的故事，讲述的是作为一种集体安全手段如何逐渐衰退，主导大国如何未能接管其预期功能，部分还包括如何未能修正《凡尔赛条约》最严重的错误。事实上，召开了无数次的会议，都以失败告终。当1925年的洛迦诺会议产生了一系列调节大国关系的条约时，人们对国际联盟寄予了很高的期望。法国总理白里安说这些条约使我们现在“只有欧洲人”，这一观点引起了德国政治家古斯塔夫·施特雷泽曼的共鸣。奥斯汀·张伯伦爵士宣称，《洛迦诺公约》是过去的战争岁月与即将到来的和平年代的分界线。鉴于当前的世界形势，这种普遍的乐观情绪似乎令人难以置信。

道威斯计划的达成是为了帮助德国在巨额国际贷款的援助下支付战争赔款，但是正如我们所知，到1932年，赔偿已经从《洛桑协议》中一笔勾销了。此外，还召开了数次海军军备和裁军会议，如1921年的华盛顿会议、1932年日内瓦会议和伦敦会议。1927年和1933年还分别举行了经济会议。另外还制订了宣布战争为非法的条约，如《凯洛格－白里安公约》或称《巴黎非战公约》。但是所有这些条约都跟国际联盟本身一样形同虚设。麻烦的是，没有哪一位政治家有足够的远见洞察问题的根源。狂热的民族主义结合国家自给自足的新理想，加上自私和野心，填写了余下的历史。还存在着一种深刻的道德退步。条约不再被认为具有约束力，有时是因为环境的力量，但通常只是因为新的目标使得违反条约很容易。一些主导大国的首脑的庄严和公开的承诺也同样不再可信。意大利和日本退出了国际联盟；在洛迦诺会议之后充满希望的时期加入国际联盟的德国于1933年也退出了该组织。俄国在入侵芬兰后被国际联盟开除。

一个武力和武器征服的新时期开始了。日本占领了中国东北，然后开始了对中国持续但不公开宣布的战争。意大利大举进攻并吞并了阿比西尼亚，尽管该国独立受条约保证，而且是国际联盟的一员。意大利还占领和吞并了阿尔巴尼亚。德国占领了奥地利，尽管希特勒曾说过他不会这样做。接着是希特勒对捷克斯洛伐克苏台德地区的德国人提出合并的要求，以及1938年9月在慕尼黑心怀鬼胎地与英国人、法国人和意大利人签订了协议，下一步他完全占领了捷克斯洛伐克。最后，在仅仅一年后的1939年9月，他和他的新盟友一起占领了波兰并引发了新的世界大战。苏联自己则在确立了对三个波罗的海小国的控制以后，入侵了芬兰。在这一点上，历史不得不让位给无用的预言。

把过去几年所发生的故事仅仅局限于英帝国之内是不可能的，我们迄今为止既没有空间，也不具备知识去评价那些在所有人心目中记忆犹新的当代新闻事件。在英帝国内几乎没有发生什么重要的变化，我们已经简要地描述了它现在所呈现的形式。在第二次世界大战来临之前，英国的经济形势逐步好转。即使在备战过程中，产业界的外部刺激也被建立起来以赚取利润和促进就业，尽管所造成的繁荣只是一个假象。又一次，世界正在为着毁灭性的目的而耗尽其积累下来的资本，税收从此也攀升到了前所未有的高度。前一场世界大战仅仅在二十一年前结束，鉴于战后出现的经济混乱以及社会、政治和道德方面的深刻变化，无法想象另一场世界大战将会给同一代人带来什么样的影响。人们只是看到，英帝国又一次经受着考验，各自治领自愿选择站在宗主国一边，而志愿者正在从帝国各地源源不断地涌现。在其历史长河中也许最大的一次危机即将发生之际，在作为帝国联系纽带的王权经历了一次巨大的震荡之后，帝国的团结和力量再一次显示出来。

乔治五世于1936年1月20日驾崩。尽管算不上一个杰出的人，但他对其治下的国家和帝国所作的奉献以及他表现出来的品格，为他赢得了所有子民的爱戴和忠诚。威尔士亲王继承王位成为爱德华八世，人们对他寄予了厚望。从他广泛的旅行中，他对帝国各部分的了解程度远胜于以往任何君主。然而不幸的是，未曾结婚的他不顾一切地爱上了一位美国妇女，沃利斯·沃菲尔德·辛普森夫人。她曾离过一次婚，而且当时已嫁给了一个英国人。这位尚未加冕的国王宁愿选择逊位（12月11日），也不愿意放弃他深爱的女人，并在她二度离婚六个月后娶了她。正如我们已经多次指出的，问题不在于她是平民或是美国人，而在于王权已经成为维系不同地域、不同种族、不同信仰的大约五亿人民的纽带。今天的帝国统治者已经不是一个个人（private person），事实上几乎不是一个人（person），而是帝国人民心中所怀有的完美典范的象征（symbol）。事实上，不仅辛普森夫人先前已经离过婚，而且还要安排再离一次婚，前国王即现在的温莎公爵才能够迎娶她，这根本不可能。

爱德华一退位，他的第二个弟弟约克公爵立刻继位，被称为乔治六世。鉴于各自治领的议会都纷纷通过了自己的法令来确认王位继位顺序改变的有效性，这又一次表明了自治领地位的进一步提高。新国王与他的父亲颇为相似。由于他对这份并非内心希望的新工作兢兢业业，并有受欢迎的苏格兰籍王后的大力支持，他赢得了臣民们的拥戴和忠诚。他们于1939年6月远涉重洋巡视加拿大，并对美国进行了为期数日的访问，这是英国在位君主第一次到访美国。所到之处他们受到了热烈而诚挚的欢迎。当乔治六世在乔治·华盛顿的墓碑前敬献花圈之时，这是历史上一个戏剧性的时刻，因为当年华盛顿领导殖民地人民成功地反叛了他的先辈乔治三世的统治。

它不仅仅是一种姿态，因为过去讲英语的两个民族从来没有走得如此亲近。今天，我们正站在通往一个未知世界的入口。我们所面临的不仅仅是战争，而且可能是一个野蛮的、人的自由和思想被压制的新时期。我们知道为什么俄国和德国的当权者们把自由的人民践踏于足下；我们清楚日本人只有在涉及自身利益时才会想到权利和条约。海洋和距离已经不能再保证隔离和安全。在目前这个世界上，我们除了依靠英帝国、法国的民主和受到严重威胁却依然坚信民主和自由的中立国之外，还有更好的选择吗？

我们现在已经到达这个漫长故事的结尾了。这一卷和前一卷的内容已经覆盖了大约两千年有文字记载的历史，从恺撒第一次遇到野蛮的不列颠人并登陆征服他们的岛屿的时代开始。当这个日益萎缩的帝国把军团从偏远的外围部分召回时，我们看到了罗马文明渐渐消失。后来，历经无数的盛衰变迁、入侵、战争、不断变化的社会和政治状况，甚至地理因素的变化而带来的贸易路线的变化和一个新的世界工业秩序，我们看到了不列颠性格和制度的缓慢发展，以及一个甚至比罗马还要大的帝国的逐渐建立。我们还看到了英国人是如何成为一个独特而时常令人难以理解的民族，他们的秉性是我们从一开始就试图去分析的。

今天，他们正面临着也许是他们历史上最大的危机，但我们已经看到他们在过去遇到的一个接一个危机，是如何像铁锤重重地锤击在命运的铁砧上，把他们塑造成英国人的。虽说他们获得了迟钝和敷衍的名声，不过他们总能克难通关，并取得了对地球四分之一的面积和五亿人口的统治。在强盛的西班牙手下，这个弱小的民族命悬一线，但强大的无敌舰队却被击败并溃散。在北美独立革命战争期间，他们面对全世界的反对。他们失去的殖民地形成了我们的美国。他们把一个貌似崩溃的英帝国建成一个比以前更强大的英帝国。拿破仑的天才似乎是不可战胜的，整个欧洲被踏在他脚下。英国在被所有盟友抛弃的情况下依然继续战斗。战争持续了二十年，最终倒台的独裁者被英国战舰押送到小岛上流放，自由得到拯救。一个世纪之后，在世界上已知的最大战争中，不仅仅是职业军人的战争，还有广大平民参与其中，不仅英国坚持到底，而且英帝国的每个部分的忠诚表明了自由的联结要比武力的约束强大得多。

今天，一个伟大的不列颠“民族”(folk)遍布全球各地。然而这里的“民族”不是希特勒意义上的效忠于暴君的民族(people)，而是由希望每个人都拥有自由的共同理想紧密联系在一起的民族(folk)。我们再一次看到了我们前面提到过的各种品质在发挥作用，比如无备、敷衍、缺乏远见和想象力，以及迟钝，如果你要算的话。但是一旦大局已定，他们就会下定顽强的决心，不夸夸其谈，除非取得最终的胜利、自由得到拯救，否则绝不收手。狄更斯是所有英国小说家中最典型的英国人，他被广泛引用的一句名言就是：“天下无难事，只怕有心人。”如果说过去十年英国人是敷衍的，甚至不止于此，那么当明知这也许是本民族历史上最恐怖的经历，整个英帝国的男人和女人却以沉着且冷静得可怕的方式予以接受，这或许更能表明他们会有怎样的未来。

这一次，没有人能预言可能会是怎样的结果，但我们所追循的故事似乎表明，如果说战争是对神经的耐力和性格的一种考验，英国将不会输。如果英国人获胜，从困境中摆脱出来的英国将会与今天的英国截然不同。例如，仅仅通过把大量的儿童从大城市的贫民区疏散并安置到乡村家庭，为他们提供好的食物、衣物、清新的空气和体面的生活条件，就预示着社会观和愿望的巨大变化。英国人知道这一点，并对此已经有所准备。涅槃重生——当然可能免不了先要穿过地狱，一种更美好的生活将最终出现在所有人的面前，除非帝国最终崩溃了。

在这场世界危机中，在美国的我们有一个很大的赌注。我们知道，没有对法律和秩序的尊重，没有对书面文字和口头表达的诚意的尊重，是不可能有稳定的。没有思想自由、言论自由和出版自由，是不可能进步的。这些价值之于当今和未来世界的意义，已经从某些大国在过去几年中对它们否定的后果中得到充分证明。不同的民族可能有不同的理想形式的政府，但是对于那些已经习惯了人的自由和精神自由的人而言，如果英帝国倾覆，将是一场几乎不可能想象的灾难。它不仅仅会在四分之一的地球上留下一片真空，任由无政府状态、专制统治和精神压迫的狂风肆虐，而且保障我们的安全和自由的最坚强的堡垒也会被摧毁。